SPANISCH STEP BY STEP

CHARLES BERLITZ

SPANISCH

STEP BY STEP

BECHTERMÜNZ

Satz und Layout: MECO Buchproduktion, Dreieich
Redaktion: Christian Gerritzen
ISBN 3 927117 65 X

VORWORT

Spanisch Step by Step ist das erste Buch seiner Art und unterscheidet sich grundlegend von anderen Lehr- oder Übungsbüchern für die spanische Sprache.

Dieses Buch wird Sie Schritt für Schritt zur Beherrschung der spanischen Sprache führen, vom ersten Kontakt mit der Sprache bis hin zur fortgeschrittenen Unterhaltung, und es enthält allgemeinverständliche Erklärungen ebenso wie Beispielunterhaltungen, die Sie sofort anwenden können.

Es wird Ihnen auf einfache Weise und ohne langatmige, schwierige Erklärungen zeigen, wie Sie korrektes, gebräuchliches Spanisch sprechen können. Von der ersten Seite an lernen Sie spanische Unterhaltungsbeispiele.

Dies wird möglich durch die logische und ungewöhnliche Weise, in der Spanisch durch die *Step-by-Step*-Methode dargeboten wird. Jedes Element des spanischen Satzbaus, jede Verwendungsmöglichkeit spanischer Verben, jede moderne spanische Redewendung und eine große Anzahl alltäglicher Situationen werden in kurzen, leicht nachvollziehbaren Musterunterhaltungen dargeboten. Diese Dialoge sind nicht nur unterhaltsam, sondern sie werden auch schnell in Ihrem Gedächtnis haften bleiben, wenn Sie sie einmal benutzt haben, denn Wörter und Sätze, die man gut in einer Unterhaltung mit spanischsprechenden Menschen verwenden kann, merkt man sich leicht.

Wenn Sie Anfänger sind, werden Sie überrascht sein, wie leicht es ist, Spanisch zu sprechen und es auch so auszusprechen, daß Spanier Sie verstehen. Wenn Sie bereits etwas Spanisch können, werden Sie feststellen, daß Sie mit Hilfe dieses Buches die Sprache besser verstehen, fließender und mit größerem Selbstvertrauen sprechen und einen größeren Wortschatz verwenden können.

Dieses Buch enthält 25 Schritte, die Sie anhand eines nach der Verwendungshäufigkeit ausgewählten Vokabulars zur spanischen Sprache hinführen. Sie beginnen mit der Bestellung in einem Café, bald werden Sie verstehen, was spanische Menschen, die Sie treffen, sagen, und werden ihnen antworten können. Schließlich werden Sie in der Lage sein, sich über Bücher, Politik, Kunst, Wissenschaften, Geschäftliches, Geschichte und jedes andere Thema zu unterhalten. Darüber hinaus enthalten die Beispielunterhaltungen kleine Ausflüge in die Kultur der spanischsprechenden Welt – so daß Sie nicht nur lernen, *was* Sie sagen können, sondern auch, *was* Sie *wann* sagen können. Sie werden lernen, wie man eine Unterhaltung beginnt – wie man eine Geschichte erzählt – wie Menschen sprechen, wenn sie aufgeregt sind – und Sie werden sogar die Sprache der Gefühlswelt kennenlernen.

Gleichzeitig werden Sie einige tausend Vokabeln lernen – das sind mehr, als die meisten Menschen in ihrer Muttersprache verwenden. Durch die situationsbezogenen Unterhaltungen werden Sie die Formen der Verben und bildhafte Redewendungen lernen; mit anderen Worten: Sie werden einen *Instinkt* für die richtige Sprache in der jeweiligen Situation entwickeln – genau so, wie Sie es taten, als Sie Ihre Muttersprache gelernt haben.

Erklärungen zu diesen besonderen Konstruktionen werden genau an dem Punkt gegeben, an dem sie benötigt werden. Diese leichtverständlichen Erklärungen auf der rechten Hälfte jeder Seite beziehen sich direkt auf jedes neue Beispiel eines spanischen Ausdrucks oder einer spanischen Redewendung.

Am Ende jedes Schrittes befindet sich ein Abschnitt mit einer Beispielunterhaltung in Form eines kurzen Dialoges, der nicht nur dazu dient, das im vorhergegangenen Schritt Gelernte zu vertiefen, sondern der auch spanische Menschen im natürlichen Gespräch zeigt, wobei sie das neue Material, das Sie gerade gelernt haben, auf alltägliche, korrekte Weise anwenden. Wenn Sie Spanisch mit Hilfe dieser natürlichen Step-by-Step-Methode erlernen, werden Sie feststellen, daß Sie es bald fließend sprechen und problemlos verstehen werden – und Sie werden Freude daran haben, die Sprache zu lernen.

INHALT

DIE AUSSPRACHE DES SPANISCHEN

Jeder Satz in den Lektionen dieses Buches ist dreimal abgedruckt – zunächst auf Spanisch, dann in leicht lesbarer „Lautschrift", und schließlich auf Deutsch, damit Sie die Bedeutung verstehen können.

Um Spanisch korrekt zu lesen, lesen Sie die zweite Zeile laut vor, wobei Sie jede Silbe so aussprechen, als wäre sie deutsch, und – Sie sprechen Spanisch.

Hier ist ein Beispiel. Beachten Sie, daß die Silben, vor denen ein Akzent ['] steht, betont werden:

¿Cómo está usted?
['komo e'sta u'ste?]
Wie geht es Ihnen?

Während Sie in den Lektionen voranschreiten, sollten Sie versuchen, das Spanische auszusprechen, ohne auf die zweite Zeile zu schauen – im Zweifelsfall können Sie sich natürlich mit ihrer Hilfe kontrollieren.

Die spanische Aussprache der meisten Buchstaben und Buchstabengruppen ist für Deutsche ziemlich leicht nachzuvollziehen. Einige Besonderheiten sind jedoch zu beachten:

Spanisch	Entspricht im Deutschen etwa
d (am Wortende)	(wird nicht ausgesprochen)
g (vor e und i)	ch (Kehllaut wie in „ach")
g (vor a, o, u)	g
h	(wird nicht ausgesprochen)
j	ch (Kehllaut wie in „ach")
ll	lj (wie in Million) oder j
ñ	nj (wie in Canyon)

SPANISCH	ENTSPRICHT IM DEUTSCHEN ETWA
r	gerolltes r
rr	stark gerolltes r

Der Buchstabe c (vor e oder i) und der Buchstabe z (vor jedem Buchstaben) wird im Spanischen ausgesprochen wie das englische th (z. B. in think) und ähnelt ein wenig einem Lispellaut. In Südspanien und in Südamerika werden diese Buchstaben allerdings im allgemeinen als stimmloses („scharfes") s ausgesprochen. In der Lautschrift haben wir diesen Laut mit dem Zeichen [θ] wiedergegeben, das einzige Zeichen, das nicht unserem Alphabet entstammt.

Da Spanisch eine „phonetische Sprache" ist, d. h. daß seine Buchstaben immer dem gleichen Lautwert entsprechen, brauchen Sie die Aussprache der einzelnen Buchstaben nur einmal zu lernen, und Sie werden die Sprache immer korrekt aussprechen. In dieser Hinsicht ist Spanisch um vieles einfacher zu lernen als z. B. Englisch (oder auch Deutsch für Ausländer).

Ein Ratschlag: Nachdem Sie eine Lektion gelesen haben, ist es sehr wichtig, daß Sie den Text der Lektion und die „Beispielunterhaltung" noch einmal laut lesen. Lesen Sie sie zunächst langsam, und steigern Sie dann allmählich die Geschwindigkeit bis zu einer normalen Unterhaltungsgeschwindigkeit, wobei Sie die spanische Zeile anstelle der Lautschrift-Zeile lesen. Dies wird Ihnen nicht nur bei der Aussprache helfen, sondern es werden sich auch die Vokabeln und Ausdrücke tiefer in Ihr Gedächtnis einprägen. Egal, ob Sie allein lernen oder mit jemand anderem zusammen – versuchen Sie, die einzelnen Abschnitte bzw. Rollen in den Lektionen (und besonders in den Beispielunterhaltungen) laut zu lesen, mit Gesten und einer natürlichen Betonung, und mit wachsender Geschwindigkeit. Indem Sie sich an eine normale, fließende Sprechweise gewöhnen, werden Sie einen natürlichen Sprechrhythmus erreichen, der Ihnen die Fremdsprache bald so vertraut werden läßt wie Ihre Muttersprache.

BEISPIELUNTERHALTUNG: IN EINEM CAFÉ

Die folgende kurze, typische Unterhaltung könnte in jedem spanischen Café stattfinden. Die Gedankenstriche am Beginn einiger Sätze sind die spanische Art, einen Wechsel der sprechenden Person anzuzeigen (vergleichbar mit Anführungszeichen).

—Buenas días, señor.
[bu'enos 'dias, sen'jor]
Guten Tag, mein Herr.

Die wichtige zweite Zeile
Die zweite Zeile, die die spanische Aussprache erklärt, soll so gelesen werden, wie es die verwendeten Buchstaben anzeigen. Eine Aufstellung der spanischen Buchstaben und ihrer Aussprache finden Sie im Vorwort.

—Buenos días.
[bu'enos 'dias]
Guten Tag.

—¿Está libre esta mesa?
[e'sta 'libre 'esta 'mesa?]
Ist dieser Tisch frei?

„Está" – zur Ortsbestimmung
Está bedeutet „ist" im Sinne des momentanen Aufenthaltsortes eines Gegenstandes, und wird verwendet, um die momentane Lage oder den momentanen Zustand zu beschreiben. Das Wort *esta* bedeutet „dieser, diese, dieses" und wird mit anderer Betonung ausgesprochen, weil es keinen Akzent auf dem *a* trägt.

—Sí, señor. Siéntese, por favor.
['si sen'jor. 'sjentese, por fa'vor]
Ja, mein Herr. Setzen Sie sich, bitte.

—Con su permiso.
[kon su per'miso]
Mit Ihrer Erlaubnis.

Oh, perdone, señora.
[o, per'done, sen'jora]
Oh, entschuldigen Sie, Señora!

—No es nada, señor.
[no es 'nada, sen'jor]
Keine Ursache, Señor.

„Es" zur Beschreibung
In dem Ausdruck *No es nada* sagt die Señora buchstäblich „Es ist nicht nichts", was trotz der doppelten Verneinung im Spanischen korrekt ist. „Es ist nicht nichts" bedeutet soviel wie „Es ist nicht der Rede wert". *Es* ist ein anderes Wort für „ist" – es wird verwendet, um Dinge zu beschreiben oder zu benennen. Es bedeutet „er ist", „sie ist", „es ist" oder „Sie sind".

—Camarero, un café negro, por favor.
[kama'rero, un ka'fe 'negro, por fa'vor]
Kellner, einen schwarzen Kaffee, bitte.

—Si, señor, en seguida.
[si, sen'jor, en se'gida]
Ja, Señor, sofort.

—Ah, Ramón. ¿Cómo está usted?
[a, ra'mon. 'komo e'sta us'te?]
Ah, Ramón. Wie geht es Ihnen?

¿Cómo está usted?
Usted („Sie") wird in der geschriebenen Sprache meist mit *Ud.* abgekürzt. *Está* bedeutet „ist" in dem Sinne, wie es auf Seite 3 beschrieben wurde.

—Muy bien, gracias, ¿y Ud.?
['mui 'bjen, 'graθias, i u'ste?]
Sehr gut, danke, und Ihnen?

—Así, así. Siéntese un momento, por favor.
[a'si, a'si. 'sjentese un mo'mento, por fa'vor]
Es geht. Setzen Sie sich einen Moment, bitte.

—Con mucho gusto.
[kon 'mutscho 'gusto]
Mit (viel) Vergnügen.

—Camarero, por favor, otro café.
[kama'rero, por fa'vor, 'otro ka'fe]
Kellner, bitte noch einen Kaffee.

—Muchas gracias.
['muchas 'graθias]
Vielen Dank.

—Este café está bueno, ¿no?
['este ka'fe e'sta bu'eno, no?]
Dieser Kaffee ist gut, nicht wahr?

¿No?
¿No? kann am Ende einer Aussage als Frage angeschlossen werden, um eine Bestätigung für das eben Gesagte zu erbitten.
Umgedrehte Fragezeichen stehen am Anfang einer Frage, so daß man beim Lesen informiert ist, daß nun eine Frage folgt. Dies trifft, wie Sie später sehen werden, auch auf Ausrufungszeichen zu.

—Sí, no está malo.
[si, no e'sta 'malo]
Ja, er ist nicht schlecht.

—Camarero, la cuenta, por favor.
[kama'rero, la ku'enta, por fa'vor]
Kellner, die Rechnung, bitte.

—Aquí está, señor.
[a'ki e'sta, sen'jor]
Hier ist sie, Señor.

Alle Substantive sind maskulin oder feminin

Im Spanischen sind nicht nur Menschen und Tiere, sondern alle Gegenstände, belebt oder unbelebt, maskulin oder feminin. Es ist wichtig, zu wissen, ob ein Substantiv maskulin oder feminin ist, denn die Artikel („der" oder „die", „ein" oder „eine") und die Adjektive haben maskuline und feminine Formen, die mit dem Geschlecht des Substantivs übereinstimmen müssen.

Unter den Substantiven, die Sie hier sehen, sind *café, momento* und *camarero* maskulin, während *mesa* und *cuenta* feminin sind.

Die maskulinen Formen für „ein", „der" und „dieser" sind *un, el* und *este,* und die femininen Formen sind *una, la* und *esta.*

ein Moment – *un momento*
der Moment – *el momento*
dieser Moment – *este momento*
ein Tisch – *una mesa*
der Tisch – *la mesa*
dieser Tisch – *esta mesa*

—Gracias por el café.
['graθias por el ka'fe]
Danke für den Kaffee.

—De nada. Adiós.
[de 'nada. adi'os]
Keine Ursache. Auf Wiedersehen.

—¡Adiós y hasta la vista!
[adi'os i 'asta la 'vista!]
Auf Wiedersehen, und bis bald!

Bis bald!

Hasta la vista heißt buchstäblich „bis zum Sehen" und bedeutet so viel wie „bis demnächst".

TESTEN SIE IHR SPANISCH

Verbinden Sie diese Sätze. Vergleichen Sie Ihre Ergebnisse mit den Lösungen unter den Fragen. Berechnen Sie 10 Punkte für jede richtige Antwort.

1. Guten Morgen.	____	Con su permiso.
2. Bitte, setzen Sie sich.	____	Perdone, señora.
3. Mit Ihrer Erlaubnis.	____	Buenos días.
4. Entschuldigen Sie, meine Dame.	____	Adiós.
5. Keine Ursache, mein Herr.	____	Siéntese, por favor.
6. Kellner, einen schwarzen Kaffee, bitte.	____	¿Cómo está usted?
7. Ja, mein Herr, sofort.	____	Muy bien, gracias. ¿Y usted?
8. Wie geht es Ihnen?	____	Camarero, un café negro, por favor.
9. Sehr gut, vielen Dank – und Ihnen?	____	Sí, señor, en seguida.
10. Auf Wiedersehen!	____	No es nada, señor.

Lösungen: 3 5 1 2 10 8 9 6 7 4

Ergebnis ____ %

STEP 1 ORTE UND GEGENSTÄNDE

Un hotel, un restaurante,
[un o'tel, un restau'rante]
Ein Hotel, ein Restaurant,

un teatro, un banco.
[un te'atro, un 'banko]
ein Theater, eine Bank.

¿Es un restaurante?
[es un restau'rante?]
Ist es ein Restaurant?

Sí. Es un restaurante.
[si. es un restau'rante]
Ja. Es ist ein Restaurant.

¿Es un hotel?
[es un o'tel?]
Ist es ein Hotel?

No señor. No es un hotel.
[no sen'jor. no es un o'tel]
Nein, Señor. Es ist kein Hotel.

***No* = „nicht/kein"**
Das Wort für „nicht" und „kein" – *no* – steht vor dem Verb. „Es ist nicht"/„Es ist kein" – *No es.*

¿Qué es?
[ke es?]
Was ist es?

Es un teatro.
[es un te'atro]
Es ist ein Theater.

Un taxi, un autobús.
[un 'taksi, un auto'bus]
Ein Taxi, ein Autobus.

¿Es un taxi o un autobús?
[es un 'taksi o un auto'bus?]
Ist es ein Taxi oder ein Autobus?

Es un taxi.
[es un 'taksi]
Es ist ein Taxi.

Un cine, una tienda, un museo.
[un 'θine, 'una 'tjenda, un mu'seo]
Ein Kino, ein Laden, ein Museum.

¿Es una tienda? Sí, es una tienda.
[es 'una 'tjenda? si, es 'una 'tjenda]
Ist es ein Laden? Ja, es ist ein Laden.

¿Es un museo? No, no es un museo.
[es un mu'seo? no, no es un mu'seo]
Ist es ein Museum? Nein, es ist kein Museum.

Es un cine.
[es un 'θine]
Es ist ein Kino.

Una calle, una plaza, una estatua.
['una 'kaje, 'una 'plaθa, 'una e'statua]
Eine Straße, ein Platz, eine Statue.

¿Qué calle es ésta?
[ke 'kaje es 'esta?]
Welche Straße ist das?

„Dies" und „das"

Die Adjektive „dieses" und „jenes" sind *este* und *ese*, wenn sie sich auf ein maskulines Wort beziehen, und *esta* und *esa* für ein feminines Wort.

dieses Taxi –	*este taxi*	dieser Laden –	*esta tienda*
jenes Taxi –	*ese taxi*	jener Laden –	*esa tienda*

Wenn sie als Pronomen verwendet werden, tragen sie in der geschriebenen Form einen Akzent.

dieses Taxi –	*este taxi*	dieser Laden –	*esta tienda*
dieser –	*éste*	diese –	*ésta*

jene Straße – *esa calle*
jene – *ésa*
Welche Straße ist dies?
¿Qué calle es ésta?

Es la calle Cervantes.
[es la 'kaje θer'vantes]
Es ist die Calle Cervantes.

¿Qué plaza es ésta?
[ke 'plaθa es 'esta?]
Welcher Platz ist das?

Es la Plaza Bolívar.
[es la 'plaθa bo'livar]
Es ist die Plaza Bolivar.

¿Qué estatua es ésta?
[ke e'statua es 'esta?]
Welche Statue ist das?

Es la estatua de San Martín.
[es la e'statua de san mar'tin]
Es ist die Statue von San Martin.

¿Es éste el autobús para el aeropuerto?
[es 'este el auto'bus 'para el a'eropu'erto?]
Ist dies der Bus zum Flughafen?

BEISPIELUNTERHALTUNG: EINE FAHRT MIT DEM TAXI

—Taxi, ¿está libre?
['taksi, e'sta 'libre?]
Taxi, sind Sie frei?

—Sí, señor. ¿Adónde va Ud.?
[si sen'jor. a'donde va u'ste?]
Ja, Señor. Wohin gehen Sie?

—Al Hotel Ávila. ¿Está lejos?
[al o'tel 'avila. e'sta 'lechos?]
Zum Hotel Avila. Ist es weit?

A + el = al
A („zu") und *el* („dem", maskulin) werden zu der Kontraktionsform *al* („zum") zusammengezogen. *A* und *la* („der", feminin) verbinden sich nicht. Auf ähnliche Weise verbinden sich *de* („von") mit *el* zu *del*, während *de* und *la* getrennt bleiben.

—No, señor. No está lejos. Está cerca.
[no sen'jor. no e'sta 'lechos. e'sta 'θerka]
Nein, Señor. Es ist nicht weit. Es ist nah.

—Perdón. ¿Dónde está el Hotel Plaza?
[per'don. 'donde e'sta el o'tel 'plaθa?]
Verzeihen Sie – wo ist das Plaza-Hotel?

¿Dónde?
Beachten Sie den Unterschied: *¿Dónde?* – Wo? *¿Adónde?* – Wohin? *¿De dónde?* – Woher?

—Allí, a la izquierda.
[a'ji, a la iθ'kjerda]
Dort, auf der linken Seite.

—¿Es un hotel bueno?
[es un o'tel bu'eno?]
Ist es ein gutes Hotel?

—Sí, señor, muy bueno ... y muy caro.
[si sen'jor, 'mui bu'eno ... i 'mui 'karo]
Ja, Señor, sehr gut ... und sehr teuer.

—¿Dónde está el museo nacional?
['donde e'sta el mu'seo naθio'nal?]
Wo ist das Nationalmuseum?

—Al final de esta calle, a la derecha.
[al fi'nal de 'esta 'kaje, a la de'retscha]
Am Ende dieser Straße, auf der rechten Seite.

—Ese edificio grande – allí.
['ese edi'fikio 'grande – a'ji]
Jenes große Gebäude – dort.

Die Adjektive folgen dem Hauptwort
Spanische Adjektive stehen normalerweise hinter dem Hauptwort, das sie beschreiben. *Edificio* („Gebäude") wird gefolgt von *grande* („groß").

Éste es el Hotel Colón.
['este es el o'tel ko'lon]
Dies ist das Hotel Colón (Kolumbus).

—Muy bien. Gracias. ¿Cuánto es?
[mui bjen. 'graθias. ku'anto es?]
Sehr gut. Vielen Dank. Wieviel macht das?

—Cuatrocientas pesetas.
[ku'atro'θjentas pe'setas]
Vierhundert Pesetas.

—Vamos a ver – uno, dos, tres, cuatro ... y cinco.
['vamos a ver – 'uno, dos, tres, ku'atro ... i 'θinko]
Mal sehen – eins, zwei, drei, vier ... und fünf.

—Muchas gracias, caballero.
['mutschas 'graθias, caba'jero]
Vielen Dank, mein Herr.

Anredeformen
Im Allgemeinen werden im Spanischen Anreden wie *señor, señora* und *señorita* viel häufiger verwendet als im Deutschen etwa „Mein Herr" usw.

—De nada.
[de 'nada]
Keine Ursache.

Keine Ursache
De nada heißt wörtlich „von nichts" und ist gleichbedeutend mit „Keine Ursache"

Wann man einen Akzent (´) schreibt
Der geschriebene Akzent wird grundsätzlich verwendet, um anzuzeigen, daß von den normalen Betonungsregeln abgewichen wird. Die Regeln lauten folgendermaßen:
Wenn ein Wort mit einem Vokal oder mit *n* oder mit *s* endet, wird es auf der vorletzten Silbe betont. Wenn es mit einem anderen Laut endet, wird es auf der letzten Silbe betont.
Camarero wird auf der vorletzten Silbe betont und benötigt keinen Akzent, aber *café* wird mit Akzent geschrieben, weil es die Regeln bricht.
So brauchen auch *México* und *América* Akzente, *Estados Unidos* und *Portugal* jedoch nicht.
Ein anderer Grund, Akzente zu setzen, ist die Unterscheidung von Wörtern, die gleich geschrieben werden, aber unterschiedliche Bedeutungen haben:

el – der; *él* – er

Außerdem werden Akzente verwendet bei Fragepronomen und Präpositionen.

quien – wer; *¿quién?* – wer?
donde – wo; *¿dónde?* – wo?
¿adónde? – wohin?

TESTEN SIE IHR SPANISCH

„Ist" kann mit *es* oder *está* übersetzt werden, wobei *es* einen dauerhaften Zustand einer Person oder Sache beschreibt, während *está* den Aufenthaltsort bzw. die räumliche Lage oder einen vorübergehenden Zustand beschreibt. Fügen Sie in den folgenden Sätzen entweder *es* oder *está* ein. Berechnen Sie für jede richtige Antwort 10 Punkte.

1. ¿Cómo __________ Ud.?
2. ¿Dónde __________ el teatro?
3. ¿Cuánto __________ ?
4. ¿Dónde __________ el Hotel Plaza?
5. ¿ __________ un taxi o un autobús?
6. El Museo Nacional __________ a la derecha.
7. El restaurante __________ muy bueno y muy caro.
8. ¿ __________ bueno el Hotel Bolívar?
9. ¿Dónde __________ el autobús?
10. ¿Cómo __________ Ramón?

Antworten: 1. está 2. está 3. es 4. está 5. Es 6. está 7. es 8. Es 9. está 10. está

Ergebnis ____ %

step 2 DAS PRÄSENS DER VERBEN

Unos ejemplos del verbo *ser:*
['unos e'chemplos del 'verbo 'ser]
Einige Beispiele des Verbs *ser:*

¿Cuál es su nacionalidad?
['kual es su naθjonali'da?]
Was ist Ihre Nationalität?

Yo soy español y mi esposa es española también.
[jo soi espan'jol i mi e'sposa es espan'jola tam'bjen]
Ich bin Spanier, und meine Frau ist ebenfalls Spanierin.

Adjektive stimmen in Geschlecht und Anzahl mit dem Hauptwort überein
Spanische Adjektive folgen in Geschlecht und Anzahl den Hauptwörtern, die sie beschreiben. Da *esposa* feminin ist, muß das Adjektiv *español* mit *-a* enden.
Beachten Sie auch: *un ejemplo* – „ein Beispiel“: *unos ejemplos* – „einige Beispiele“.

Él es mexicano.
[el es mechi'kano]
Er ist Mexikaner.

¿Quién es ella?
[k'jen es 'eja?]
Wer ist sie?

Ella es su esposa: es inglesa.
['eja es su e'sposa: es in'glesa]
Sie ist seine Frau: sie ist Engländerin.

Possessivpronomen
Die Possessivpronomen sind:

mi – mein/meine *su* – Ihr, sein, ihr
nuestro – unser *vuestro* – euer

Nuestro ist das einzige Pronomen, das unterschiedliche maskuline und feminine Formen hat. Alle drei haben ein *-s* als Endung, wenn das „besessene“ Objekt im Plural steht.

Eso es interesante.
['eso es intere'sante]
Das ist interessant.

Eine Neutrum-Form für „das“

Eso ist eine Neutrum-Form für „das“ und wird verwendet, um einen Umstand oder eine Situation zu beschreiben, in der das Geschlecht nicht als maskulin oder feminin zu erkennen ist.

Nosotros somos alemanes.
[nos'otros 'somos ale'manes]
Wir sind Deutsche.

Hauptwörter im Plural

Der Plural von Hauptwörtern und Adjektiven wird gebildet, indem man ein *-s*, oder (manchmal) *-es* anhängt. Adjektive stimmen im Numerus mit den Hauptwörtern oder Pronomen überein, auf die sie sich beziehen.

¿Quiénes son ellos?
['kjenes son 'ejos?]
Wer sind sie?

Ellos son amigos de Carlos.
['ejos son a'migos de 'karlos]
Sie sind Freunde von Carlos.

***De* als Possessivpronomen**

Der Genitiv oder das Possessivum wird durch den Gebrauch von *de* – „von“ – gebildet. Sowohl „Julios Freunde“ als auch „die Freunde von Julio“ werden übersetzt mit *los amigos de Julio*.

El verbo *estar:*
[el 'verbo e'star]
Das Verb *estar* (sein):

Estoy aquí de visita.
[e'stoi a'ki de vi'sita]
Ich bin hier zu Besuch.

¿Dónde está el teléfono?
['donde e'sta el te'lefono?]
Wo ist das Telefon?

El Sr. Blanco no está en su oficina.
[el sen'jor 'blanko no e'sta en su ofi'θina]
Señor Blanco ist nicht in seinem Büro.

Está enfermo.
[e'sta en'fermo]
Er ist krank.

Ein vorübergehender Zustand
Está wird verwendet, um anzuzeigen, daß Señor Blanco krank ist, weil dies ein vorübergehender, nicht dauerhafter Zustand ist.

Está en casa.
[e'sta en 'kasa]
Er ist zuhause.

Estamos aquí por una semana.
[e'stamos a'ki por 'una se'mana]
Wir sind hier für eine Woche.

¿Dónde están mis maletas?
['donde e'stan mis ma'letas?]
Wo sind meine Koffer?

Ser* und *estar
Hier ist eine Vergleichstafel der beiden Verben für „sein" – *ser* und *estar*. *Ser* und *estar* sind die Infinitive, denen Sie in verschiedenen Formen bereits in Step 1 begegnet sind, wobei *ser* die Form von „sein" ist, die für einen dauerhaften Zustand einer

Person oder Sache steht, während *estar*, ein vollkommen anderes Verb, für Formen von „sein" verwendet wird, mit denen ein vorübergehender Zustand oder Aufenthaltsort bezeichnet wird.

	ser	*estar*
yo	*soy*	*estoy*
tu	*eres*	*estás*
Ud., él, ella	*es*	*está*
nosotros, nosotras	*somos*	*estamos*
vosotros	*sois*	*estáis*
Uds., ellos, ellas	*son*	*están*

Beachten Sie, daß das Verb ohne Pronomen verwendet werden kann, da die Form des Verbs schon das Subjekt anzeigt.

Die zwei Pronomen, die mit der Form *es* oder *está* verwendet werden können, entsprechen „du (bist)" und „er/sie/es (ist)". *Nosotros* ist „wir", wenn es sich auf Männer bezieht, und *nosotras* ist „wir", wenn es sich ausschließlich auf Frauen bezieht. Wenn es sich auf Männer und Frauen gleichzeitig beziehen soll, wird die maskuline Form verwendet.

Uds. ist „Sie" im Plural, bezieht sich also auf mehrere Personen. *Ellos* und *ellas* sind die maskuline und feminine Form von „sie"; und, wie im Fall von *nosotros*, man verwendet die maskuline Form ebenfalls, wenn man Männer und Frauen gleichzeitig meint – selbst wenn es sich nur um einen Mann unter vielen Frauen handelt.

El verbo *hablar:*
[el 'verbo a'blar]
Das Verb *hablar* (sprechen):

Yo hablo español.
[jo 'hablo espan'jol]
Ich spreche Spanisch.

¿Habla Ud. inglés?
['abla u'ste ing'les?]
Sprechen Sie Englisch?

Mi esposa no habla bien el español.
[mi e'sposa no 'abla bjen el espan'jol]
Meine Frau spricht nicht gut Spanisch.

Fragesätze im Spanischen
Der Satzbau von spanischen Fragesätzen ist praktisch der gleiche wie im Deutschen. Bei einer Frage, die eine Verneinung beinhaltet, besteht allerdings der Unterschied, daß das Verneinungswort *no* an den Anfang der Frage gestellt wird:
¿Habla Ud. español? – Sprechen Sie Spanisch?
¿No habla Ud.? – Sprechen Sie nicht?
Um einen verneinenden Aussagesatz zu bilden, wird das *no* zwischen das Subjekt und das Verb gestellt:

él habla – er spricht
él no habla – er spricht nicht

Hablamos español con nuestros amigos suramericanos.
[a'blamos espan'jol kon nu'estros a'migos surameri'kanos]
Wir sprechen Spanisch mit unseren südamerikanischen Freunden.

Ellos no hablan aleman.
['ejos no 'ablan ale'man]
Sie sprechen nicht Deutsch.

***Hablar* – „sprechen"**
„Sprechen" ist *hablar*. Das Verb wird im Präsens folgendermaßen konjugiert:
yo hablo – ich spreche
tu hablas – du sprichst
Ud., él, ella habla – Sie sprechen, er, sie spricht
nosotros, nosotras hablamos – wir sprechen (maskulin und feminin)
vosotros hablais – ihr sprecht
Uds., ellos, ellas – Sie sprechen (Anrede Plural), sie sprechen (maskulin und feminin)

Beachten Sie, daß die Pronomen oft ausgelassen werden, da die Form des Verbs schon das Subjekt anzeigt.

Una presentación:
['una presenta'θjon]
Eine Vorstellung:

—Señora Fuentes ... mi amigo, Ramón López.
[sen'jora fu'entes ... mi a'migo, ra'mon 'lopeθ]
Señora Fuentes ... mein Freund, Ramón López.

—Encantada, señor.
[enkan'tada, sen'jor]
Sehr erfreut (fem.), Señor.

—Encantado, señora.
[enkan'tado, sen'jora]
Sehr erfreut (mask.), Señora.

Wie man vorgestellt wird
Encantado, eine höfliche Formel, um auf eine Vorstellung zu antworten, heißt wörtlich „bezaubert". Wenn Sie ein Mann sind, sagen Sie *encantado*, als Frau *encantada*. Falls Sie einmal die richtige Form vergessen haben, sagen Sie *mucho gusto* – „viel Vergnügen" – was für beide Geschlechter gleich lautet.

—Su nombre es español
[su 'nombre es espan'jol]
Ihr Name ist spanisch

pero Ud. es americano, ¿verdad?
['pero u'ste es ameri'kano, ver'da?]
aber Sie sind Amerikaner, nicht wahr?

¿No es verdad?
Worte, die Zustimmung erbitten, wie z. B. „nicht wahr",, können durch *¿no es verdad?, ¿verdad?* oder einfach *¿no?* ausgedrückt werden. *Verdad* bedeutet „Wahrheit".

—Sí, mis padres son de España.
[si, mis 'padres son de e'spanja]
Ja, meine Eltern stammen aus Spanien.

Eltern

„Meine Eltern" – *mis padres. Padre* im Singular heißt „Vater", aber im Plural bedeutet es „Eltern" oder „Vorfahren". Das Wort für Mutter ist *madre*.

—¡Qué interesante!
[ke intere'sante]
Wie interessant!

¿De qué parte son?
[de ke 'parte son?]
Aus welchem Teil (des Landes) sind sie?

—Mi padre es de Barcelona.
[mi 'padre es de barθe'lona]
Mein Vater ist aus Barcelona.

—Mi madre es de Sevilla.
[mi 'madre es de se'vija]
Meine Mutter ist aus Sevilla.

Yo soy de Nueva York,
[jo soi de nu'eva jork]
Ich bin aus New York,

pero allí se habla mucho el español también.
['pero a'ji se 'abla 'mutscho el espan'jol tam'bjen]
aber dort spricht man auch viel Spanisch.

Man spricht Spanisch

Wenn *se* mit der Form des Verbs verwendet wird, die eigentlich zu *él* und *ella* gehört, so bedeutet dies „man". Manchmal sieht man in spanischen Touristikzentren Schilder in den Geschäften:

> *Aquí se habla aleman.* – Hier spricht man Deutsch.

—Eso es verdad.
['eso es ver'da]
Das ist wahr.

—Y ¿habla Ud. inglés, señora?
[i 'abla u'ste ing'les, sen'jora?]
Und sprechen Sie Englisch, Señora?

—Un poco solamente.
[un 'poko sola'mente]
Nur ein wenig.

El inglés es muy dificil.
[el in'gles es mui di'fiθil]
Englisch ist sehr schwierig.

Pero con Ud., señor, no es necesario
['pero kon u'ste, sen'jor, no es neθe'sario]
Aber mit Ihnen, Señor, ist es nicht nötig

hablar inglés.
[a'blar ing'les]
Englisch zu sprechen.

Habla muy bien el español.
['abla mui bjen el espan'jol]
Sie sprechen sehr gut Spanisch.

¿Habla Ud. español?
Der bestimmte Artikel wird im Spanischen häufiger verwendet als im Deutschen. Es ist zwar richtig, wenn man sagt *¿Habla Ud. español?* – „Sprechen Sie Spanisch?", aber wenn die Sprache direkter Gegenstand des Satzes ist, kommt häufig der Artikel vor: *Él habla muy mal el inglés*. „Er spricht sehr schlecht Englisch."

Y con acento muy bueno.
[i kon a'θento mui bu'eno]
Und mit sehr guter Betonung.

—Muchas gracias, señora.
['mutschas 'graθias, sen'jora]
Vielen Dank, Señora.

Ud. es muy amable.
[u'ste es mui a'mable]
Sie sind sehr liebenswürdig.

BEISPIELUNTERHALTUNG: IN EINEM BÜRO

El Sr. Martín es de Nueva York.
[el sen'jor mar'tin es de nu'eva jork]
Señor Martín ist aus New York.

Es norteamericano, pero habla español.
[es norteameri'kano, 'pero 'abla espan'jol]
Er ist Nordamerikaner, aber er spricht Spanisch.

Está en la oficina del Sr. Gómez.
[e'sta en la ofi'θina del sen'jor 'gomeθ]
Er ist im Büro von Señor Gomez.

El Sr. Martín habla
[el sen'jor mar'tin 'abla]
Señor Martín spricht

con la secretaria del Sr. Gómez.
[kon la sekre'taria del sen'jor 'gomeθ]
mit der Sekretärin von Señor Gomez.

De + el = del
Das Possessivum wird durch *de* („von") ausgedrückt, und wenn hinter diesem ein *el* („er") folgt, werden *de* und *el* zu *del* zusammengezogen. *De* wird nicht zusammengezogen, wenn es mit dem femininen *la* oder mit den Pluralformen *los* oder *las* zusammen verwendet wird.

SR. MARTIN:

Buenos diás, señorita.
[bu'enos 'dias, senjo'rita]
Guten Tag, Fräulein.

¿Es ésta la oficina del Sr. Gómez?
[es 'esta la ofi'θina del sen'jor 'gomeθ?]
Ist dies das Büro von Señor Gomez?

LA SECRETARIA:

Sí, señor. Yo soy su secretaria.
[si sen'jor. jo soi su sekre'taria]
Ja, Señor. Ich bin seine Sekretärin.

SR. MARTIN:

Soy un amigo del Sr. Gómez.
[soi un a'migo del sen'jor 'gomeθ]
Ich bin ein Freund von Señor Gomez.

Ésta es mi tarjeta.
['esta es mi tar'cheta]
Dies ist meine Visitenkarte.

Soy de Nueva York
[soi de nu'eva jork]
Ich komme aus New York

y estoy aquí de visita.
[i e'stoi a'ki de vi'sita]
und ich bin hier zu Besuch.

¿Está él muy ocupado ahora?
[e'sta el mui oku'pado a'ora?]
Ist er im Moment sehr beschäftigt?

LA SECRETARIA:

Un momento, por favor, señor.
[un mo'mento, por fa'vor, sen'jor]
Einen Moment bitte, Señor.

(Ella habla por teléfono.)
['eja 'abla por te'lefono]
(Sie telefoniert.)

Hola, señor Gómez.
['ola, sen'jor 'gomeθ]
Hallo, Señor Gomez.

¿Está Ud. muy ocupado ahora?
[e'sta u'ste mui oku'pado a'ora?]
Sind Sie im Moment sehr beschäftigt?

Está aquí un Sr. José Martín.
[e'sta a'ki un sen'jor mar'tin]
Hier ist ein Señor Martín.

Muy bien, señor Gómez.
[mui bjen, sen'jor 'gomeθ]
Jawohl, Señor Gomez.

Inmediatamente.
[inmediata'mente]
Sofort.

Eine Erweiterung Ihres Vokabulars
Die Endung *-mente* signalisiert, daß aus einem Adjektiv ein Adverb gebildet wurde. Viele spanische Adverbien sind leicht zu erkennen, wenn Sie sich diese Regel merken.

rápidamente – schnell
generalmente – im allgemeinen
usualmente – normalerweise, für gewöhnlich
posiblemente – möglicherweise usw.

Está bien, Sr. Martín.
[e'sta bjen, sen'jor mar'tin]
Geht in Ordnung, Señor Martín.

El señor Gómez está en su oficina.
[el sen'jor 'gomeθ e'sta en su ofi'θina]
Señor Gomez ist in seinem Büro.

Por aquí, por favor.
[por a'ki, por fa'vor]
Hier entlang, bitte.

SR. MARTIN:
Gracias, señorita.
['graθias, senjo'rita]
Danke, Fräulein.

Ud. es muy amable.
[u'ste es mui a'mable]
Sie sind sehr liebenswürdig.

LA SECRETARIA:

A sus órdenes, señor.
[a sus 'ordenes, sen'jor]
Zu Ihren Diensten, Señor.

Spanische Höflichkeit

A sus órdenes – „zu Ihren Diensten" ist eine sehr höfliche Art und Weise, auf eine Dankesbezeugung zu antworten. Sie wird häufig von Männern anstelle des gewöhnlichen *mucho gusto* verwendet, wenn diese einander vorgestellt werden. Sie werden beobachten, daß Spanier dazu neigen, Höflichkeit stark zu betonen.

TESTEN SIE IHR SPANISCH

Verbinden Sie diese Sätze. Vergleichen Sie Ihre Ergebnisse mit den Lösungen unter den Fragen. Berechnen Sie 10 Punkte für jede richtige Antwort.

1. Woher kommen Sie?	____	¿Habla Ud. inglés?
2. Wir sind Deutsche.	____	Estamos aquí por una semana.
3. Das ist interessant.	____	Eso es verdad.
4. Ich bin hier zu Besuch.	____	Ud. es muy amable.
5. Wir sind für eine Woche hier.	____	Nosotros somos alemanes.
6. Sprechen Sie Englisch?	____	Habla muy bien el español.
7. Ich spreche nur ein wenig.	____	Estoy aquí de visita.
8. Das ist wahr.	____	Eso es interesante.
9. Sie sprechen sehr gut Spanisch.	____	Hablo un poco solamente.
10. Sie sind sehr freundlich.	____	¿De dónde es Ud.?

Auflösung: 6 5 8 10 2 9 4 3 7 1

Ergebnis: ____ %

step 3 ZAHLWÖRTER UND IHR GEBRAUCH

Los números:
[los ‘numeros]
Die Zahlen:

1	2	3	
uno	dos	tres	
[‘uno]	[dos]	[tres]	
4	5	5	
cuatro	cinco	seis	
[ku‘atro]	[‘θinko]	[‘seis]	
7	8	9	10
siete	ocho	nueve	diez
[‘sjete]	[‘otscho]	[nu‘eve]	[djeθ]

De diez a quince:
[de djeθ a ‘kinθe]
Von 10 bis 15:

11	12	13	14
once	doce	trece	catorce
[‘onθe]	[‘doθe]	[‘treθe]	[ka‘torθe]
15			
quince			
[‘kinθe]			

y, entonces:
[i, en‘tonθes]
und weiter:

16	17	18
diez y seis	diez y siete	diez y ocho
[djeθ i ‘seis]	[djeθ i ‘sjete]	[djeθ i ‘otscho]

19	20
diez y nueve	veinte
[djeθ i nu'eve]	['veinte]

Después de veinte:
[despu'es de 'veinte]
Nach 20:

21	22	23
veintiuno	veintidós	veintitrés
[veinti'uno]	[veinti'dos]	[veinti'tres]

21
Veintiuno – „einundzwanzig" ist eigentlich *veinte y uno* in einem Wort geschrieben.

24	25		30
veinticuatro	veinticinco	etcétera, hasta	treinta
[veintiku'atro]	[veinti'θinko]	[et'θetera, 'asta]	['treinta]
		usw., bis	

y, entonces:	31	40
	treinta y uno	cuarenta
[i en'tonθes]	['treinta i 'uno]	[kua'renta]
und dann:		

50	60	70
cincuenta	sesenta	setenta
['θinkuenta]	[se'senta]	[se'tenta]

80	90	100
ochenta	noventa	cien
[o'tschenta]	[no'venta]	[θjen]

De cien a mil:
[de θjen a mil]
Von 100 bis 1000:

100	101	200
cien	ciento uno	doscientos
[θjen]	['θjento 'uno]	[dosθ'jentos]

300 trescientos [tres'θjentos]	400 cuatrocientos [kuatro'θjentos]	500 quinientos [kin'jentos]
600 seiscientos [seis'θjentos]	700 setecientos [sete'θjentos]	800 ochocientos [otscho'θjentos]
900 novecientos [nove'θjentos]	1000 mil [mil]	100.000 cien mil ['θjen mil]
1.000.000 un millón [un mil'jon]		

Große Zahlen
Große Zahlen werden durch Punkte unterteilt. Kommas werden, wie im Deutschen, verwendet, um Dezimalzahlen von ganzen Zahlen zu trennen.

Los números son importantes.
[los 'numeros son impor'tantes]
Die Zahlen sind wichtig.

En las tiendas…
[en las 'tjendas]
In den Geschäften…

Un cliente: ¿Cuánto es?
[un kli'ente: ku'anto es?]
Ein Kunde: „Wierviel macht das?"

La vendedora: Seiscientas pesetas, señor.
[la vende'dora: seis'θjentas pe'setas, sen'jor]
Die Verkäuferin: „Sechshundert Pesetas, Señor."

En el teléfono…
[en el te'lefono]
Am Telefon…

Una voz: Hola. ¿Quién habla?
['una voθ: 'ola. kjen 'abla?]
Eine Stimme: „Hallo. Wer spricht?"

Segunda voz: ¿Es éste el 78-45-83?
[se'gunda voθ: es 'este el se'tenta i 'otscho, kua'renta i 'θinko, o'tschenta i tres?]
Zweite Stimme: „Ist dort 78-45-83?"

Primera voz: No señor. Éste es el 7, 8, 4, 3, 8, 5.
[pri'mera voθ: no sen'jor. 'este es el 'sjete, 'otscho, ku'atro, tres, 'otscho, 'θinko]
Erste Stimme: „Nein, Señor. Dies ist die 7, 8, 4, 3, 8, 5.

Telefonnummern
Spanische Telefonnummern werden gewöhnlich in Paaren angegeben, ausgenommen sind Fälle wie „07", was *cero siete* – „null sieben" ausgesprochen wird.

Segunda voz: Oh. ¡Perdón!
[se'gunda voθ: o per'don]
Zweite Stimme: „Oh, Verzeihung!"

Para las direcciones…
['para las direk'θjones]
Für Adressen…

Un caballero: ¿Cuál es su dirección, por favor?
[un kaba'jero: ku'al es su direk'θjon, por fa'vor?]
Ein Herr: Wie ist Ihre Adresse, bitte?

Una dama: Es el número 144
['una 'dama: es el 'numero 'θjento kua'renta y ku'atro]
Eine Dame: „Sie ist Nummer 144

de la Quinta Avenida,
[de la 'kinta ave'nida]
in der Fünften Avenue,

el segundo piso.
[el se'gundo 'piso]
zweiter Stock.

***Primero, segundo* etc.**

Die Ordinalzahlen von 1 bis 10 sind:

erster – *primero*	sechster – *sexto*
zweiter – *segundo*	siebter – *séptimo*
dritter – *tercero*	achter – *octavo*
vierter – *cuarto*	neunter – *noveno*
fünfter – *quinto*	zehnter – *décimo*

Para saber qué hora es…
['para sa'ber ke 'ora es]
Um zu wissen, wie spät es ist…

Infinitive

Saber ist der Infinitiv des Verbs „wissen". Der Infinitiv die grundlegende Verbform: diejenige, die Sie im Wörterbuch finden und die immer mit „r" endet.

¿Qué hora es?
[ke 'ora es?]
Wie spät ist es?

Son las siete.
[son las 'sjete]
Es ist sieben Uhr.

Die Uhrzeit sagen

Wenn man die Uhrzeit sagt, wird der feminine Artikel *las* in Verbindung mit der Uhrzeit genannt, weil *hora*, das Wort für „Stunde", feminin ist. Für „ein Uhr" wird allerdings der Singular verwendet: „Es ist ein Uhr" – *es la una.*

Son las siete y cinco … las siete y diez.
[son las 'sjete i 'θinko · las 'sjete i 'djeθ]
Es ist fünf nach sieben … zehn nach sieben.

Son las siete y cuarto.
[son las 'sjete i ku'arto]
Es ist viertel nach sieben.

Son las siete y veinte … las siete y veinticinco.
[son las 'sjete i 'veinte … las 'sjete i veinti'θinko]
Es ist zwanzig nach sieben … fünf vor halb acht.

Son las siete y media.
[son las 'sjete i 'media]
Es ist halb acht.

Son las ocho menos veinticinco ... las ocho menos veinte.
[son las 'otscho 'menos veinti'θinko ... las 'otscho 'menos 'veinte]
Es ist fünf nach halb acht ... zwanzig vor acht.

„...nach halb ...“
Um die Uhrzeit nach der halben Stunde zu bezeichnen, werden Sie auch *para* („für“) anstelle von *menos* hören, z. B.:
zwanzig vor acht – *veinte para las ocho*
zehn vor acht – *diez para las ocho* usw.

Son las ocho menos cuarto.
[son las 'otscho 'menos ku'arto]
Es ist viertel vor acht.

Son las ocho menos diez ... las ocho menos cinco.
[son las 'otscho 'menos 'djeθ ... las 'otscho 'menos 'θinko]
Es ist zehn vor acht ... fünf vor acht.

Son las ocho.
[son las 'otscho]
Es ist acht Uhr.

Las nueve en punto.
[las nu'eve en 'punto]
Punkt neun Uhr.

Para hacer citas...
['para ha'θer 'θitas]
Um Verabredungen zu treffen...

—¿Está bien para mañana – a las seis?
[e'sta bjen 'para man'jana – a las 'seis?]
Geht es morgen – um sechs?

Mañana

mañana, das spanische Wort, das jeder kennt, bedeutet sowohl „morgen" als auch „Morgen".

mañana – morgen
la mañana – der Morgen
mañana por la mañana – morgen früh

—¿Cómo? ¿A qué hora?
['komo? a ke 'hora?]
Wie? Um welche Uhrzeit?

—A las seis de la tarde.
[a las 'seis de la 'tarde]
Um sechs Uhr nachmittags.

—Sí, cómo no – pero ¿dónde?
[si, 'komo no – 'pero 'donde]
Ja, sicher – aber wo?

—En la Plaza de la Revolución.
[en la 'plaθa de la revolu'θjon]
Auf der Plaza de la Revolución.

Noch eine Erweiterung ihres Vokabulars

Viele deutsche Wörter, die auf „-tion" enden, haben genaue Gegenstücke im Spanischen mit der Endung *-ción*, die durchweg feminin sind. Sie werden keine Schwierigkeiten haben, diese zu erkennen:

nación	*constitución*
administración	*acción*
selección	*construcción*
exploración	*revolución*

Directamente en frente del monumento.
[direkta'mente en 'frente del monu'mento]
Direkt vor dem Denkmal.

Muy bien. Pero si no estoy allí
['mui bjen. 'pero si no e'stoi a'ji]
Sehr gut. Aber wenn ich dort nicht bin

a las seis en punto,
[a las ‘seis en ‘punto]
um Punkt sechs Uhr,

sírvase esperar unos minutos, ¿no?
[‘sirvase espe‘rar ‘unos mi‘nutos, no?]
warten Sie bitte ein paar Minuten, ja?

Bitten und Aufforderungen
Eine einfache Art, jemanden zu etwas aufzufordern, ist, *sírvase* in Verbindung mit dem Infinitiv des entsprechenden Verbs zu verwenden: „Bitte warten Sie hier nicht“ – *Sírvase no esperar aquí.*

BEISPIELUNTERHALTUNG: AN DER UNIVERSITÄT

Un joven habla con una joven:
[un 'choven 'abla kon 'una 'choven]
Ein junger Mann spricht mit einer jungen Frau:

EL JOVEN:

Buenos días, señorita.
[bu'enos 'dias senjo'rita]
Guten Morgen, Fräulein.

Ud. es una nueva estudiante aquí, ¿no es verdad?
[u'ste es 'una nu'eva estudi'ante a'ki, no es ver'da?]
Sie sind eine neue Studentin hier, nicht wahr?

LA JOVEN:

Sí, es mi primer año aquí.
[si, es mi pri'mero 'anjo a'ki]
Ja, das ist mein erstes Jahr hier.

EL JOVEN:

Bueno. Yo soy el secretario
[bu'eno. jo soi el sekre'tario]
Gut. Ich bin der Sekretär

de la universidad.
[de la universi'da]
der Universität.

Jaime Castillo Jiménez, a sus órdenes.
['chaime ka'stijo chi'meneθ, a sus 'ordenes]
Jaime Castillo Jiménez, zu Ihren Diensten.

LA JOVEN:

Encantada, señor.
[enkan'tada, sen'jor]
Sehr erfreut, Señor.

EL JOVEN:

El gusto es mío, señorita.
[el 'gusto es 'mio, senjo'rita]
Das Vergnügen ist meinerseits, Señorita.

***Mi* „mein"** ***mio* – „meines"**

El gusto es mío – „das Vergnügen ist meines" – ist eine andere Höflichkeitsformel, die man sagt, wenn man einander vergestellt wird. *Su* bedeutet „Ihr" und *suyo* bedeutet „Ihres". Oft, wenn Sie etwas bewundern, das ein Freund besitzt, wird dieser sagen *es suyo* – „es gehört Ihnen" – aber das bedeutet nicht unbedingt, daß Sie es mitnehmen sollten.

¿Cuál es su nombre y su apellido?
[ku'al es su 'nombre i su ape'jido]
Wie lautet Ihr Vor- und Nachname?

LA JOVEN:

María Gálvez Fuentes.
[ma'ria 'galveθ fu'entes]
María Gálvez Fuentes.

Familiennamen

Spanische Nachnamen sind normalerweise Doppelnamen, wobei der erste Nachname der Familienname des Vaters ist, und der zweite der Familienname der Mutter. Ein Beispiel:
Wenn der Nachname Ihres Vaters *Jiménez López* ist und der Nachname Ihrer Mutter *Fernández Toro*, lautet Ihr Nachname *Jiménez Fernández*. Bei den meisten Gelegenheiten genügt der erste Nachname, aber beim Vorstellen und auf amtlichen Formularen werden beide Namen genannt.

EL JOVEN:

Gracias. Y ¿cuál es su número de teléfono?
['graθias. i ku'al es su 'numero de te'lefono?]
Danke. Und wie ist Ihre Telefonnummer?

LA JOVEN:

Mi teléfono es 31-94-69.
[mi te'lefono es 'treinta i 'uno, no'venta i ku'atro, se'senta i nu'eve]
Meine Nummer ist 31-94-69.

EL JOVEN:

Muy bien. Y ¿su dirección?
['mui bjen. i su direk'θjon?]
Sehr gut. Und Ihre Anschrift?

LA JOVEN:

Mi dirección es Calle de la Independencia 73.
[mi direk'θjon es 'kaje de indepen'denθia se'tenta i tres]
Meine Adresse ist Calle de la Independencia 73.

tercer piso.
[ter'θer 'piso]
dritter Stock.

Adjektive vor dem Hauptwort
Einige Adjektive, wie z. B. *primero, tercero, bueno* und *malo* verlieren das Endungs-„*o*“, wenn sie statt nach dem Hauptwort vor diesem stehen. „Ein guter Mann“ kann übersetzt werden mit *un buen hombre* oder mit *un hombre bueno*.

EL JOVEN:

Excelente. Eso es todo.
[eksθe'lente. 'eso es 'todo]
Wunderbar. Das ist alles.

Gracias y ¡hasta pronto!
['graθias i 'asta 'pronto]
Vielen Dank und bis bald!

UN AMIGO DE LA JOVEN:
[un a'migo de la 'choven]
EIN FREUND DER JUNGEN FRAU:

Y, ¿ese tipo?
[i, 'ese 'tipo?]
Und, der Typ?

LA JOVEN:

No es un tipo.
[no es un 'tipo]
Das ist kein „Typ".

Él es el secretario
[el es el sekre'tario]
Das ist der Sekretär

de la universidad.
[de la universi'da]
der Universität.

EL AMIGO:

¡Qué broma!
[ke 'broma]
Was für ein Witz!

Eso no es verdad.
['eso no es ver'da]
Das stimmt nicht.

Él es un estudiante como nosotros.
[el es un estudi'ante 'komo nos'otros]
Er ist ein Student wie wir.

Cuidado, ¿eh?
[kui'dado, e?]
Vorsicht, ja?

TESTEN SIE IHR SPANISCH

Übersetzen Sie diese Sätze ins Deutsche. Vergleichen Sie Ihre Ergebnisse mit den Lösungen unter den Fragen. Berechnen Sie 10 Punkte für jede richtige Antwort.

1. ¿Cuánto es? ______________________
2. Seiscientas pesetas, señor. ______________________
3. ¿Quién habla? ______________________
4. ¿Cuál es su dirección? ______________________
5. ¿Qué hora es? ______________________
6. Son las ocho menos cuarto. ______________________
7. A las seis de la tarde. ______________________
8. ¿Cuál es su nombre y apellido? ______________________
9. ¿Cuál es su número de teléfono? ______________________
10. Eso no es verdad. ______________________

Auflösung: 1. Wieviel kostet das? 2. Sechshundert Pesetas, Señor. 3. Wer spricht dort? 4. Wie ist Ihre Anschrift? 5. Wie spät ist es? 6. Es ist viertel vor acht. 7. Um sechs Uhr nachmittags. 8. Was ist Ihr Vor- und Nachname? 9. Wie lautet Ihre Telefonnummer? 10. Das ist nicht wahr.

Ergebnis: ____ %

step 4 ORTSANGABEN

Hay es una palabra corta y muy útil.
['ai es 'una pa'labra 'korta i muy 'util]
Hay („es gibt") ist ein kurzes und sehr nützliches Wort.

Aquí hay unos ejemplos:
[a'ki 'ai 'unos e'chemplos:]
Hier sind einige Beispiele:

Hay
Hay ist eines der wichtigsten Wörter im Spanischen und wird in der Unterhaltung sehr häufig benutzt. Beachten Sie, daß die Aussprache einfach der des deutschen Wortes „Ei" gleicht. *Hay* bleibt in Singular und Plural unverändert.

¿Hay alguien en esta oficina?
['ai al'gjen en 'esta ofi'θina?]
Ist jemand in diesem Büro?

Sí, hay alguien.
[si, 'ai 'algjen]
Ja, da ist jemand.

¿Cuántas personas hay?
[ku'antas per'sonas 'ai?]
Wieviele Leute sind da?

Hay tres personas.
['ai tres per'sonas]
Da sind drei Leute.

¿Cuántos escritorios hay en la habitación?
[ku'antos eskri'torios 'ai en la abita'θjon?]
Wieviele Schreibtische sind in dem Raum?

Hay dos escritorios.
['ai dos eskri'torios]
Da sind zwei Schreibtische.

¿Cuántas sillas hay?
[ku'antas 'sijas 'ai?]
Wieviele Stühle gibt es?

Hay tres sillas.
['ai tres 'sijas]
Es gibt drei Stühle.

¿Qué hay en la pared?
[ke 'ai en la pa're?]
Was ist dort an der Wand?

En la pared hay cuadros y un reloj.
[en la pa're 'ai ku'adros i un re'loch]
An der Wand sind Bilder und eine Uhr.

Ahora son las cinco y media.
[a'ora son las 'θinko i 'media]
Es ist jetzt fünf Uhr dreißig.

¿Hay alguien en la oficina?
['ai al'gien en la ofi'θina?]
Ist jemand im Büro?

No, no hay nadie allí.
[no, no 'ai 'nadie a'ji]
Nein, dort ist niemand.

Eine Auswahl für „hier" und „dort"
Sie werden bemerken, daß es mehrere Wörter für „hier" und „dort" gibt. *Aquí* und *acá* bedeuten beide „hier"; *allí* und *allá* bedeuten beide „dort"; *ahí* bedeutet ebenfalls „dort", aber näher am Sprechenden.

¿Hay algo sobre la mesa grande?
['ai 'algo 'sobre la 'mesa 'grande?]
Ist irgendetwas auf dem großen Tisch?

Erinnern Sie sich
Im allgemeinen folgt das beschreibende Adjektiv dem Hauptwort; es ändert sich je nach Geschlecht und Numerus des Hauptworts:

El gato negro – die schwarze Katze
La casa blanca – das weiße Haus
Los libros pequeños – die kleinen Bücher
Las muchachas bonitas – die hübschen Mädchen

Sí, hay algo.
[si, ʻai ʻalgo]
Ja, da ist etwas.

¿Qué hay?
[ke ʻai?]
Was ist da?

Hay varias cosas –
[ʻai ʻvarias ʻkosas]
Da sind verschiedene Dinge –

una lámpara, libros, flores y un cenicero.
[ʻuna ʻlampara, ʻlibros, ʻflores i un θeniʻθero]
eine Lampe, Bücher, Blumen und ein Aschenbecher.

¿Hay algo sobre la mesa pequeña?
[ʻai ʻalgo ʻsobre la ʻmesa peʻkenja?]
Ist etwas auf dem kleinen Tisch?

No, no hay nada.
[no, no ʻai ʻnada]
Nein, da ist nichts.

Die doppelte Verneinung ist korrekt
No hay nada – „da ist nichts" (wörtlich „da ist nicht nichts") und *No hay nadie* – „da ist niemand" (wörtlich: „da ist nicht niemand") sind Beispiele für die doppelte Verneinung, die im Spanischen korrekt ist, im Deutschen aber nicht.

Hay es útil para hacer preguntas,
[ʻai es ʻutil ʻpara aʻθer preʻguntas]
Hay ist nützlich, um Fragen zu stellen,

como, por ejemplo:
['komo, por e'chemplo]
wie zum Beispiel:

Dispense, señor. ¿Sabe Ud. …
[dis'pense, sen'jor. 'sabe u'ste]
Verzeihen Sie, Señor. Wissen Sie …

… dónde hay un buen restaurante?
['donde 'ai un bu'en restau'rante?]
… wo ein gutes Restaurant ist?

… dónde hay un banco?
['donde 'ai un 'banko?]
… wo eine Bank ist?

… dónde hay una farmacia?
['donde 'ai 'una farma'θia?]
… wo eine Apotheke ist?

… dónde hay un teléfono público?
['donde 'ai un te'lefono 'publiko?]
… wo es ein öffentliches Telefon gibt?

… dónde hay un buzón de correos?
['donde 'ai un bu'θon de kor'reos?]
… wo ein Briefkasten ist?

Aquí hay otras expresiones útiles:
[a'ki 'ai 'otras espre'sjones 'utiles]
Hier sind weitere nützliche Ausdrücke:

En la casa:
[en la 'kasa]
Im Haus:

Niño: ¿Hay algo para comer?
['ninjo: 'ai 'algo 'para ko'mer?]
Junge: Ist etwas zu essen da?

Para = für, zum

Para bedeutet „für“ im Sinne von „für einen bestimmten Zweck“ oder „um zu“. *Comer* ist „essen“. *Para comer* bedeutet „zum essen“, „eßbar“.

Madre: Sí, hay pan, mantequilla y jamón en la nevera.
['madre: si, 'ai pan, mante'kija i cha'mon en la ne'vera]
Mutter: Ja, es ist Brot, Butter und Schinken im Kühlschrank.

En la oficina:
[en la ofi'θina]
Im Büro:

El jefe: ¿Hay algo importante en el correo?
[el 'chefe: 'ai 'algo impor'tante en el kor'reo?]
Der Chef: Ist etwas Wichtiges bei der Post?

La secretaria: No, no hay nada importante.
[la sekre'taria: no, no 'ai 'nada impor'tante]
Die Sekretärin: Nein, es ist nichts Wichtiges dabei.

Entre amigos:
['entre a'migos]
Unter Freunden:

Raúl: Hola, ¿qué hay de nuevo?
[ra'ul: 'hola, ke 'ai de nu'evo?]
Raúl: Hallo, was gibt's Neues?

Fidel: Nada de particular.
[fi'del: 'nada de partiku'lar]
Fidel: Nichts besonderes.

Una frase de cortesía:
['una 'frase de korte'sia]
Eine Höflichkeitsformel:

Muchísimas gracias por el lindo regalo.
[mu'tschisimas 'graθias por el 'lindo re'galo]
Tausend Dank für das schöne Geschenk.

Importantísimo

Die Endung *-ísimo* (maskulin) bzw. *-ísima* (feminin) verstärkt das Adjektiv, dem sie angehängt wird.

Una muchacha linda – ein hübsches Mädchen
Una muchacha lindísima – ein wunderhübsches Mädchen

Malo ist „schlecht"; *malísimo* „sehr schlecht"

No hay de qué.
[no ‘ai de ke]
Keine Ursache.

Keine Ursache
No hay de qué bedeutet „keine Ursache“. Es ist ein gutes Beispiel für die Tatsache, daß man nicht wörtlich von einer Sprache in eine andere Sprache übersetzen kann, denn wörtlich würde es bedeuten: „es gibt nichts von was“.

BEISPIELUNTERHALTUNG: POST UND BOTSCHAFTEN ERHALTEN

UN HUÉSPED:
[un u'espe]
EIN GAST:

Mi llave, por favor.
[mi 'jave, por fa'vor]
Mein Schlüssel, bitte.

Perdone, tengo prisa.
[per'done, 'tengo 'prisa]
Entschuldigen Sie, ich bin in Eile.

„Haben" für „sein"

Im Spanischen wird häufig das Verb *tener* – „haben" – verwendet, wo im Deutschen „sein" steht. *Tener* ist ein unregelmäßiges Verb, von dem wir gerade die Form für „ich habe" gelernt haben: *tengo*. Die Form für „er bzw. sie hat" und „Sie haben" ist *tiene*. Sie sollten die folgenden Wendungen lernen:

Ich bin in Eile – *Tengo prisa.*
Mir ist warm – *Tengo calor.*
Mir ist kalt – *Tengo frio.*
Ich habe Hunger/Durst – *Tengo hambre/sed.*
Sind Sie in Eile? – *¿Tiene prisa?*
Ist Ihnen warm? – *¿Tiene calor?*
Ist Ihnen kalt? – *¿Tiene frio?*
Haben Sie Hunger/Durst? – *¿Tiene hambre/sed?*

¿Hay cartas para mí?
['ai 'kartas 'para mi?]
Ist Post für mich da?

EL EMPLEADO:
[el emple'ado]
DER ANGESTELLTE:
Cómo no, señor. Hay dos cartas,
['komo no, sen'jor. 'ai dos 'kartas]
Sicher, Señor. Hier sind zwei Briefe,

una tarjeta postal
['una tar'cheta po'stal]
eine Postkarte

y un paquete bastante grande.
[i un pa'kete ba'stante 'grande]
und ein ziemlich großes Paket.

Una de las cartas es de Venezuela.
['una de las 'kartas es de veneθu'ela]
Einer der Briefe ist aus Venezuela.

Los sellos son muy bonitas, ¿no?
[los 'sejos son mui bo'nitas, no?]
Die Briefmarken sind sehr hübsch, nicht wahr?

EL HUÉSPED:
Bastante. ¿Eso es todo?
[ba'stante. 'eso es 'todo?]
Ziemlich. Ist das alles?

EL EMPLEADO:
No, señor. Hay más.
[no sen'jor. 'ai mas]
Nein, Señor. Da ist noch mehr.

Una carta certificada. Tenga.
['una 'karta θertifi'kada. 'tenga]
Ein eingeschriebener Brief. Hier.

Hier ist er...

Tenga – wörtlich „Haben (Sie)!" – im Sinne von „hier ist er/es" ist eine Imperativform von *tener*. Dieser Ausdruck ist nützlich, wenn man jemandem etwas überreicht.

EL HUÉSPED:

Gracias.
[‘graθias]
Danke.

EL EMPLEADO:

Hoy hay bastante correo para Ud.,
[‘oi ‘ai ba‘stante kor‘reo ‘para u‘ste]
Heute ist ja reichlich Post für Sie da,

¿no es verdad?
[no es ver‘da?]
nicht wahr?

EL HUÉSPED:

Es cierto.
[es ‘θjerto]
Sicher.

EL EMPLEADO:

Oh, un momento.
[o, un mo‘mento]
Oh, einen Augenblick.

Hay dos recados de teléfono.
[‘ai dos re‘kados de te‘lefono]
Hier sind zwei telefonische Botschaften.

Todo está escrito en este papel.
[‘todo e‘sta e‘skrito en ‘este pa‘pel]
Es steht alles auf diesem Papier.

EL HUÉSPED:

Gracias. ¿Hay algo más?
[‘graθias. ‘ai ‘algo mas?]
Danke. Gibt es sonst noch etwas?

EL EMPLEADO:

No señor. No hay nada más.
[no sen‘jor. no ‘ai ‘nada mas]
Nein, Señor. Sonst ist nichts da.

EL HUÉSPED:

Bueno. Y ahora, por favor,
[bu'eno. i a'ora, por fa'vor]
Gut. Und jetzt, bitte,

diez sellos de cien pesetas cada uno,
['djeθ 'sejos de 'θjen pe'setas 'kada 'uno]
zehn Briefmarken zu jeweils hundert Pesetas,

***Cada uno* = jeweils**

Cada bedeutet „jeder, jede" und ist ein Adjektiv, das sich nicht nach dem Geschlecht des Hauptwortes richtet.

cada hombre – jeder Mann
cada mujer – jede Frau

y unos sobres para correo aéreo.
[i 'unos 'sobres 'para kor'reo a'ereo]
und einige Luftpost-Briefumschläge.

Vor einem Hauptwort wird „uno" zu „un"

Uno bedeutet „einer" (maskilin) und wird, wenn es vor einem Hauptwort steht verkürzt zu *un*. Es bedeutet dann „ein". Wenn es im Plural steht, bedeutet es „einige".

unos amigos – einige Freunde
unas amigas – einige Freundinnen

Und erinnern Sie sich: auch wenn zu den „einigen Freunden" Frauen zählen, heißt es immer noch *unos amigos*.

TESTEN SIE IHR SPANISCH

Übersetzen Sie diese Sätze ins Deutsche. Vergleichen Sie Ihre Ergebnisse mit den Lösungen unter den Fragen. Berechnen Sie 10 Punkte für jede richtige Antwort.

1. ¿Cuántas personas hay? ____________________
2. Hay tres personas. ____________________
3. ¿Dónde hay un buen restaurante? ____________________
4. ¿Dónde hay una farmacía? ____________________
5. Hola, ¿qué hay de nuevo? ____________________
6. Nada de particular. ____________________
7. ¿Hay cartas para mí? ____________________
8. Tengo prisa. ____________________
9. ¿Tiene Ud. frio? ____________________
10. No hay nada más. ____________________

Auflösung: 1. Wieviele Leute sind da? 2. Da sind drei Leute. 3. Wo gibt es ein gutes Restaurant? 4. Wo ist eine Apotheke? 5. Hallo, was gibt's Neues? 6. Nichts besonderes. 7. Ist Post für mich da? 8. Ich bin in Eile. 9. Ist Ihnen kalt? 10. Sonst ist nichts da.

Ergebnis ____ %

step 5 ÜBER DEN GEBRAUCH DER RICHTIGEN VERBFORM

Hay tres grupos de verbos.
['ai tres 'grupos de 'verbos]
Es gibt drei Gruppen von Verben.

Verbos como *hablar*, *tomar*,
['verbos 'komo a'blar, to'mar]
Verben wie *hablar* (sprechen), *tomar* (nehmen),

estudiar, comenzar, terminar, durar
['estudi'ar, 'komen'θar, 'termi'nar, du'rar]
estudiar (studieren), *comenzar* (beginnen), *terminar* (beenden), *durar* (dauern)

son del primer grupo.
[son del pri'mer 'grupo]
gehören zur ersten Gruppe.

Spanisch durch Spanisch
Sie werden bemerken, daß wir im ersten Teil jedes „Steps" häufig die Verben oder andere Konstruktionen mit Hilfe der spanischen Sprache erklären. Während diese Erklärungen ausführlicher in den deutschen Anmerkungen wiederholt werden, ist die einführende Erklärung auf Spanisch ein natürlicherer und direkterer Zugang, und wenn Sie den „Step" noch einmal durchlesen, ohne auf das Deutsche zu schauen, lernen Sie Spanisch durch den Gebrauch von Spanisch.

Aquí hay unas frases útiles con *hablar:*
[a'ki 'ai 'unas 'frases 'utiles kon a'blar]
Hier sind einige nützliche Wendungen mit *hablar:*

¿Con quién hablo?
[kon 'kjen 'ablo?]
Mit wem spreche ich?

¿Habla Ud. inglés?
['abla u'ste in'gles?]
Sprechen Sie Englisch?

¿Quién habla?
['kjen 'abla?]
Wer spricht?

¿Quién habla?
Die obenstehenden Verwendungen von *hablar* haben Sie bereits in Step 2 kennengelernt – sie dienen hier zur Erinnerung und Vertiefung.
Die Wendung *¿Quién habla?* – „Wer spricht?" wird häufig verwendet, wenn man das Telefon beantwortet.
Eine andere Formel, die Sie oft hören werden, ist:
¿De parte de quién? – In wessen Auftrag? bzw. Wer spricht dort?

Habla el Sr. Serrano.
['abla el sen'jor se'rrano]
Es spricht Señor Serrano.

¿De qué hablan?
[de ke 'hablan?]
Worüber sprechen sie?

Otros verbos del primer grupo:
['otros 'verbos del pri'mer 'grupo]
Weitere Verben der ersten Gruppe:

—¿Qué estudia Miguel?
[ke e'studia mi'gel?]
Was studiert Miguel?

—Él estudia música.
[el e'studia 'musika]
Er studiert Musik.

—Y Ud., ¿qué estudia?
[i u'ste, ke e'studia?]
Und Sie, was studieren Sie?

—Estudio arte.
[e'studio 'arte]
Ich studiere Kunst.

Mi amiga Elena y yo
[mi a'miga e'lena i jo]
Meine Freundin Elena und ich

tomamos una lección
[to'mamos 'una lek'θion]
nehmen eine Lektion

cada lunes.
['kada 'lunes]
jeden Montag.

La lección comienza a las nueve
[la lek'θion komi'enθa a las nu'eve]
Die Lektion beginnt um neun

y termina a las doce.
[i ter'mina a las 'doθe]
und endet um zwölf.

Das Präsens: Verbgruppe I
Wie Sie gesehen haben, haben die Verben der Gruppe I, also die Verben mit der Endung *-ar*, durchweg die gleichen Endungen wie *hablar*.

	tomar	estudiar	terminar
yo	*tomo*	*estudio*	*termino*
Ud., él, ella	*toma*	*estudia*	*termina*
nosotros, -as	*tomamos*	*estudiamos*	*terminamos*
Uds., ellos, ellas	*toman*	*estudian*	*terminan*

Beim Verb *comenzar* (beginnen) tritt in der Mitte des Wortes ein Wechsel des Vokals auf: bei drei Formen wird das *e* zu *ie*, was aber keinen Einfluß auf die Endungen hat.

comienzo, comienza, comenzamos, comienzan.

—Dura mucho tiempo, ¿no?
['dura 'mutscho 'tjempo, no?]
Es dauert lange, nicht wahr?

Y María, ¿toma ella también
[i ma'ria, 'toma 'eja tam'bjen]
Und Maria, nimmt sie auch

lecciones de arte?
[lek'θiones de 'arte?]
Kunststunden?

—No, ella y su hermana
[no, 'eja i su er'mana]
Nein, sie und ihre Schwester

toman clases de baile.
['toman 'klases de 'baile]
nehmen Tanzstunden.

Possessivpronomen
Su ist das spanische Wort für „sein“ und „ihr“. Wenn der Gegenstand, auf den es sich bezieht, im Plural steht, sagt man *sus*.

Mi – „mein“ – wird zu *mis*, wenn der Gegenstand, auf den es sich bezieht, im Plural steht.

Nuestro – „unser“, hat eine feminine Form – *nuestra*, und wird im Plural zu *nuestros* bzw. *nuestras*.

Mi casa – Mein Haus
Mis libros – Meine Bücher
Su familia – Seine, ihre etc. Familie
Sus ojos – Seine Augen
Nuestro país – Unser Land
Nuestra ciudad – Unsere Stadt
Nuestros hijos – Unsere Söhne
Nuestras hijas – Unsere Töchter

—Y José, ¿qué curso toma?
[i cho'se, ke 'kurso 'toma?]
Und José, welchen Kurs nimmt er?

—No toma ningún curso.
[no 'toma nin'gun 'kurso]
Er nimmt gar keinen Kurs.

Ninguno

Ninguno (-a) bedeutet „keiner" oder „nicht einer". *Ninguno* wird vor einem maskulinen Hauptwort abgekürzt zu *ningún*. Manchmal kann die gleiche Aussage gemacht werden, indem man etwa in unserem Beispiel *alguno* hinter *curso* setzt: *No toma curso alguno*.

Es un perezoso.
[es un pere'θoso]
Er ist ein Faulpelz.

Verbos como *comprender*,
['verbos 'komo kompren'der]
Verben wie *comprender* (verstehen),

aprender y *leer*
[apren'der i le'er]
aprender (lernen) und *leer* (lesen)

son del segundo grupo.
[son del se'gundo 'grupo]
gehören zur zweiten Gruppe.

Aquí hay unas frases útiles con *comprender:*
[a'ki 'ai 'unas 'frases 'utiles kon kompren'der]
Hier sind einige nützliche Wendungen mit *comprender:*

Yo no comprendo.
[jo no kom'prendo]
Ich verstehe nicht.

¿Comprende Ud.?
[kom'prende u'ste?]
Verstehen Sie?

Nosotros comprendemos español.
[nos'otros kompren'demos espan'jol]
Wir verstehen Spanisch.

Ellos no comprenden mucho.
['ejos no kom'prenden 'mutscho]
Sie (diese dort) verstehen nicht viel.

Otros verbos del segundo grupo:
['otros 'verbos del se'gundo 'grupo]
Weitere Verben der zweiten Gruppe:

—¿Qué lee Ud.?
[ke le u'ste?]
Was lesen Sie?

—Leo un periódico en español.
['leo un peri'odiko en espan'jol]
Ich lese eine Zeitung auf Spanisch.

—¿Qué periódico lee?
[ke peri'odico l'ee?]
Welche Zeitung lesen Sie?

—Leo *El Mundo*.
['leo el 'mundo]
Ich lese *El Mundo*.

Aprendo muchas palabras nuevas.
[a'prendo 'mutschas pa'labras nu'evas]
Ich lerne viele neue Wörter.

—¿Comprende todo?
[kom'prende 'todo?]
Verstehen Sie alles?

—No no comprendo todo.
[no, no kom'prendo 'todo]
Nein, ich verstehe nicht alles.

—¿Y sus amigos, Raúl y Fidel?
[i sus a'migos, ra'ul i fi'del?]
Und Ihre Freunde, Raúl und Fidel?

¿Que leen ellos en español?
[ke 'leen 'ejos en espan'jol?]
Was lesen sie auf Spanisch?

—¡Oh! Ellos están muy avanzados.
[o. 'ejos son mui avan'θados]
Oh! Sie sind sehr fortgeschritten.

Leen revistas y libros.
['leen re'vistas i 'libros]
Sie lesen Magazine und Bücher.

Aprenden rápidamente
[a'prenden 'rapida'mente]
Sie lernen schnell

y comprenden casi todo.
[i kom'prenden 'kasi 'todo]
und verstehen fast alles.

Das Präsens: Verbgruppe II

Verben mit der Endung *-er* wie die drei, die wir soeben kennengelernt haben, gehören zur zweiten Verbgruppe und bilden die vier Formen, die wir lernen, indem ihnen anstelle der Endung *-er* ja nach der Person ein *-o*, *-e*, *-emos* oder *-en* angehängt wird:

	comprender	aprender	leer
yo	*comprendo*	*aprendo*	*leo*
Ud., él, ella	*comprende*	*aprende*	*lee*
nosotros, -as	*comprendemos*	*aprendemos*	*leemos*
Uds., ellos, ellas	*comprenden*	*aprenden*	*leen*

Verbos como *vivir*, *escribir*,
['verbos 'komo vi'vir, eskri'bir]
Verben wie *vivir* (leben), *escribir* (schreiben),

recibir y *partir*
[reθi'bir i par'tir]
recibir (erhalten, empfangen) und *partir* (aufbrechen, verlassen)

son del tercer grupo.
[son del ter'θer 'grupo]
gehören zur dritten Gruppe.

Unos ejemplos con *vivir:*
['unos e'chemplos kon vi'vir]
Einige Beispiele mit *vivir:*

¿Dónde vive Ud.?
['donde 'vive u'ste?]
Wo leben Sie?

Yo vivo en la calle Mayor.
[jo 'vivo en la 'kaje ma'jor]
Ich lebe in der Calle Mayor.

¿Vive la Sra. Martínez aquí?
['vive la sen'jora mar'tineθ a'ki?]
Lebt Señora Martínez hier?

Nosotros vivimos Andalucía.
[nos'otros vi'vimos en andalu'θia]
Wir leben in Andalusien.

Ellos viven cerca de mi casa.
['ejos 'viven 'θerka de mi 'kasa]
Sie leben in der Nähe meines Hauses.

Y otros verbos de este grupo…
[i 'otros 'verbos de 'este 'grupo]
Und weitere Verben dieser Gruppe…

¿A qué hora reciben Uds. su correo?
[a ke 'ora re'θiben u'stedes su ko'rreo?]
Um wieviel Uhr erhalten Sie (Plural!) Ihre Post?

Recibimos el correo a las nueve y media.
[reθi'bimos el ko'rreo a las nu'eve i 'media]
Wir erhalten die Post um neun Uhr dreißig.

Generalmente recibo muchas cartas.
[cheneral'mente re'θibo 'mutschas 'kartas]
Normalerweise bekomme ich viele Briefe.

¿Y escribe muchas también?
[i e'skribe 'mutschas tam'bjen?]
Und schreiben Sie auch viele?

Sí, escribo muchas.
[si, e'skribo 'mutschas]
Ja, ich schreibe viele.

Escribo frecuentemente a mis padres.
[e'skribo frekuente'mente a mis 'padres]
Ich schreibe oft an meine Eltern.

Viven en España.
['viven en es'panja]
Sie leben in Spanien.

Das Präsens: Verbgruppe III

Die dritte Verbgruppe ähnelt der zweiten sehr, mit dem Unterschied, daß die Form für *nosotros* ein *i* anstelle des *e* hat.

	vivir	escribir
yo	*vivo*	*escribo*
Ud., él, ella	*vive*	*escribe*
nosotros, -as	*vivimos*	*escribimos*
Uds., ellos, ellas	*viven*	*escriben*

Sie wissen jetzt, wie Sie die wichtigsten Formen fast aller spanischer Verben bilden und erkennen können – mit Ausnahme einiger unregelmäßiger Verben. Der Ausdruck „unregelmäßig" bedeutet einfach, daß die Formen auf irgendeine Weise von dem regelmäßigen Schema abweichen, wie Sie jetzt sehen werden.

El verbo *ir* es irregular.
[el 'verbo ir es irregu'lar]
Das Verb *ir* (gehen) ist unregelmäßig.

Yo voy a un restaurante.
[jo voi a un restau'rante]
Ich gehe in ein Restaurant.

¿A dónde va ella?
[a ‘donde va ‘eja?]
Wohin geht sie?

Nosotros vamos con ellos.
[nos‘otros ‘vamos kon ‘ejos]
Wir gehen mit ihnen.

Ellos van primero a la tienda
[‘ejos van pri‘mero a la ‘tjenda]
Sie gehen zuerst zum Laden

y después van al teatro.
[i des‘pues van al te‘atro]
und danach gehen sie zum Theater.

Einige unregelmäßige (und wichtige) Verben
Das Verb *ir* – „gehen“ ist unregelmäßig, wie die Verben *ser* und *estar* in den vorhergehenden Steps. *Saber* – „wissen“ ist nur in der Form für *yo* unregelmäßig:

ir	*saber*	*ser*	*estar*
voy	*sé*	*soy*	*estoy*
vas	*sabes*	*eres*	*estás*
va	*sabe*	*es*	*está*
vamos	*sabemos*	*somos*	*estamos*
váis	*sabéis*	*sois*	*estáis*
van	*saben*	*son*	*están*

Los verbos *poner*, *hacer*, *tener*
[los ‘verbos po‘ner, a‘θer, te‘ner]
Die Verben *poner* (stellen, legen), *hacer* (machen, tun), *tener* (haben)

del segundo grupo,
[del se‘gundo ‘grupo]
aus der zweiten Gruppe,

y *venir*, *salir* y *decir* del tercer grupo
[i ve‘nir, sa‘lir i de‘θir del ter‘θer ‘grupo]
und *venir* (kommen), *salir* (fortgehen, verlassen) und *decir* (sagen) aus der dritten Gruppe

son irregulares.
[son irregu'lares]
sind unregelmäßig.

La forma de *yo* termina en *-go:*
[la 'forma de jo ter'mina en go]
Die Form für *yo* endet mit *-go:*

Yo vengo de San Francisco.
[jo 'vengo de san fran'θisko]
Ich komme aus San Francisco.

Tengo un pasaporte americano.
['tengo un pasa'porte ameri'kano]
Ich haben einen amerikanischen Paß.

Hago un viaje a España.
['hago un vi'ache a e'spanja]
Ich mache eine Reise nach Spanien.

Salgo en el vuelo ciento cincuenta para Madrid.
['salgo en el vu'elo 'θjento θin'kuenta 'para mad'rid]
Ich fliege mit dem Flug 150 nach Madrid.

Perdón. ¿Dónde pongo mi maleta?
[per'don. 'donde 'pongo mi ma'leta?]
Entschuldigung. Wo stelle ich meinen Koffer hin?

Tener y *venir* tienen otras formas irregulares:
[te'ner i ve'nir 'tjenen 'otras 'formas irregu'lares]
Tener und *venir* haben weitere unregelmäßige Formen:

Aquí hay unas frases útiles:
[a'ki 'ai 'unas 'frases 'utiles]
Hier sind einige nützliche Wendungen:

¿Tiene cerveza Bohemia?
['tjene θer'veθa bo'emia?]
Haben Sie Bohemia-Bier (Pilsener)?

No, señor, no tenemos.
[no sen'jor. no te'nemos]
Nein, Señor, das haben wir nicht.

En la otra cantina tienen.
[en la ‘otra kan‘tina ‘tjenen]
In der anderen Bar haben sie es.

¿A qué hora viene Ud.?
[a ke ‘ora vi‘ene u‘ste?]
Um wieviel Uhr kommen Sie?

Mi mujer y yo venimos a las cinco.
[mi mu‘cher i jo ve‘nimos a las ‘θinko]
Meine Frau und ich kommen um fünf.

Los otros vienen más tarde.
[los ‘otros ‘vjenen mas ‘tarde]
Die anderen kommen später.

Die erste Person mit *-go*

Die Unregelmäßigkeit der Verben, die wir kennengelernt haben, liegt in der Endung der ersten Person, *-go*, und in einigen Unterschieden bei den Vokalen in der Mitte, wie es z. B. bei *venir*, *tener* und *decir* der Fall ist, deren Formen so aussehen:

venir	*tener*	*decir*
vengo	*tengo*	*digo*
vienes	*tienes*	*dices*
viene	*tiene*	*dice*
venimos	*tenemos*	*decimos*
	teneis	
vienen	*tienen*	*dicen*

¿Qué dice ella?
[ke ‘diθe ‘eja?]
Was sagt sie?

Ella dice que no va.
[‘eja ‘diθe ke no va]
Sie sagt, daß sie nicht geht.

Pero sus amigas dicen que van.
[‘pero sus a‘migas ‘diθen ke van]
Aber ihre Freundinnen sagen, daß sie gehen.

BEISPIELUNTERHALTUNG: EINE EINLADUNG INS KINO

—¡Hola muchachas! ¿Adónde vais?
['ola mu'tschatschas. a'donde 'vais?]
Hallo Mädchen! Wohin geht ihr?

—Nosotras vamos al cine.
[nos'otras 'vamos al 'θine]
Wir gehen zum Kino.

Nosotras
Nosotras ist die feminine Form von *nosotros*, bedeutet also „wir“, wenn nur Frauen in der Gruppe sind. Wenn auch Männer dabei wären, müßte man um der Grammatik willen *nosotros* sagen.

—¿A qué cine vais?
[a ke 'θine 'vais?]
Zu welchem Kino geht ihr?

—Vamos al Capitolio.
['vamos al kapi'tolio]
Wir gehen zum „Capitolio“.

—¿Qué película dan hoy?
[ke pe'likula dan hoi?]
Welchen Flim geben sie heute?

Dar = geben
Dar („geben“) ist ein Verb der 1. Konjugation mit einer unregelmäßigen ersten Form:

doy, da, damos, dan

—Una película nueva.
['una pe'likula nu'eva]
Einen neuen Film.

Dicen que es muy divertida.
['diθen ke es mui diver'tida]
Man sagt, er ist sehr lustig.

¿No vienes con nosotras?
[no 'vjenes kon nos'otras?]
Kommst du nicht mit uns?

¿Qué dices?
[ke 'diθes?]
Was sagst du?

—No sé si tengo tiempo.
[no se si 'tengo 'tjempo]
Ich weiß nicht, ob ich Zeit habe,

¿Cuándo comienza?
[ku'ando komi'enθa?]
Wann fängt es an?

—Pronto. A las ocho y media.
['pronto. a las 'otscho i 'media]
Bald. Um halb neun.

Tenemos quince minutos para llegar.
[te'nemos 'kinθe mi'nutos 'para je'gar]
Wir haben fünfzehn Minuten, um dorthin zu kommen.

—Y, ¿sabeis cuándo termina?
[i, 'sabeis ku'ando ter'mina?]
Und wißt ihr, wann es aufhört?

—Termina a las diez y media, más o menos.
[ter'mina a las 'djeθ i 'media, mas o 'menos]
Es hört um halb elf auf, ungefähr.

—Eso no es tarde.
['eso no es 'tarde]
Das ist nicht spät.

—Entonces tengo tiempo.
[en'tonθes 'tengo 'tjempo]
Dann habe ich Zeit.

Voy con vosotras y os invito...
[voi kon vos'otras i os in'vito...]
Ich gehe mit euch und ich lade euch ein ...

Invitar
Invitar („einladen") ist ein regelmäßiges Verb der 1. Konjugation.

—¡Hombre! No es necesario.
['ombre. no es neθe'sario]
Wirklich! Das ist nicht nötig.

***Hombre* – „Mann"**
¡Hombre! bedeutet wörtlich „Mann!" und wird als Ausruf verwendet, der soviel wie „Also wirklich!", „Na hör mal!", „Einen Moment!" und vieles andere bedeuten kann. Es wird so häufig in die gesprochene Sprache eingestreut, daß man es als festen Bestandteil der Sprache (und nicht als Slang) betrachten kann.

Somos muchas.
['somos 'mutschas]
Wir sind (zu) viele.

Cada uno paga su parte.
['kada 'uno 'paga su 'parte]
Jeder zahlt seinen Anteil.

Einfluß des maskulinen Geschlechts
Obwohl die Gruppe, die mit dem jungen Mann spricht, ausschließlich aus Frauen besteht, sagen sie *cada uno*, weil sie ihn mit einbeziehen.

TESTEN SIE IHR SPANISCH

Tragen Sie die korrekte Verbform ein. Vergleichen Sie die Lösungen unten. Berechnen Sie für jede richtige Antwort 10 Punkte.

1. Verstehen Sie?
   ¿ ____________ Ud.?

2. Ich verstehe nicht.
   Yo no ____________ .

3. Wo leben Sie?
   ¿Donde ____________ Ud.?

4. Ich lebe in der Calle Mayor.
   Yo ____________ en la Calle Mayor.

5. Wir leben in Andalusien.
   Nosotros ____________ en Andalucía.

6. Sie lesen Magazine und Bücher.
   Ellos ____________ revistas y libros.

7. Ich komme aus San Francisco.
   Yo ____________ de San Francisco.

8. Ich habe einen amerikanischen Paß.
   ____________ un pasaporte americano.

9. Ich gehe mit euch.
   ____________ con vosotros.

10. Wir verstehen Spanisch.
    Nosotros ____________ español.

Auflösung: 1. Comprende; 2. comprendo; 3. vive; 4. vivo; 5. vivimos;
6. leen; 7. vengo; 8. Tengo; 9. voy; 10. comprendemos.

Ergebnis ____ %

step 6 VERWANDTSCHAFTS-VERHÄLTNISSE

¿Quiénes son los miembros de una familia?
['kjenes son los mi'embros de 'una fa'milia?]
Wer sind die Mitglieder einer Familie?

marido y mujer
[ma'rido i mu'cher]
Ehemann und Ehefrau

padres y niños
['padres i 'ninjos]
Eltern und Kinder

padre e hijo
['padre e 'icho]
Vater und Sohn

madre e hija
['madre e 'icha]
Mutter und Tochter

Y* wird zu *e*, *o* wird zu *u
Y – „und“ ändert sich aus phonetischen Gründen zu *e*, wenn das folgende Wort mit *i* oder *hi* beginnt (da das *h* immer stumm ist). Ebenso ändert sich *o* – „oder“ zu *u*, wenn das darauffolgende Wort mit *o* beginnt, wie z. B. in *siete u ocho* – „sieben oder acht“.

hermano y hermana
[er'mano i er'mana]
Bruder und Schwester

abuelo y nieto
[abu'elo i 'njeto]
Großvater und Enkel

abuela y nieta
[abu'ela i 'njeta]
Großmutter und Enkelin

El señor Zavala es un hombre de negocios.
[el sen'jor θa'vala es un 'ombre de ne'goθios]
Señor Zavala ist Geschäftsmann.

Tiene su oficina en Madrid.
['tjene su ofi'θina en ma'drid]
Er hat sein Büro in Madrid.

Los Zavala tienen dos hijos,
[los θa'vala 'tjenen dos 'ichos]
Die Zavalas haben zwei Kinder:

Der Plural von Familiennamen
Ein Familienname wird in den Plural gesetzt, indem man den dazugehörigen Artikel in den Plural setzt. An den Namen selbst wird *kein* -s angehängt (wie etwa im Deutschen).

un hijo y una hija.
[un 'icho i 'una 'icha]
einen Sohn und eine Tochter.

Su hijo, Guillermo, es estudiante.
[su 'icho, gi'jermo, es estudi'ante]
Ihr Sohn, Guillermo, ist Student.

Position und Beruf
Wenn man den Beruf oder die Position eines Menschen nennt, wird nomalerweise das *un* oder *una* weggelassen.

Va a la escuela.
[va a la esku'ela]
Er geht zur Schule.

Pilar, la hermana de Guillermo, estudia arte.
[pi'lar, la er'mana de gi'jermo, e'studia 'arte]
Pilar, Guillermos Schwester, studiert Kunst.

Tiene novio, está comprometida.
['tjene 'novio, e'sta comprome'tida]
Sie hat einen Verlobten, sie ist verlobt.

Verlobt
Wir sagen *está comprometida*, weil dies ein vorübergehender Zustand ist. Wenn ein Mädchen jedoch verheiratet ist, können wir entweder *es casada* oder *está casada* sagen, je nachdem, ob wir es als Beschreibung (*es*) oder als (nicht unbedingt vorübergehenden) Zustand (*está*) ansehen.

Su novio es abogado.
[su 'novio es abo'gado]
Ihr Verlobter ist Rechtsanwalt.

El padre del señor Zavala,
[el 'padre del sen'jor θa'vala]
Der Vater von Señor Zavala,

el abuelo de Guillermo y Pilar,
[el abu'elo de gi'jermo i pi'lar]
der Großvater von Guillermo und Pilar,

está retirado.
[e'sta reti'rado]
ist im Ruhestand.

Es un antiguo oficial del ejército.
[es un an'tiguo ofi'θjal del e'cherθito]
Er ist ein ehemaliger Armeeoffizier.

En una familia también tenemos:
[en 'una fa'milia tam'bjen tenemos]
In einer Familie haben wir außerdem:

los tíos y las tías,
[los 'tios i las 'tias]
die Onkel und die Tanten,

los sobrinos y las sobrinas,
[los so'brinos i las so'brinas]
die Neffen und die Nichten,

los primos y las primas.
[los 'primos i las 'primas]
die Cousins und die Cousinen.

En la familia política tenemos:
[en la fa'milia po'litika te'nemos]
In der „Schwieger-Familie" haben wir:

el suegro y la suegra,
[el su'egro i la su'egra]
den Schwiegervater und die Schwiegermutter,

el cuñado y la cuñada,
[el kun'jado i la kun'jada]
den Schwager und die Schwägerin,

el yerno y la nuera.
[el 'jerno i la nu'era]
den Schwiegersohn und die Schwiegertochter.

BEISPIELUNTERHALTUNG: REDEN ÜBER DIE EIGENE FAMILIE

—¿Está Ud. casada?
[e'sta u'ste ka'sada?]
Sind Sie (fem.) verheiratet?

—Sí; aquel caballero es mi marido.
[si; a'kel kaba'jero es mi ma'rido]
Ja; dieser Herr ist mein Ehemann.

—¿El de la barba?
[el de la 'barba?]
Der mit dem Bart?

—No, el otro; el del bigote.
[no, el 'otro; el del bi'gote]
Nein, der andere; der mit dem Schnurrbart.

—¿Tiene Ud. hijos?
['tjene u'ste 'ichos?]
Haben Sie Kinder?

—Tenemos cuatro –
[te'nemos ku'atro]
Wir haben vier –

tres hijos y una hija.
[tres 'ichos i 'una 'icha]
drei Söhne und eine Tochter.

¿Y, usted?
[i u'ste?]
Und Sie?

—No tengo hijos – soy soltero.
[no 'tengo 'ichos – soi sol'tero]
Ich habe keine Kinder – ich bin alleinstehend.

¿Están sus hijos aquí?
[e'stan sus 'ichos a'ki?]
Sind Ihre Kinder hier?

—No. Uno de ellos vive en Inglaterra.
[no. 'uno de 'ejos 'vive en 'ingla'terra]
Nein. Einer von ihnen lebt in England.

Está casado con una inglesa.
[e'sta ka'sado kon 'una ing'lesa]
Er ist mit einer Engländerin verheiratet.

Los otros muchachos y la niña
[los 'otros mu'tschatschos i la 'ninja]
Die anderen Jungen und das Mädchen

están todavía en el colegio.
[e'stan 'toda'via en el ko'lechio]
sind noch in der Schule.

Aquí tiene una foto de ellos.
[a'ki 'tjene 'una 'foto de 'ejos]
Hier ist ein Foto von ihnen.

—¡Qué niños tan hermosos!
[ke 'ninjos tan her'mosos]
Was für hübsche Kinder!

¿Cuántos años tienen?
[ku'antos 'anjos 'tjenen?]
Wie alt sind sie?

—Pedro tiene catorce años
['pedro 'tjene ka'torθe 'anjos]
Pedro ist vierzehn Jahre alt

y Jorge tiene doce.
[i 'chorche 'tjene 'doθe]
und Jorge ist zwölf.

Y ésta es Dolores.
[i 'esta es do'lores]
Und dies ist Dolores.

Tiene casi diez y siete años.
[‘tjene ‘kasi ‘djeθ i ‘sjete ‘anjos]
Sie ist fast siebzehn.

—¡Qué bonita es!
[ke bo‘nita es]
Wie hübsch sie ist!

¡Y qué ojos tan lindos!
[i ke ‘ochos tan ‘lindos]
Und was für schöne Augen!

¿A qué colegio van?
[a ke ko‘lechio van?]
Zu welcher Schule gehen sie?

—Los muchachos van
[los mu‘tschatschos van]
Die Jungen gehen

a un colegio en Los Ángeles.
[a un ko‘lechio en los ‘angeles]
in eine Schule in Los Angeles.

Pero nuestra hija estudia
[‘pero nu‘estra ‘icha e‘studia]
Aber unsere Tochter studiert

en una escuela de niñas
[en ‘una esku‘ela de ‘ninjas]
in einer Mädchenschule

en Barcelona.
[en barθe‘lona]
in Barcelona.

Tenemos parientes allá
[te‘nemos par‘jentes a‘ja]
Wir haben dort Verwandte

Nicht vergessen:
padres – Eltern
parientes – Verwandte

y vive con ellos.
[i 'vive kon 'ejos]
und sie lebt bei ihnen.

—¿De veras?
[de 'veras?]
Wirklich?

¿Está contenta tan lejos
[e'sta kon'tenta tan 'lechos]
Ist sie glücklich, so weit weg

de sus padres?
[de sus 'padres?]
von ihren Eltern?

—¡Cómo no!
['komo no]
Natürlich!

Está muy feliz.
[e'sta mui fe'liθ]
Sie ist sehr glücklich.

—Sin duda habla español muy bien, ¿no?
[sin 'duda 'abla espan'jol mui 'bjen, no?]
Ohne Zweifel spricht sie sehr gut Spanisch, nicht wahr?

—¡Claro! Mejor que yo.
['klaro. me'chor ke jo]
Natürlich! Besser als ich.

—Pero Ud. habla el castellano perfectamente.
['pero u'ste 'abla el kaste'jano per'fekta'mente]
Aber Sie sprechen perfekt Spanisch.

Castellano

Sowohl *Español* als auch *castellano* bedeuten „Spanisch". Die spanische Sprache ist hervorgegangen aus der Sprache, die in *Castilla*, einer Provinz in Zentralspanien, gesprochen wurde.

—Mil gracias.
[mil 'graθias]
Tausend Dank.

Ud. es muy amable.
[u'ste es mui a'mable]
Sie sind sehr liebenswürdig.

Oh, aquí viene mi marido.
[o, a'ki 'vjene mi ma'rido]
Oh, hier kommt mein Mann.

Probablemente es hora de partir.
[probable'mente es 'ora de par'tir]
Wahrscheinlich ist es Zeit, aufzubrechen.

TESTEN SIE IHR SPANISCH

Übersetzen Sie diese Sätze ins Spanische. Vergleichen Sie Ihre Ergebnisse mit den untenstehenden Lösungen. Berechnen Sie 10 Punkte für jede richtige Antwort.

1. Sind Sie (fem.) verheiratet? ______________________
2. Ja; dieser Herr ist mein Mann. ______________________
3. Haben Sie Kinder? ______________________
4. Wir haben vier – drei Söhne und ______________________
   eine Tochter. ______________________
5. Was für hübsche Kinder! ______________________
6. Wie alt sind sie? ______________________
7. Sie ist fast siebzehn. ______________________
8. Ich bin alleinstehend (mask.). ______________________
9. Sie ist sehr glücklich. ______________________
10. Tausend Dank. ______________________

Auflösung: 1. ¿Está Ud. casada? 2. Sí; aquel caballero es mi marido. 3. ¿Tiene Ud. hijos? 4. Tenemos cuatro – tres hijos y una hija. 5. ¡Qué niños tan hermosos! 6. ¿Cuántos años tienen? 7. Tiene casi diez y siete años. 8. Soy soltero. 9. Está muy feliz. 10. Mil gracias.

Ergebnis: ____ %

step 7 LESEN, SCHREIBEN UND BUCHSTABIEREN

Este es el alfabeto español:
[‘este es el alfa‘beto espan‘jol]
Dies ist das spanische Alphabet:

A	B	C	CH	D	E	F
[a]	[be]	[θe]	[tsche]	[de]	[e]	[‘efe]
G	H	I	J	K	L	LL
[che]	[‘atsche]	[i]	[‘chota]	[ka]	[‘ele]	[‘eje]
M	N	Ñ	O	P	Q	R
[‘eme]	[‘ene]	[‘enje]	[o]	[pe]	[ku]	[‘ere]
S	T	U	V	X	Y	Z
[‘ese]	[te]	[u]	[‘uve]	[‘ekis]	[igri‘aiga]	[‘θeta]

Das fehlende W
Da das „W“ kein normaler spanischer Buchstabe ist, wird es *uve doble* ausgesprochen, wenn es in Fremdwörtern vorkommt.

El alfabeto español
[el alfa‘beto espan‘jol]
Das spanische Alphabet

tiene 28 letras.
[‘tjene ‘veini‘otscho ‘letras]
hat 28 Buchstaben.

El alfabeto aleman tiene 26 letras.
[el alfa‘beto ale‘man ‘tjene ‘veini‘seis ‘letras]
Das deutsche Alphabet hat 26 Buchstaben.

El alfabeto español
[el afa'beto espan'jol]
Das spanische Alphabet

tiene más letras
['tjene mas 'letras]
hat mehr Buchstaben

que el alfabeto aleman.
[ke el alfa'beto ale'man]
als das deutsche Alphabet.

¿Cuántas más? Dos más.
[ku'antas mas? dos mas]
Wieviele mehr? Zwei mehr.

El alfabeto aleman
[el alfa'beto ale'man]
Das deutsche Alphabet

tiene menos letras
['tjene 'menos 'letras]
hat weniger Buchstaben

que el alfabeto español.
[ke el alfa'beto espan'jol]
als das spanische Alphabet.

¿Cuántas menos? Dos menos.
[ku'antas menos? dos menos]
Wieviele weniger? Zwei weniger.

Muchas letras son las mismas,
['mutschas 'letras son las 'mismas]
Viele Buchstaben sind die gleichen,

pero algunas son diferentes,
['pero al'gunas son dife'rentes]
aber einige sind unterschiedlich,

como la *ch*, la *ll*, y la *ñ*.
['komo la tsche, la 'eje, i la 'enje]
wie das *ch*, das *ll* und das *ñ*.

La pronunciación de las letras
[la pronunθja'θjon de las 'letras]
Die Aussprache der Buchstaben

también es diferente en español.
[tam'bjen es dife'rente en espan'jol]
ist im Spanischen auch anders.

Die Wahl der Aussprache
Es ist Zeit, das „Südamerikanische Spanisch" und das „Kastilische" zu erwähnen. Sie sind im Großen und Ganzen das gleiche, da *castellano*, die Sprache Kastiliens, im Mittelalter zur offiziellen spanischen Hochsprache wurde. Trotzdem hat sich im Laufe der Zeit der Eindruck festgesetzt, daß „kastilisches" Spanisch etwas anderes sei als das in Amerika gesprochene. Abgesehen von bestimmten regionalen Unterschieden trifft dies nur auf die Aussprache von „z" und „c" vor Vokalen zu, die in Spanien als Lispellaut (ähnlich dem englischen „th" in *thing*) ausgesprochen werden. In Südspanien werden diese Laute, genau wie in Amerika, fast wie ein „s" ausgesprochen.
Der Grund dafür, daß die Lateinamerikaner sprechen wie die Südspanier, liegt darin, daß Südamerika ursprünglich von Menschen aus Südspanien besiedelt wurde. Es ist also nicht übermäßig wichtig, welcher der beiden Aussprachen Sie jeweils folgen – wenn Sie sich eine Weile an einem Ort aufhalten, an dem die eine oder andere Norm gilt, werden Sie sich sehr schnell an diese gewöhnen…

Y ahora algunas preguntas:
[i a'ora 'unas pre'guntas]
Und nun einige Fragen:

¿Cómo se escribe
['komo se es'kribe]
Wie schreibt man

la palabra „España"?
[la pa'labra es'panja?]
das Wort „España"?

„España" se escribe
[es'panja se es'kribe]
„España" schreibt man

E S P A Ñ A
[e'ese pe a 'enje a]
E S P A Ñ A.

¿Dónde se pone el acento
['donde se 'pone el a'θento]
Wohin setzt man den Akzent

en la palabra „México"?
[en la pa'labra 'mechiko?]
in dem Wort „Mexico"?

Se pone el acento sobre la *e*.
[se 'pone el a'θento 'sobre la e]
Der Akzent wird über dem *e* gesetzt.

¿Dónde se pone el acento
['donde se 'pone el a'θento]
Wohin setzt man den Akzent

en el apellido „Jiménez"?
[en el ape'jido chi'meneθ?]
in dem Nachnamen „Jiménez"?

Se pone el acento sobre la primera *e*.
[se 'pone el a'θento 'sobre la pri'mera e]
Der Akzent wird auf das erste *e* gesetzt.

Wie nennen Sie sich?

Der Ausdruck *se pone* bedeutet wörtlich „es setzt sich" und könnte übersetzt werden mit „man setzt" oder „es wird gesetzt". Dieses *se* wird mit der gleichen Verbform konstruiert, die Sie bereits von *Ud.*, *él* oder *ella* kennen.

Me llamo bedeutet „ich rufe mich" oder „ich werde gerufen" (d. h. „mein Name ist"), da *llamar* „rufen" und *llamarse* „gerufen werden" bzw. „heißen" bedeutet.

Hier sind die vier Grundformen des reflexiven Verbs *llamarse:*

me llamo – ich heiße
se llama – er heißt, Sie heißen
nos llamamos – wir heißen
se llaman – sie heißen, Sie heißen (Plural)

Beachten Sie:
Wie heißt das auf Spanisch?
¿Cómo se llama esto en español?

—¿Cómo se llama Ud.?
['komo se 'jama u'ste?]
Wie heißen Sie?

—Yo me llamo Santos Torres.
[jo me 'jamo 'santos 'torres]
Ich heiße Santos Torres.

—¿Cómo se escribe su apellido?
['komo se es'kribe su ape'jido?]
Wie schreibt man Ihren Nachnamen?

—Se escribe	T	O	R	R	E	S.
[se es'kribe	te	o	'ere	'ere	e	'ese]
Man schreibt ihn	T	O	R	R	E	S.

—¿Cómo se llaman esos señores?
['komo se 'jaman 'esos sen'jores?]
Wie heißen diese Herrschaften?

Das dominante Maskulinum
Obwohl eine der Personen, nach denen hier gefragt wird, männlich, und eine weiblich ist, ist der Plural *señores*, wörtlich „Herren".

—Se llaman Ricardo y Pilar Martín.
[se 'jaman ri'kardo i pi'lar mar'tin]
Sie heißen Ricardo und Pilar Martín.

—¿Sabe Ud. cómo me llamo?
['sabe u'ste 'komo me 'jamo?]
Wissen Sie, wie ich heiße?

—Sí. Ud. se llama Jorje Castillo.
[si. u'ste se 'jama 'chorche ka'stijo]
Ja. Sie heißen Jorge Castillo.

Nosotros escribimos cartas
[nos'otros eskri'bimos 'kartas]
Wir schreiben Briefe

a nuestros amigos.
[a 'nuestros a'migos]
an unsere Freunde.

Escribimos el nombre y la dirección
[eskri'bimos el 'nombre i la direk'θjon]
Wir schreiben den Namen und die Adresse

en el sobre,
[en el 'sobre]
auf den Umschlag,

ponemos la carta adentro
[po'nemos la 'karta a'dentro]
wir stecken den Brief hinein,

luego cerramos el sobre,
[lue'go se'rramos el 'sobre]
dann schließen wir den Umschlag

y ponemos sellos.
[i po'nemos 'sejos]
und kleben Briefmarken darauf.

Estampillas – sellos
In Spanien und auf den Karibischen Inseln ist *sellos* das bevorzugte Wort für „Briefmarken“. Im südamerikanischen Raum ist dagegen der Ausdruck *estampillas* gebräuchlich.

BEISPIELBRIEFE: EIN DANKES-BRIEF UND EINE POSTKARTE

Una carta a un amigo:
['una 'karta a un a'migo]
Ein Brief an einen Freund:

Querido Roberto,
[ke'rido ro'berto]
Lieber Roberto,

Muchas gracias por las flores.
['mutschas 'graθias por las 'flores]
Vielen Dank für die Blumen.

¡Son bellísimas!
[son be'jisimas]
Sie sind wunderschön!

Las rosas amarillas
[las 'rosas ama'rijas]
Gelbe Rosen

son mis flores favoritas.
[son mis 'flores favo'ritas]
sind meine Lieblingsblumen.

Ud. es muy amable.
[u'ste es mui a'mable]
Sie sind sehr liebenswürdig.

¡Hasta muy pronto!
['asta mui 'pronto]
Bis (sehr) bald!

Sinceramente, Anita
[sin'θera'mente a'nita]
Freundliche Grüße, Anita.

Una tarjeta postal a una amiga:
['una tar'cheta a 'una a'miga]
Eine Postkarte an eine Freundin:

Querida Isabel,
[ke'rida isa'bel]
Liebe Isabel,

Mis mejores saludos desde Acapulco.
[mis me'chores sa'ludos 'desde aka'pulko]
Meine besten Grüße aus Acapulco.

Todo aquí es muy bello.
['todo a'ki es mui 'bejo]
Alles hier ist sehr schön.

El clima es magnifico
[el 'klima es ma'gnifico]
Das Wetter ist großartig

y la gente es muy interesante.
[i la 'chente es mui intere'sante]
und die Leute sind sehr interessant.

Gente

Gente – „Leute" steht im Spanischen im Singular, obwohl es im Deutschen im Plural steht. Es ist immer feminin, auch wenn es Männer mit einschließt.

Pero Ud. no está aquí… ¡qué pena!
['pero u'ste no e'sta a'ki… ke 'pena]
Aber Sie sind nicht hier… wie schade!

Cariñosamente, Ricardo
[kari'njosa'mente, ri'kardo]
Herzlichst, Ricardo

TESTEN SIE IHR SPANISCH

Übersetzen Sie diese Sätze ins Deutsche. Vergleichen Sie Ihre Ergebnisse mit den untenstehenden Lösungen. Berechnen Sie 10 Punkte für jede richtige Antwort.

1. Muchas gracias por las flores. ____________________
2. ¡Son bellísimas! ____________________
3. Las rosas amarillas son mis flores favoritas. ____________________
4. Gracias otra vez. ____________________
5. Hasta muy pronto. ____________________
6. Mis mejores saludos desde Acapulco. ____________________ ____________
7. Todo aquí es muy bello. ____________________
8. El clima es magnífico. ____________________
9. La gente es muy interesante. ____________________
10. Ud. no está aquí. ____________________

Lösungen: 1. Vielen Dank für die Blumen. 2. Sie sind sehr schön. 3. Gelbe Rosen sind meine Lieblingsblumen. 4. Nochmals danke. 5. Bis (sehr) bald 6. Meine besten Grüße aus Acapulco. 7. Alles hier ist sehr schön. 8. Das Wetter ist großartig. 9. Die Leute sind sehr interessant. 10. Sie sind nicht hier.

Ergebnis: ____ %

step 8 WICHTIGE VERBEN DER WAHRNEHMUNG

Aquí tenemos otros verbos muy importantes:
[a'ki te'nemos 'otros 'verbos mui impor'tantes]
Hier haben wir weitere sehr wichtige Verben:

ver, mirar, leer, escribir, oír, escuchar,
[ver, mi'rar, le'er, eskri'bir, o'ir, esku'tschar]
ver (sehen), *mirar* (schauen), *leer* (lesen), *escribir* (schreiben),
oír (hören), *escuchar* (zuhören),

comer, *beber* y otros más.
[ko'mer, be'ber i 'otros mas]
comer (essen), *beber* (trinken) und andere mehr.

Con los ojos vemos.
[kon los 'ochos 'vemos]
Mit den Augen sehen wir.

Yo le veo a Ud.
[jo le 'veo a u'ste]
Ich sehe Sie.

Ud. me ve a mi.
[u'ste me ve a mi]
Sie sehen mich.

Pronomen als direkte Objekte
Die direkten Objektformen der Pronomen, die Sie schon kennen, sind die folgenden:

mich – *me*
dich, ihn, sie, es – *le* oder *lo* (mask.), *la* (fem.)
uns – *nos*
euch, sie (pl.) – *les* oder *los* (mask.), *la* (fem.)

Diese Pronomen stehen vor dem Verb, mit Ausnahme von drei Fällen, die später erklärt werden.

Das zusätzliche *a*, wie es in *a mí*, *a Ud.*, *a él* usw. steht, wird häufig eingefügt, um doppelt sicher zu gehen, daß man richtig verstanden wird. Wenn wir sagen würden *Le vemos*, wäre dies nicht eindeutig, denn es könnte bedeuten „Wir sehen ihn", aber auch „Wir sehen Sie". Das *a Ud.* bzw. *a él* sorgen hier für Klarheit.

Nosotros vemos películas.
[nos'otros 'vemos pe'likulas]
Wir sehen Filme.

Miramos a los actores en la televisión.
[mi'ramos a los ak'tores en la televis'jon]
Wir betrachten die Schauspieler im Fernsehen.

Das personale *a*
A („zu") wird hier verwendet, weil die Schauspieler Menschen sind. Das personale *a* muß verwendet werden, wenn Menschen das direkte Objekt sind.

Con los ojos leemos.
[kon los 'ochos le'emos]
Mit den Augen lesen wir.

Este hombre está leyendo un periódico.
['este 'ombre e'sta le'jendo un peri'odiko]
Dieser Mann liest gerade eine Zeitung.

Die Verlaufsform der Gegenwart
Das Partizip Präsens, das der deutschen Endung „-end" (wie in „gehend" oder „lesend") entspricht, endet in der 1. Konjugation mit *-ando* und in der 2. und 3. Konjugation mit *-iendo*.

Für die Verlaufsform der Gegenwart verwenden wir das Präsens von *estar*.

Ich schaue gerade. – *Estoy mirando*.
Ißt er gerade? – *¿Está comiendo?*
Sie schreibt gerade. – *Está escribiendo.*

Beachten Sie aber, daß im Spanischen auch das normale Präsens eine gerade ablaufende Handlung beschreiben kann.

Leo. – Ich lese (oder) Ich lese gerade.
Estoy leyendo – Ich lese gerade.
Ella canta. – Sie singt (oder) Sie singt gerade.
Ella está cantando – Sie singt gerade.

Esa mujer no está leyendo un periódico,
['esa mu'cher no e'sta le'jendo un per'jodiko]
Jene Frau liest keine Zeitung,

sino una revista.
['sino 'una re'vista]
sondern ein Magazin.

„Pero" und „sino"
Diese beiden Wörter entsprechen den deutschen Wörtern „aber" und „sondern". *Sino* wird nur verwendet, wenn eine verneinende Aussage (die Verneinung muß zuerst kommen) einer bejahenden gegenübergestellt wird.

Ella no es su esposa sino su secretaria.
Sie ist nicht seine Frau, sondern seine Sekretärin.

Escribimos con un lápiz o una pluma.
[eskri'bimos kon un 'lapiθ o 'una 'pluma]
Wir schreiben mit einem Bleistift oder einem Füllhalter.

Yo escribo cartas a mano.
[jo es'kribo 'kartas a 'mano]
Ich schreibe Briefe mit der Hand.

La secretaria está escribiendo una carta
[la sekre'taria e'sta eskribi'endo 'una 'karta]
Die Sekretärin schreibt gerade einen Brief

en la máquina de escribir.
[en la 'makina de eskri'bir]
auf der Schreibmaschine.

Oímos con los oídos.
[o'imos kon los o'idos]
Wir hören mit den Ohren.

Der Diphthong
Beachten Sie, wie der Akzent bei *oímos* die Aussprache beeinflußt und den *Diphthong* – eine Verbindung von zwei Vokalen – aufteilt. Ohne den gesetzten Akzent wäre *oi* auch wie [oi] auszusprechen – mit dem Akzent wird es zu [o-i].

Oímos muchos sonidos diferentes.
[o'imos 'mutschos so'nidos dife'rentes]
Wir hören viele verschiedene Geräusche.

Escuchamos la radio.
[esku'tschamos la 'radio]
Wir hören Radio.

Oímos música, noticias y propaganda.
[o'imos 'musika, no'tiθias i propa'ganda]
Wir hören Musik, Nachrichten und Werbung.

Una dama está cantando.
['una 'dama e'sta kan'tando]
Eine Dame singt.

La gente está escuchando.
[la 'chente e'sta esku'tschando]
Die Leute hören zu.

Cuando ella termina, todo el mundo dice:
[ku'ando 'eja ter'mina, 'todo el 'mundo 'diθe]
Wenn sie aufhört, sagen alle:

Muy bien, excelente; ¡qué bien canta!
[mui 'bjen, eksθe'lente; ke 'bjen 'kanta]
Sehr gut, hervorragend; wie gut sie singt!

Respiramos con la nariz.
[respi'ramos kon la na'riθ]
Wir atmen mit der Nase.

Con la nariz también olemos.
[kon la na'riθ tam'bjen o'lemos]
Wir riechen auch mit der Nase.

Con la boca comemos y bebemos.
[kon la 'boka ko'memos i be'bemos]
Mit dem Mund essen und trinken wir.

Comemos pan, carne, verdura y fruta.
[ko'memos pan, 'karne, ver'dura i 'fruta]
Wir essen Brot, Fleisch, Gemüse und Obst.

Bebemos café, té, cerveza, vino ... y agua.
[be'bemos ka'fe, te, θer'veθa, 'vino ... i 'agua]
Wir trinken Kaffee, Tee, Bier, Wein ... und Wasser.

Beber – tomar
Obwohl *beber* das Wort für „trinken" ist, ist es höflicher (besonders, wenn man jemanden einlädt) *tomar* – „nehmen" zu verwenden.

Was möchten Sie trinken? – *¿Qué toma Ud.?*

El Sr. López no bebe agua, sino vino.
[el sen'jor 'lopeθ no 'bebe 'agua, 'sino 'vino]
Señor López trinkt kein Wasser, sondern Wein.

Caminamos y corremos con las piernas y los pies.
[kami'namos i ko'rremos kon las 'pjernas i los pjes]
Wir gehen und laufen (rennen) mit den Beinen und den Füßen.

Algunos chicos están corriendo en el parque.
[al'gunos 'tschikos e'stan korr'jendo en el 'parke]
Ein paar Jungen rennen im Park.

Corren detrás de una pelota.
['korren de'tras de 'una pe'lota]
Sie laufen hinter einem Ball her.

En una discoteca algunos jóvenes están bailando.
[en 'una disko'teka al'gunos 'chovenes e'stan bai'lando]
In einer Discothek tanzen einige Jugendliche.

Cuando bailan mueven todo el cuerpo.
[ku'ando 'bailan mu'even 'todo el ku'erpo]
Wenn sie tanzen, bewegen sie den ganzen Körper.

Con el cuerpo sentimos sensaciones.
[kon el ku'erpo sen'timos sensa'θjones]
Mit dem Körper fühlen wir Empfindungen.

Sentimos calor y frío,
[sen'timos ka'lor i frio]
Wir spüren Wärme und Kälte,

hambre y sed, dolor y placer.
['ambre i seθ, do'lor i pla'θer]
Hunger und Durst, Schmerz und Wohlbefinden.

Aquí presentamos unos ejemplos
[a'ki presen'tamos 'unos e'chemplos]
Hier präsentieren wir einige Beispiele

del uso del pronombre
[del 'uso del pro'nombre]
für den Gebrauch des Pronomens

como complemento directo:
['komo komple'mento di'rekto]
als direktes Objekt:

Juan está en el campo.
[chu'an e'sta en el 'kampo]
Juan ist auf dem Land.

Mira los pájaros y los árboles.
['mira los 'pacharos i los 'arboles]
Er betrachtet die Vögel und die Bäume.

Los mira.
[los 'mira]
Er betrachtet sie.

Mira las flores.
['mira las 'flores]
Er betrachtet die Blumen.

Las mira.
[las 'mira]
Er betrachtet sie.

Un toro está comiendo hierba.
[un 'toro e'sta kom'jendo 'jerba]
Ein Stier frißt Gras.

La está comiendo.
[la e'sta kom'jendo]
Er frißt es.

Juan no ve el toro.
[chu'an no ve el 'toro]
Juan sieht den Stier nicht.

No lo ve.
[no lo ve]
Er sieht ihn nicht.

Pero el toro ve a Juan.
['pero el 'toro ve a chu'an]
Aber der Stier sieht Juan.

Lo ve.
[lo ve]
Er sieht ihn.

Juan oye el toro.
[chu'an 'oje el 'toro]
Juan hört den Stier.

Lo oye y lo ve.
[lo 'oje i lo ve]
Er hört ihn und sieht ihn.

Juan corre a la cerca.
[chu'an 'korre a la 'θerka]
Juan rennt zum Zaun.

La salta.
[la 'salta]
Er überspringt ihn.

Está salvo.
[e'sta 'salvo]
Er ist sicher.

BEISPIELUNTERHALTUNG: IN EINER DISCOTHEK

PABLO:
['pablo]
PABLO:

¿Ve a aquella muchacha?
[ve a a'keja mu'tschatscha?]
Sehen Sie dieses Mädchen?

ANTONIO:
[an'tonio]
ANTONIO:

¿Cómo dice?
['komo 'diθe?]
Was sagen Sie?

No le oigo muy bien.
[no le 'oigo mui 'bjen]
Ich höre Sie nicht sehr gut.

Hay mucho ruido aquí.
[ai 'mutscho ru'ido a'ki]
Hier ist viel Lärm.

PABLO:

Estoy diciendo:
[e'stoi di'θjendo]
Ich sage gerade:

¿Ve a aquella muchacha?
[ve a a'keja mu'tschtscha?]
Sehen Sie dieses Mädchen?

ANTONIO:

¿Cuál? Veo a muchas.
[kual? 'veo a 'mutschas]
Welches? Ich sehe viele.

Welche - welches
¿Cuál? – Welche, welcher? (von mehreren)
¿Qué? – Was?
¿Qué libro? – Welches Buch?

PABLO:

La que está cerca del micrófono.
[la ke e'sta 'θerka del mi'krofono]
Die, die nahe beim Mikrofon steht.

ANTONIO:

¿La rubia que está cantando?
[la 'rubia ke e'sta kan'tando?]
Die Blonde, die gerade singt?

¿O la otra que está tocando el piano?
[o la 'otra ke e'sta to'kando el pi'ano?]
Oder die andere, die gerade Klavier spielt?

PABLO:

No, no, no. La chica bonita
[no no no. la 'tschika bo'nita]
Nein, nein, nein. Das hübsche Mädchen

con el pelo negro.
[kon el 'pelo 'negro]
mit den schwarzen Haaren.

Lleva un traje rojo.
['jeva un 'trache 'rocho]
Sie trägt ein rotes Kleid.

ANTONIO:

¿La que está bailando
[la ke e'sta bai'lando]
Die, die gerade tanzt

con el viejo?
[kon el 'vjecho?]
mit dem Alten?

PABLO:

¡Sí, ésa es!
[si, 'esa es!]
Ja, das ist sie!

ANTONIO:

Es muy bella.
[es mui 'beja]
Sie ist sehr schön.

¡Y qué bien baila!
[i ke 'bjen 'baila!]
Und wie gut sie tanzt!

PABLO:

¿La conoce?
[la ko'noθe?]
Kennen Sie sie?

Conocer* und *saber

Vergleichen Sie:

conocer – kennen (eine Person)
mit etwas vertraut sein
saber – wissen (eine Tatsache)
wissen, wie man etwas macht

Da *conocer* bis jetzt noch nicht vorgekommen ist, hier seine Formen:

conozco, *conoce*, *conocemos*, *conocen*

ANTONIO:

No, no la conozco.
[no, no la ko'noθko]
Nein, ich kenne sie nicht.

PABLO:

¿Sabe quién es?
['sabe 'kjen es?]
Wissen Sie, wer sie ist?

ANTONIO:

No, no sé quién es.
[no, no se 'kjen es]
Nein, ich weiß nicht, wer sie ist.

¿Lo sabe Ud.?
[lo 'sabe u'ste?]
Wissen Sie es?

***Lo* bei etwas unbestimmtem**
Wenn „es" sich auf etwas unbestimmtes oder auf einen Gedanken bezieht, ist seine Objektform maskulin – *lo.*

PABLO:

¡Hombre! Claro que no sé.
['omre! 'klaro ke no se]
Mann! Natürlich kenne ich sie nicht.

Por eso estoy preguntando.
[por 'eso e'stoi pregun'tando]
Deshalb frage ich ja.

ANTONIO:

¡Está bien! ¡Está bien!
[e'sta 'bjen! e'sta 'bjen!]
Ist gut! Ist gut!

Veo que Ud. está muy interesado
['veo ke u'ste e'sta mui intere'sado]
Ich sehe, daß Sie sehr interessiert sind.

Vamos a ver a mi amigo Pepe.
['vamos a ver a mi a'migo 'pepe]
Gehen wir zu meinem Freund Pepe.

Él conoce a todo el mundo.
[el ko'noθe a 'todo el 'mundo]
Er kennt jeden.

Todo el mundo
Todo el mundo heißt wörtlich „die ganze Welt", bedeutet aber hier „jeder".

TESTEN SIE IHR SPANISCH

Verbinden Sie diese Sätze. Vergleichen Sie Ihre Ergebnisse mit den Lösungen unter den Fragen. Berechnen Sie 10 Punkte für jede richtige Antwort.

1. Ich sehe Sie.	____ Sentimos el calor y el frío.
2. Sie sehen mich.	____ ¿Ve a aquella muchacha?
3. Wir hören Radio.	____ No le oigo muy bien.
4. Wir spüren Hitze und Kälte.	____ ¿Sabe quién es?
5. Sehen Sie dieses Mädchen?	____ ¿La conoce?
6. Was sagen Sie?	____ Ud. me ve a mí.
7. Ich höre Sie nicht sehr gut.	____ Hay mucho ruido aquí.
8. Hier ist viel Lärm.	____ ¿Cómo dice?
9. Kennen Sie sie?	____ Yo le veo a Ud.
10. Wissen Sie, wer sie ist?	____ Escuchamos la radio.

Auflösung: 4 5 7 1 9 2 6 1 3

Ergebnis: ____ %

step 9 BERUFE UND BESCHÄFTIGUNGEN

Para saber el puesto o la profesión de una persona,
['para sa'ber el pu'esto o la profesi'on de 'una per'sona]
Um die Stellung oder den Beruf eines Menschen zu erfahren,

Erinnern Sie sich
Para saber heißt wörtlich „für wissen". *Para* wird mit dem Infinitiv eines Verbs gebraucht, wenn im Deutschen die Verbindung „um zu" + Verb steht.

decimos:
[de'θimos]
sagen wir:

„¿Dónde trabaja Ud.?"
['donde tra'bacha u'ste?]
„Wo arbeiten Sie?"

o: „¿Cuál es su profesión?"
[o ku'al es su profesi'on?]
oder: „Was ist Ihr Beruf?"

Un hombre de negocios trabaja en una oficina.
[un 'ombre de ne'goθios tra'bacha en 'una ofi'θina]
Ein Geschäftsmann arbeitet in einem Büro.

Los obreros trabajan en las fábricas.
[los o'breros tra'bachan en las 'fabrikas]
Arbeiter arbeiten in den Fabriken.

Los médicos atienden a los enfermos.
[los 'medikos a'tjenden a los en'fermos]
Die Ärzte kümmern sich um die Kranken.

Los actores y actrices
[los ak'tores i ak'triθes]
Schauspieler und Schauspielerinnen

trabajan en el teatro o en el cine.
[tra'bachan en el te'atro o en el 'θine]
arbeiten im Theater oder im Kino.

Un artista pinta cuadros.
[un ar'tista 'pinta ku'adros]
Ein Künstler malt Bilder.

Un autor escribe libros.
[un au'tor e'skribe 'libros]
Ein Schriftsteller schreibt Bücher.

Un músico toca el piano u otro instrumento.
[un 'musika 'toka el pi'ano u 'otro instru'mento]
Ein Musiker spielt Klavier oder ein anderes Instrument.

Tocar

Tocar bedeutet „berühren" oder „spielen", wenn man von einem Musikinstrument spricht.

Das Wort für „oder" – *o*, wird zu *u*, wenn das nächste Wort mit einem *o* beginnt.

Un mecánico hace reparaciones.
[un me'kaniko 'aθe repara'θjones]
Ein Mechaniker führt Reparaturen aus.

Un cartero entrega el correo.
[un kar'tero en'trega el ko'rreo]
Ein Briefträger trägt die Post aus.

Un conductor de autobús conduce el autobús.
[un konduk'tor de auto'bus kon'duθe el auto'bus]
Ein Busfahrer steuert den Autobus.

Los choferes de taxi conducen taxis.
[los tscho'feres de 'taksi kon'duθen 'taksis]
Die Taxifahrer fahren Taxis.

Los bomberos apagan los incendios.
[los bom'beros a'pagan los in'θendios]
Feuerwehrleute löschen Brände.

Los policías dirigen la circulación.
[los poli'θias di'rigen la θirkula'θjon]
Polizisten regeln den Verkehr.

Leicht unregelmäßig

Drei der soeben vorgestellten neuen Verben unterliegen im Präsens leichten Veränderungen: *dirigir* („lenken, regeln"), *conducir* („lenken, steuern") und *atender* („sich kümmern um, aufpassen auf").

Hier sind die Formen:

dirijo	*dirige*	*dirigimos*	*dirigen*
conduzco	*conduce*	*conducimos*	*conducen*
atiendo	*atiende*	*atendemos*	*atienden*

y arrestan a los criminales.
[i ar'restan a los krimi'nales]
und verhaften Kriminelle.

BEISPIELUNTERHALTUNG: AUF EINER PARTY

—¡Qué fiesta tan divertida!
[ke fi'esta tan diver'tida!]
Was für eine nette Party!

Tan
Tan bedeutet „so" oder „wie", aber hier wird es zusammen mit *qué* verwendet, um das „was für eine..." zu verstärken.
¡Qué día tan bello! – Was für ein schöner Tag!

—Sí. Los invitados son muy interesantes.
[si. los invi'tados son 'mui intere'santes]
Ja. Die Gäste sind sehr interssant.

—Es verdad. La señora de Céspedes
[es ver'da. la sen'jora 'θespedes]
Das ist wahr. Señora Céspedes

tiene una gran variedad de amistades.
['tjene 'una gran varie'da de ami'stades]
hat einen abwechslungsreichen Bekanntenkreis.

Die Endung *-ad*
Die spanische Endung *-dad* (ode *-tad*) entspricht oft der deutschen Endung „-tät", die in vielen Fremdwörtern vorkommt. Wie im Deutschen sind auch die entsprechenden spanischen Wörter stets feminin. Hier eine kleine Liste mit verwandten Wörtern:

variedad – Varietät (Vielfalt)
piedad – Pietät (Frömmigkeit)
cualidad – Qualität
cantidad – Quantität

En aquel grupo
[en a'kel 'grupo]
In dieser Gruppe,

que está cerca de la ventana
[ke e'sta 'θerka de la ven'tana]
die nahe am Fenster steht,

hay un abogado, un compositor,
['ai un abo'gado, un komposi'tor]
gibt es einen Rechtsanwalt, einen Komponisten,

un ingeniero, un arquitecto,
[un ingen'jero, un arki'tekto]
einen Ingenieur, einen Architekten,

un dentista y un torero.
[un den'tista i un to'rero]
einen Zahnarzt und einen Stierkämpfer.

—Es un grupo bastante diverso.
[es un 'grupo ba'stante di'verso]
Das ist eine ziemlich gemischte Gruppe.

¿Qué cree Ud.
[ke kr'ee u'ste]
Was glauben Sie,

que están discutiendo:
[ke e'stan disku'tjendo]
worüber sie diskutieren:

arquitectura, música, derecho...?
[arkitek'tura, 'musika, de'retscho?]
Architektur, Musik, Recht...?

—Las corridas, sin duda.
[las ko'rridas, sin 'dudo]
Stierkämpfe, ohne Zweifel.

—¿Sabe quién es aquella mujer hermosa?
['sabe 'kjen es a'keja mu'cher er'mosa?]
Wissen Sie, wer diese schöne Frau ist?

Tiene un traje lindísimo.
[‘tjene un ‘trache lin‘disimo]
Sie hat ein wunderbares Kleid.

—Es una bailarina del Ballet Nacional.
[es ‘una baila‘rina del ba‘le naθjo‘nal]
Sie ist eine Ballerina vom Nationalballett.

Se llama Beatriz Flores.
[se ‘jama bea‘triθ ‘flores]
Sie heißt Beatriz Flores.

—Y ¿los dos caballeros
[i los dos kaba‘jeros]
Und die beiden Herren,

que están con ella?
[ke e‘stan kon ‘eja?]
die bei ihr sind?

—El señor de edad
[el sen‘jor de e‘da]
Der ältere Herr

es un director de cine,
[es un direk‘tor de ‘θine]
ist ein Filmregisseur,

y el señor más joven y buen mozo
[i el sen‘jor mas ‘choven y bu‘en ‘moθo]
und der jüngere und hübsche Herr

es un actor.
[es un ak‘tor]
ist ein Schauspieler.

—Mire quién está entrando ahora.
[‘mire ‘kjen e‘sta en‘trando a‘ora]
Schauen Sie, wer jetzt gerade hereinkommt.

Es Francisco de Alarcón,
[es fran‘θisko de alar‘kon]
Es ist Francisco de Alarcón,

el famoso explorador de la selva.
[el fa'moso esplora'dor de la 'selva]
der berühmte Urwaldforscher.

—¿De veras? Hay un artículo sobre él
[de 'veras? 'ai un ar'tikulo 'sobre el]
Wirklich? Über ihn steht ein Artikel

en el periódico de hoy.
[en el peri'odiko de 'oi]
in der heutigen Zeitung.

¡Qué vida de aventuras!
[ke 'vida de aven'turas!]
Was für ein abenteuerliches Leben!

—Es cierto. A propósito,
[es 'θjerto. a pro'posito,]
Das ist wahr. Übrigens,

yo lo conozco.
[jo lo ko'noθko]
ich kenne ihn.

Vamos a charlar un rato con él.
['vamos a tschar'lar un 'rato kon el]
Gehen wir ein Weilchen mit ihm plaudern.

Vamos

Vamos – „wir gehen" – ist sehr nützlich, weil es auch „gehen wir" bedeuten kann, wenn es von *a* und dem Infininiv eines anderen Verbs gefolgt wird.

TESTEN SIE IHR SPANISCH

Ordnen Sie den Berufen ihre jeweilige Tätigkeit zu. Berechnen Sie 10 Punkte für jede richtige Antwort.

1. Un hombre de negocios	A conduce el autobús.
2. Los médicos	B apagan los incendios.
3. Un artista	C entrega el correo.
4. Los obreros	D arrestan a los criminales.
5. Un músico	E pinta cuadros.
6. Un cartero	F toca el piano.
7. Los bomberos	G trabajan en el cine.
8. Un conductor de autobús	H trabaja en una oficina.
9. Los policías	I trabajan en las fábricas.
10. Los actores y actrices	J atienden a los enfermos.

Auflösung: 1–H; 2–J; 3–E; 4–I; 5–F; 6–C; 7–B; 8–A; 9–D; 10–G.

Ergebnis: ____ %

step 10 NACH DEM WEG FRAGEN: REISEN MIT DEM AUTO

Aquí hay unos ejemplos
[a'ki 'ai 'unos e'chemplos]
Hier sind einige Beispiele

de cómo dar una orden
[de 'komo dar 'una 'orden]
dafür, wie man einen Befehl gibt

y también del uso de los pronombres
[i tam'bjen del 'uso de los pro'nombres]
und auch über den Gebrauch der Pronomen

con las órdenes.
[kon las 'ordenes]
bei Befehlen.

Un hombre en un automóvil
[un 'ombre en un auto'mobil]
Ein Mann in einem Auto

habla con un peatón.
['abla kon un pea'ton]
spricht mit einem Fußgänger.

Le pregunta: „¿Es éste el camino
[le pre'gunta: es 'este el ka'mino]
Er fragt ihn: „Ist dies die Straße

para Ciudad Victoria?"
['para θiu'da vik'toria?]
zur Stadt Victoria?"

El peatón le contesta:
[el pea'ton le kon'testa]
Der Fußgänger antwortet ihm:

Pronomen als indirekte Objekte
Le („ihn" oder „ihm") ist ein indirektes Objektpronomen. Hier sind die übrigen Formen für die Pronomen, die Sie schon kennen:

mich oder mir *–me*
dir, ihm, ihr – *le*
uns – *nos*
euch, ihnen – *les*

Manchmal werden die zusammengesetzten Formen *a mí*, *a él*, *a ella*, *a Ud.* usw. verwendet, um zu verdeutlichen, was gemeint ist.

„No, señor. Éste no es.
[no sen'jor. 'este no es]
„Nein, Señor. Das ist er nicht.

Siga derecho dos calles más.
['siga dos 'kajes mas]
Fahren Sie zwei Straßen weiter geradeaus.

Befehle
Sie haben eben eine andere Art kennengelernt, Befehle zu erteilen. (Die erste Art war, *sírvase* gefolgt von einem Infinitiv zu benutzen.)

In dieser kürzeren und einfacheren Art, den Imperativ zu bilden, ändern Sie einfach die Endung *-a* (3. Person Präsens) der ersten Konjugation zu *-e:*

habla – er spricht, Sie sprechen (Höflichkeitsform)
¡Hable! – Sprechen Sie!

Für die zweite und dritte Konjugation ändern Sie die Endung *-e* der 3. Person Präsens zu *-a:*

Ud. aprende – Sie lernen

¡Aprenda! – Lernen Sie!
Ud. escribe – Sie schreiben
¡Escriba! – Schreiben Sie!

Wenn allerdings ein Verb in der 1. Person auf *-go* endet, wird das *-g* und jeder andere Buchstabenwechsel im Imperativ beibehalten, wie es auch bei *siga* der Fall ist. Deshalb lauten die Imperative für *salir* („weggehen, verlassen"), *venir* („kommen"), *decir* („sagen"), *traer* („bringen") usw.:

¡salga! ¡venga! ¡diga! ¡traiga!

Die einzigen anderen wichtigen Ausnahmen sind *ser* („wissen") und *ir* („gehen") – hier lauten die Imperativformen *¡sea!* und *¡vaya!*

Tome a la izquierda.
['tome a la iθ'kjerda]
Wenden Sie sich nach links.

Siga hasta al semáforo.
['siga 'asta el se'maforo]
Fahren Sie weiter bis zur Ampel.

Luego tome a la derecha.
[lu'ego 'tome a la de'retscha]
Dann wenden Sie sich nach rechts.

Tomar = virar
Tomar kann, wie wir schon gesehen haben, „nehmen" oder „trinken" bedeuten. Es kann auch „sich drehen, sich wenden" bedeuten, wie in

¡Tome a la derecha! – „Wenden Sie sich nach rechts!"

Ein anderes Wort für „drehen" ist *virar*.

Ésa es la carretera.
['esa es la karre'tera]
Das ist die Straße.

Pero tenga cuidado.
['pero 'tenga kui'dado]
Aber seien Sie vorsichtig.

Hay límite de velocidad.
['ai 'limite de veloθi'da]
Es gibt eine Geschwindigkeitsbegrenzung.

Le da las gracias
[le da las 'graθias]
Er bedankt sich bei ihm

y continúa dos calles más.
[i konti'nua dos 'kajes mas]
und fährt zwei Straßen weiter.

Luego toma a la izquierda
[lu'ego 'toma a la iθ'kjerda]
Dann biegt er nach rechts ab

y sigue hasta la luz
[i 'sige 'asta la luθ]
und fährt weiter bis zur Ampel

y luego toma a la derecha.
[i lu'ego 'toma a la de'retscha]
und biegt dann rechts ab.

Pero un policía en motocicleta
['pero un poli'θia en motoθi'kleta]
Aber ein Polizist auf einem Motorrad

lo sigue. Lo para.
[lo 'sige. lo 'para]
folgt ihm. Er hält ihn an.

El policía le dice:
[el poli'θia le 'diθe]
Der Polizist sagt zu ihm:

„¿Por qué tanta prisa?
[por ke 'tanta 'prisa?]
Warum solche Eile?

Muéstreme su permiso."
[mu'estreme su per'miso]
Zeigen Sie mir Ihre Fahrerlaubnis."

Die Stellung von Objektpronomen
Objektpronomen stehen im allgemeinen vor dem Verb, *außer* beim *bejahenden* Imperativ, wo sie an das Verb *angehängt* werden. Beim verneinenden Imperativ, stehen sie, wie gewöhnlich, vor dem Verb:

Tun Sie es! – *¡Hágalo!*
Tun Sie es nicht! – *¡No lo haga!*

El señor le muestra el permiso.
[el sen'jor le mu'estra el per'miso]
Der Herr zeigt ihm die Fahrerlaubnis.

Luego le dice:
[lu'ego lo 'diθe]
Dann sagt er zu ihm:

„Déme la patente también."
['deme la pa'tente tam'bjen]
„Geben Sie mir auch den Zulassungsschein."

El señor se la da.
[el sen'jor se la da]
Der Herr gibt sie ihm.

El policía escribe una citación
[el poli'θia e'skribe 'una θita'θjon]
Der Polizist schreibt ein Protokoll

y se la da al señor.
[i se la da al sen'jor]
und gibt es dem Herrn.

Wohlklang
Sie haben gelernt, daß *le* „ihn" oder „ihm" bedeutet. Nun sehen Sie, daß in *se la da* ein *se* steht, obwohl nach der Regel dort *le la da* stehen müßte. Der Grund hierfür ist, daß die spanische Sprache immer bestrebt ist, so musikalisch wie möglich zu klingen – wenn also zwei Pronomen mit einem *l* beginnen, wird aus Gründen des Wohlklangs das erste *l* durch ein *s* ersetzt.

Le da también el permiso
[le da tam'bjen el per'miso]
Er gibt ihm auch die Fahrerlaubnis

y la patente.
[i la pa'tente]
und die Zulassung.

„¡Tómelos!", le dice,
['tomelos, le 'diθe]
„Nehmen Sie sie!", sagt er zu ihm,

„¡Y tenga cuidado en el futuro!"
[i 'tenga kui'dado en el fu'turo]
„Und passen Sie in Zukunft auf!"

BEISPIELUNTERHALTUNG: ANWEISUNGEN GEBEN

UNA SEÑORA:
['una sen'jora]
EINE DAME:

María, tráigame una taza de café, por favor.
[ma'ria, 'traigame 'una 'taθa de ka'fe, por fa'vor]
María, bringen Sie mir eine Tasse Kaffee, bitte.

UNA CRIADA:
['una kri'ada]
EIN DIENSTMÄDCHEN:

Aquí tiene, señora.
[a'ki 'tjene, sen'jora]
Hier, Señora.

LA SEÑORA:

Gracias. Oiga, alguien llama
['graθias. 'oiga, 'algjen jama]
Danke. Hören Sie, jemand klopft

a la puerta.
[a la pu'erta]
an der Tür.

Ábrala, por favor.
['abrala, por fa'vor]
Öffnen Sie, bitte.

¿Quién es?
['kjen es?]
Wer ist es?

LA CRIADA:

Es el muchacho del mercado
[es el mu'tschatscho del mer'kado]
Es ist der Junge vom Markt

con los comestibles.
[kon los kome'stibles]
mit den Lebensmitteln.

LA SEÑORA:

Bien. Ponga la carne, la leche,
[bjen. 'ponga la 'karne, la 'letsche]
Gut. Stellen Sie das Fleisch, die Milch

y la mantequilla en la nevera
[i la mante'kija en la ne'vera]
und die Butter in den Kühlschrank

y lo demás en la
[i lo de'mas en la]
und den Rest in den

despensa de la cocina.
[de'spensa de la ko'θina]
Küchenschrank.

¿Dónde está la factura?
['donde e'sta la fak'tura?]
Wo ist die Rechnung?

LA CRIADA:

Él la tiene, señora.
[el la 'tjene, sen'jora]
Er hat sie, Señora.

LA SEÑORA:

Déjela en la mesa, por favor.
['dechela en la 'mesa, por fa'vor]
Lassen Sie sie auf dem Tisch, bitte.

Y aquí está la lista para mañana.
[i a'ki e'sta la 'lista 'para man'jana]
Und hier ist die Liste für morgen.

Tómela y désela al muchacho.
['tomela i 'desela al mu'tschatscho]
Nehmen Sie sie und geben Sie sie dem Jungen.

LA CRIADA:
Enseguida, señora.
[ense'gida, sen'jora]
Sofort, Señora.

LA SEÑORA:
Mire, María, ahora voy
['mire, ma'ria, a'ora voj]
Sehen Sie, María, jetzt gehe ich

al salón de belleza.
[al sa'lon de be'jeθa]
zum Schönheitssalon.

En el salón de belleza
Das folgende wird für Damen nützlich sein, wenn sie zum „Schönheitssalon" – *el salón de belleza* – gehen:

waschen und legen – *lavar y peinar*
zu heiß – *desmasiado caliente*
eine Spülung – *un tinte*
heller – *más claro*
dunkler – *más obscuro*
eine Maniküre – *una manicura*
eine Perücke – *una peluca*

Für Männer, wenn sie zum Friseur – *el barbero* – gehen:

ein Haarschnitt – *un corte de pelo*
nicht zu kurz – *no demasiado corto*
eine Rasur – *una afeitada*
eine Massage – *una masaje*

LA SEÑORA:
Si alguien llama
[si 'algjen 'jama]
Wenn jemand anruft,

tome el recado
['tome el re'kado]
nehmen Sie die Nachricht an

y escríbalo en este papel.
[i e'skribale en 'este pa'pel]
und schreiben Sie sie auf diesen Zettel.

Mientras estoy fuera,
['mjentras e'stoi fu'era]
Während ich aus bin,

limpie la casa y prepare la cena, por favor.
['limpje la 'kasa i pre'pare la 'θena, por fa'vor]
reinigen Sie bitte das Haus und bereiten das Essen.

LA CRIADA:

¿Eso es todo, señora?
['eso es 'todo, sen'jora?]
Ist das alles, Señora?

LA SEÑORA:

Una cosa más.
['una 'kosa mas]
Noch eine Sache.

Tome estos dos vestidos
['tome 'estos ve'stidos]
Nehmen Sie diese beiden Kleider

y llévelos a la tintorería.
[i 'jevelos a la tintore'ria]
und bringen Sie sie zur Reinigung.

LA CRIADA:

Está bien, señora.
[e'sta bjen, sen'jora]
Ist gut, Señora.

LA SEÑORA:

Ahora, ¿Dónde están mis llaves?
[a'ora, 'donde e'stan mis 'javes?]
Nun, wo sind meine Schlüssel?

LA CRIADA:

Allí están, en el escritorio.
[a'ji e'stan, en el eskri'torio]
Dort sind sie, auf dem Schreibtisch.

LA SEÑORA:

Démelas, por favor.
['demelas, por fa'vor]
Geben Sie sie mir, bitte.

Y ¿mis anteojos? Oh, está bien.
[i mis ante'ochos? o, e'sta bjen]
Und meine Brille? Ah, ist gut.

Aquí los tengo, en mi cartera.
[a'ki los 'tengo, en mi kar'tera]
Hier habe ich sie, in meiner Handtasche.

Y ahora, ¿qué? El teléfono…
[i a'ora, ke? el te'lefono]
Und jetzt, was? Das Telefon…

Contéstelo, por favor.
[kon'testelo, por fa'vor]
Heben Sie bitte ab.

¿Quién es?
['kjen es?]
Wer ist es?

LA CRIADA:

Es mi amigo José.
[es mi a'migo cho'se]
Es ist mein Freund José.

Me invita esta noche a un baile.
[me in'vita 'esta 'notsche a un 'baile]
Er lädt mich für heute abend zum Tanz ein.

LA SEÑORA:

Pero tenemos invitados esta noche.
['pero te'nemos invi'tados 'esta 'notsche]
Aber wir haben heute abend Gäste.

Pues, bien. Sirva la comida primero
[pu'es, bjen. 'sirva la ko'mida pri'mero]
Nun gut. Servieren Sie zuerst das Essen,

Pues, así

Pues und *así* sind zwei Wörter, die in einer spanischen Unterhaltung ständig vorkommen. *Pues* bedeutet „nun", „gut", „tatsächlich" oder „mal sehen" und kann verwendet werden, um ein Zögern zu überbrücken, während man sich eine Antwort überlegt. *Así* bedeutet „so", „wie das", „auf diese Weise" usw.

y después, vaya al baile, si desea.
[i despu'es, 'vaja al 'baile, si de'sea]
und danach gehen Sie zum Tanz, wenn Sie möchten.

TESTEN SIE IHR SPANISCH

Übersetzen Sie die nachstehenden Befehle ins Spanische. Wenn Pronomen verwendet werden, wird das Geschlecht angegeben. Vergleichen Sie die Lösungen auf der folgenden Seite. Berechnen Sie 5 Punkte für jede richtige Antwort.

1. Kommen Sie! ________________
2. Gehen Sie! ________________
3. Gehen Sie weg! ________________
4. Seien Sie vorsichtig! ________________
5. Warten Sie! ________________
6. Schauen Sie! ________________
7. Seien Sie still! ________________
8. Hören Sie mir zu! ________________
9. Sagen Sie! ________________
10. Zeigen Sie mir! ________________
11. Bringen Sie es! („es" ist männlich) ________________
12. Nehmen Sie es! (weibl.) ________________
13. Schreiben Sie es! (weibl.) ________________
14. Tun Sie es! (männl.) ________________
15. Tun Sie es nicht! (mask.) ________________
16. Öffnen Sie es! (fem.) ________________

17. Geben Sie sie mir! (mask.) ______________________________

18. Lassen Sie es da! (mask.) ______________________________

19. Schließen Sie es! (fem.) ______________________________

20. Geben Sie es ihm nicht! (fem.) ______________________________

Auflösung: 1. ¡Venga! 2. ¡Vaya! 3. ¡Salga! 4. ¡Tenga cuidado! 5. ¡Espere! 6. ¡Mire! 7. ¡Cállese! 8. ¡Escúcheme! 9. ¡Dígame! 10. ¡Muéstreme! 11. ¡Tráigalo! 12. ¡Tómela! 13. ¡Escríbala! 14. ¡Hágalo! 15. ¡No lo haga! 16. ¡Ábrala! 17. ¡Démelos! 18. ¡Déjelo allí! 19. ¡Ciérrela! 20. ¡No se la dé!

Ergebnis: ____ %

step 11 WOLLEN, KÖNNEN, DÜRFEN UND MÖGEN

Mi auto no puede caminar.
[mi 'auto no pu'ede kami'nar]
Mein Auto kann nicht fahren.

¿Por qué no puede caminar?
[por ke no pu'ede kami'nar?]
Warum kann es nicht fahren?

Porque no hay gasolina en el tanque.
['porke no 'ai gaso'lina en el 'tanke]
Weil kein Benzin im Tank ist.

El motor no puede functionar sin gasolina.
[el mo'tor no pu'ede funθio'nar sin gaso'lina]
Der Motor kann ohne Benzin nicht funktionieren.

„Können" und „müssen"
Poder – „können", *necesitar* – „brauchen", und *deber* – „müssen" stehen entweder allein oder werden von einem anderen Verb im Infinitiv gefolgt. *Necesitar* und *deber* sind regelmäßig (vgl. Step 5), aber *poder* unterliegt im Präsens einem Wechsel im Wortstamm:

puedo, *puede*, *podemos*, *pueden*.

Wenn als Objekt ein Pronomen mit einem Infinitiv verwendet wird, wird dieses häufig an den Infinitiv angehängt.

Ich kann es sehen. – *Puedo verlo* oder *Lo puedo ver.*
Er muß es tun. – *Debe hacerlo* oder *Lo debe hacer.*
Können Sie es sehen? – *¿Puede verlo?* oder *¿Lo puede ver?*

Debemos poner gasolina en el tanque.
[de'bemos po'ner gaso'lina en el 'tanke]
Wir müssen Benzin in den Tank tun.

Necesitamos gasolina.
[neθesi'tamos gaso'lina]
Wir brauchen Benzin.

¿Dónde podemos comprar gasolina?
['donde po'demos kom'prar gaso'lina?]
Wo können wir Benzin kaufen?

Podemos comprarla
[po'demos kom'prarla]
Wir können es kaufen

en un puesto de gasolina.
[en un pu'esto de gaso'lina]
an einer Tankstelle.

En el puesto de gasolina
Während wir gerade von einer Tankstelle sprechen, merken Sie sich die folgenden Ausdrücke:
Volltanken! – *¡Lleneló!* oder *¡Lleno!* („voll!")
Prüfen Sie den Ölstand! – *Fíjese en el aceite.*
Schauen Sie nach dem Luftdruck. – *Vea el aire en las ruedas.*
Schauen Sie nach dem Wasser in der Batterie. – *Vea el agua en la batería.*
Dieses funktioniert nicht gut. – *Esto no funciona bien.*
Können Sie es reparieren? – *¿Puede repararlo?*
Dieser Reifen muß ausgewechselt werden. – *Esta rueda debe cambiarse.*
Wie lange müssen wir warten? – *¿Cuánto tiempo hay que esperar?*

Jorge quiere ver la corrida de toros,
['chorche 'kjere ver la kor'rida de 'toros]
Jorge möchte den Stierkampf sehen,

pero no puede entrar a la Plaza.
['pero no pu'ede en'trar a la 'plaθa]
aber er kann die Arena nicht betreten.

¿Por qué no puede entrar?
[por ke no pu'ede en'trar?]
Warum kann er nicht eintreten?

No puede porque no tiene entrada.
[no pu'ede 'porke no 'tjene en'trada]
Er kann nicht, weil er keine Eintrittskarte hat.

Erinnern Sie sich:

¿Por qué? – Warum?
Porque. – Weil.

¿Por qué no compra una entrada?
[por ke no 'kompra 'una en'trada?]
Warum kauft er keine Eintrittskarte?

No puede comprar una entrada
[no pu'ede kom'prar una en'trada]
Er kann keine Eintrittskarte kaufen,

porque no tiene suficiente dinero.
['porke no 'tjene sufi'θjente di'nero]
weil er nicht genug Geld hat.

No se puede comprar una entrada
[no se pu'ede kom'prar 'una en'trada]
Man kann keine Eintrittskarte kaufen

sin dinero.
[sin di'nero]
ohne Geld.

Si quiere ver la corrida
[si 'kjere ver la kor'rida]
Wenn er den Stierkampf sehen will,

Wünschen – meinen

Querer – „wollen" oder „wünschen" – wird konjugiert *quiero, quiere, queremos, quieren*. *Querer* kann auch „meinen" bedeuten, wenn es mit *decir* kombiniert wird:

> *¿Qué quiere decir?* – Was meinen Sie? (oder) Was bedeutet das?

debe comprar una.
['debe kom'prar 'una]
muß er eine kaufen.

Pero aquí hay un amigo suyo.
['pero a'ki 'ai un a'migo 'sujo]
Aber hier ist einer seiner Freunde.

„Oiga," le dice, „¿puede prestarme unas pesetas
['oiga, le 'diθe, pu'ede pre'starme 'unas pe'setas]
„Hören Sie," sagt er, „können Sie mir ein paar Pesetas leihen

para ir a ver la corrida?"
['para ir a ver la kor'rida?]
um den Stierkampf anzusehen?

„Tal vez. ¿Cuándo puede devolvérmelas?"
[tal veθ. ku'ando pu'ede devol'vermelas?]
„Vielleicht. Wann können Sie sie mir zurückgeben?"

Pronomen in Verbindung mit dem Infinitiv

Devolvérmelas zeigt zwei Pronomen, *me* („mir") und *las* („sie"), die gemeinsam an den Infinitiv *devolver* („zurückgeben") angehängt sind. Dieser Satz könnte auch anders ausgedrückt werden: *¿Cuándo me las puede devolver?* – Man darf nur nicht die Pronomen zwischen die beiden Verben stellen (wie man es im Deutschen tun würde).

„Mañana, sin falta."
[man'jana, sin 'falta]
„Morgen, bestimmt."

Dos muchachas tienen una rueda pinchada.
[dos mu'tschatschas 'tjenen 'una 'rueda pin'tschada]
Zwei Mädchen haben einen platten Reifen.

No pueden cambiarla ellas mismas
[no pu'eden kambi'arla 'ejas 'mismas]
Sie können ihn nicht selber wechseln,

porque les falta un gato.
['porke les 'falta un 'gato]
weil sie einen Wagenheber brauchen.

Brauchen
„Brauchen" wird durch das Wort *faltar* – „fehlen" – ausgedrückt, in Verbindung mit dem indirekten Objekt. Mit anderen Worten: Wenn Sie etwas brauchen, fehlt es Ihnen.
Me falta una toalla – Ich brauche ein Handtuch
Les falta dinero – Sie brauchen Geld

Allí viene un joven
[a'ji 'vjene un 'choven]
Da kommt ein junger Mann

en un coche deportivo.
[en un 'kotsche depor'tivo]
in einem Sportwagen.

Les dice: „¿Puedo ayurdarlas?"
[les 'diθe: pu'edo ajur'darlas?]
Er sagt zu ihnen: „Kann ich Ihnen helfen?"

„¡Cómo no!"
['komo no!]
„Natürlich!"

¿Puede prestarnos su gato?"
[pu'ede pre'starnos su 'gato?]
Können Sie uns Ihren Wagenheber leihen?"

Platte Reifen – *Ruedas pinchadas*
Die normale Bedeutung von *gato* ist „Katze", aber es wird auch für „Wagenheber" verwendet.

„Puedo hacer aun más,“ dice él.
[pu‘edo a‘θer a‘un mas, ‘diθe el]
„Ich kann noch mehr tun,“ sagt er.

„Puedo cambiar la rueda yo mismo.“
[pu‘edo kambi‘ar la ‘rueda jo ‘mismo]
„Ich kann den Reifen selbst wechseln.“

BEISPIELUNTERHALTUNG: EINE FERNSEHSENDUNG

RAUL:
[ra'ul]
RAUL:

¡Qué lástima!
[ke 'lastima!]
Wie schade!

„Qué" als Ausruf
Bestimmte Ausrufe wie dieser, *¡Qué lástima!*, werden so häufig benutzt, daß Sie sie auswendig lernen sollten. Hier eine Auswahl:

¡Qué pena! – Wie schade!
¡Qué chistoso! – Wie lustig!
¡Qué raro! – Wie seltsam!
¡Qué bien! – Wie gut!
¡Qué interesante! – Wie interessant!
¡Qué amable! – Wie nett!
¡Qué sabroso! – Wie lecker!
¡Qué barbaridad! – Wie schrecklich!
¡Qué bonito! – Wie hübsch!

Vergessen Sie nicht, aus der *o*-Endung ein *-a* zu machen, wenn es sich um ein feminines Objekt handelt...

Van a dar un buen programa
[van a dar un bu'en pro'grama]
Es gibt eine gute Sendung

esta noche en la televisión
['esta 'notsche en la televis'jon]
heute abend im Fernsehen

pero no puedo verlo.
['pero no pu'edo 'verlo]
aber ich kann sie nicht sehen.

JOSÉ:
[cho'se]
JOSÉ:

¿Por qué no?
[por ke no?]
Warum nicht?

RAUL:

Porque mi televisión está rota.
['porke mi televis'jon e'sta 'rota]
Weil mein Fernseher kaputt ist.

Debo llamar al servicio de televisión
['debo ja'mar al ser'viθio de televis'jon]
Ich muß den Fernsehservice anrufen

para repararla.
['para repa'rarla]
um ihn zu reparieren.

JOSÉ:

Mire, si quiere ver el programa,
['mire, si 'kjere ver el pro'grama]
Sehen Sie, wenn Sie die Sendung sehen wollen,

venga a mi casa.
['venga a mi 'kasa]
kommen Sie zu mir nach Hause.

Puede verlo allá.
[pu'ede 'verlos a'ja]
Dort können Sie sie sehen.

RAUL:

Es Ud. muy amable.
[es u'ste mui a'mable]
Sie sind sehr freundlich.

Freiheit in der Wortstellung
Raúl sagt: *Es Ud. muy amable* anstatt *Ud. es muy amable*. Er tut dies, um dem Satz einen höflicheren Klang zu geben. Das Spanische erlaubt in vielen Fällen eine gewisse Freiheit in der Wortstellung.

Pero no quiero molestarlo.
['pero no 'kjero mole'starlo]
Aber ich möchte Sie nicht belästigen.

JOSÉ:
¡Hombre! No es molestia.
['ombre! no es mo'lestia]
Also wirklich! Das ist keine Belästigung.

Si es un buen programa
[si es un bu'en pro'grama]
Wenn es eine gute Sendung ist,

yo quiero verlo también.
[jo 'kjero 'verlo tam'bjen]
möchte ich sie auch sehen.

Podemos verlo juntos.
[po'demos 'verlo 'chuntos]
Wir können sie gemeinsam ansehen.

¿Qué programa es?
[ke pro'grama es?]
Was für eine Sendung ist es?

RAUL:
Es un programa de bailes flamencos
[es un pro'grama de 'bailes fla'menkos]
Es ist eine Sendung über Flamenco-Tänze

directo de Granada.
[di'rekto de gra'nada]
direkt aus Granada.

JOSÉ:

¿Verdad? Quiero ver eso.
[ver'da? 'kjero ver eso]
Wirklich? Das will ich sehen.

¿A qué hora empieza?
[a ke 'ora em'pjeθa?]
Wann fängt es an?

RAUL:

A las diez en punto.
[a las 'djeθ en 'punto]
Genau um zehn.

JOSÉ:

Entonces tenemos tiempo
[en'tonθes te'nemos 'tjempo]
Dann haben wir Zeit,

para comer primero.
['para ko'mer pri'mero]
vorher zu essen.

¿No quiere comer conmigo?
[no 'kjere ko'mer kon'migo?]
Wollen Sie nicht mit mir essen?

Conmigo

Die Endung *-go* in *conmigo* („mit mir") wird aus Gründen des Wohlklangs eingesetzt. Die entsprechende Form für *con él*, *con ella* oder *con Ud.* ist *consigo*, aber sie muß die Tätigkeit der Person betreffen, auf die sie sich bezieht:

Lleve esto consigo – Nehmen Sie das hier mit.

aber:

Voy con Ud. – Ich komme mit Ihnen.

RAUL:

¡Magnifico! Pero yo quiero invitarle a Ud.
[ma'gnifiko! 'pero jo 'kjero invi'tarle a u'ste]
Großartig! Aber ich möchte Sie einladen.

JOSÉ:

¡Hombre! Eso no puede ser.
['ombre 'eso no pu'ede ser]
Na! Das kommt nicht in Frage.

Ud. tiene que ser mi invitado.
[u'ste 'tjene ke ser mi invi'tado]
Sie müssen mein Gast sein.

„Müssen"

Tener que – „müssen", wird vom Infintiv des Verbs gefolgt, auf das man sich bezieht:

Ich muß arbeiten. – *Tengo que trabajar.*
Sie müssen es sehen. – *Tiene que verlo.*

Podemos comer en un pequeño restaurante
[po'demos ko'mer en un pe'kenjo restau'rante]
Wir können in einem kleinen Restaurant essen

que conozco.
[ke ko'noθko]
das ich kenne.

Está cerca de mi departamento.
[e'sta 'θerka de mi departa'mento]
Es ist in der Nähe meiner Wohnung.

Vamos. Debemos comer rápidamente
['vamos. de'bemos ko'mer 'rapida'mente]
Gehen wir. Wir müssen schnell essen

si no queremos perder el programa.
[si no ke'remos per'der el pro'grama]
wenn wir die Sendung nicht verpassen wollen.

TESTEN SIE IHR SPANISCH

Verbinden Sie diese Ausrufe. Vergleichen Sie Ihre Ergebnisse mit den Lösungen auf Seite 131. Berechnen Sie 5 Punkte für jede richtige Antwort.

1.	¡Qué lástima!	A	Wie hübsch!
2.	¡Qué pena!	B	Wie lustig!
3.	¡Qué chistoso!	C	Wie schade!
4.	¡Qué raro!	D	Wie schrecklich!
5.	¡Qué bien!	E	Wie interessant!
6.	¡Qué bonito!	F	Wie schön!
7.	¡Qué interesante!	G	Wie fein!
8.	¡Qué barbaridad!	H	Was für ein Leben!
9.	¡Qué bueno!	I	So eine Schande!
10.	¡Qué vida!	J	Wie ungewöhnlich!
11.	¿Debe ir?	K	Können Sie es mir zurückgeben?
12.	Debo trabajar.	L	Sie können nicht kommen.
13.	Necesitamos dinero.	M	Ich muß arbeiten.
14.	¿Puede prestármelo?	N	Können Sie es mir leihen?
15.	¿Por qué no?	O	Wir brauchen Geld.
16.	¡Oigame!	P	Ich möchte es sehen.
17.	No pueden venir.	Q	Ich muß sie anrufen.
18.	Debo llamarla.	R	Hören Sie mir zu!

19. Quiero verlo.	S	Müssen Sie gehen?
20. ¿Puede devolvérmelo?	T	Warum nicht?

Auflösung: 1–C; 2–I; 3–B; 4–J; 5–G; 6–A; 7–E; 8–D; 9–F; 10–H; 11–S; 12–M; 13–O; 14–N; 15–T; 16–R; 17–L; 18–Q; 19–P; 20–K

Ergebnis: ____ %

step 12 DIE VERWENDUNG REFLEXIVER VERBEN

El señor Herrera se levanta temprano.
[el sen'jor er'rera se le'vanta temp'rano]
Señor Herrera steht zeitig auf.

Se lava, se afeita,
[se 'lava, se a'feita]
Er wäscht sich, er rasiert sich,

se cepilla los dientes
[se θe'pija los 'djentes]
er putzt sich die Zähne

y se peina.
[i se 'peina]
und er kämmt sich.

Entonces se viste.
[en'tonθes se 'viste]
Dann zieht er sich an.

Reflexive Verben

Ein reflexives Verb bezeichnet eine Handlung, die sich auf den Handelnden selbst richtet. Es gibt an, was man „mit sich selbt" bzw. an seinem eigenen Körper tut, wie rasieren, baden, sich anziehen, sich ausziehen. Im Deutschen wird eine reflexive Bedeutung normalerweise mit dem Zusatz „sich ..." verdeutlicht, im Spanischen durch die Endung *-se*. Auch im Spanischen weicht die reflexive Bedeutung einen Verbs ein wenig von der ursprünglichen Bedeutung ab.

Levantar bedeutet „erheben", *levantarse* „sich erheben, aufstehen". Hier die Formen von *levantarse:*

(yo) me levanto
(Ud., él, ella) se levanta
(nosotros) nos levantamos
(Uds., ellos, ellas) se levantan

Anders als die Personalpronomen (in Klammern) können die Reflexivpronomen nicht weggelassen werden.

Un poco más tarde sus hijos se levantan.
[un ‘poko mas ‘tarde sus ‘ichos se le‘vantan]
Ein wenig später stehen seine Kinder auf.

Se lavan, se peinan y se visten.
[se ‘lavan, se ‘peinan i se ‘visten]
Sie waschen sich, sie kämmen sich und ziehen sich an.

Entonces todos se sientan a la mesa
[en‘tonθes ‘todos se ‘sjentan a la ‘mesa]
Dann setzen sich alle an den Tisch

para desayunarse.
[‘para desaju‘narse]
um zu frühstücken.

Reflexivform zur Verstärkung
Andere Verben, die eigentlich keine reflexive Bedeutung haben, werden manchmal besonders betont, indem man sie in reflexive Form bringt.

ír – gehen
írse – weggehen
llevar – tragen
llevarse – wegtragen

Se desayunan con jugo de naranja,
[se desa‘junan con ‘chugo de na‘rancha]
Sie frühstücken mit Orangensaft,

panecillos y café con leche.
[pane‘θijos i ka‘fe kon ‘letsche]
Brötchen und Kaffee mit Milch.

El señor Herrera se pone la chaqueta
[el sen'jor her'rera se 'pone la tscha'keta]
Señor Herrera zieht sich die Jacke an

y el sombrero
[i el som'brero]
und den Hut

y se va a la oficina.
[i se va a la ofi'θina]
und er geht zum Büro.

Los niños se ponen las gorras,
[los 'ninjos se 'ponen las 'gorras]
Die Kinder setzen ihre Mützen auf,

toman sus maletines
['toman sus male'tines]
nehmen ihre Schultaschen

y se van a la escuela.
[y sen van a la es'kuela]
und gehen zur Schule.

Ahora la señora Herrera se siente cansada.
[a'ora la sen'jora her'rera se 'sjente kan'sada]
Jetzt fühlt sich Señora Herrera müde.

Se acuesta otra vez para descansar
[se a'kuesta 'otra veθ 'para deskan'sar]
Sie legt sich noch einmal hin, um auszuruhen,

y pronto se duerme.
[i 'pronto se du'erme]
und bald schläft sie ein.

En España y en Latinoamérica
[en e'spanja i en latinoa'merika]
In Spanien und in Lateinamerika

se almuerza más tarde
[se almu'erθa mas 'tarde]
Ißt man später zu Mittag

Das unpersönliche *se*
Obwohl *se almuerza* einer reflexiven Form ähnelt, hat diese Konstrunktion die Bedeutung von „man", wie in der Wendung:

Aquí se habla español. – Hier spricht man Spanisch.

que en Alemania,
[ke en ale'mania]
als in Deutschland,

usualmente a las dos y pico
[usual'mente a las dos i 'piko]
gewöhnlich um kurz nach zwei

o más tarde aún.
[o mas 'tarde a'un]
oder sogar noch später.

Después del almuerzo
[des'pues del almu'erθo]
Nach dem Mittagessen

muchas personas se acuestan y descansan.
['mutschas per'sonas se aku'estan i des'kansan]
legen sich viele Leute hin und ruhen.

Esto se llama la siesta.
['esto se 'jama la 'sjesta]
Das nennt man die Siesta.

Después de la siesta vuelven a trabajar.
[despu'es de la 'sjesta vu'elven a traba'char]
Nach der Siesta kehren sie zur Arbeit zurück.

Las oficinas y tiendas
[las ofi'θinas i 'tjendas]
Die Büros und Geschäfte

están abiertas después de las cinco –
[e'stan ab'jertas despu'es de las 'θinko]
sind nach fünf Uhr geöffnet –

hasta las siete u ocho.
['asta las 'sjete u 'otscho]
bis um sieben oder acht.

Entonces la gente vuelve a casa para cenar
[en'tonθes la 'chente vu'elve a 'kasa 'para θe'nar]
Dann kommen die Leute nach Hause zurück, um zu abend zu essen

o va a los restaurantes.
[o va a los restau'rantes]
oder sie gehen in die Restaurants.

—Señor Marín, ¿dónde piensa Ud.
[sen'jor ma'rin, 'donde 'pjensa u'ste]
Señor Marín, wo, glauben Sie,

que es mejor vivir,
[ke es me'chor vi'vir]
lebt man besser, („daß man besser lebt")

Das *que* nicht vergessen!
Que für „daß" kann im Spanischen nicht, wie im Deutschen, weggelassen werden.

Glauben Sie, (daß) er kommt?
¿Piensa Ud. que viene?
Ich finde, sie ist sehr nett.
Pienso que ella es muy simpática.

en Alemania
[en ale'mania]
in Deutschland

o en los países latinos?
[o en los pa'ises la'tinos?]
oder in den spanischsprachigen Ländern?

—Pienso que es mejor vivir en España
['pjenso ke es me'chor vi'vir en e'spanja]
Ich denke, es ist besser, in Spanien zu leben

o en Latinoamérica.
[o en latinoa'merika]
oder in Lateinamerika.

Nationalitäten der spanischen Welt
Beachten Sie die verschiedenen Ländernamen und Adjektive für die verschiedenen spanischsprechenden Regionen Amerikas:

Latinoamérica – *latinoamericano*
Sud América – *sudamericano*
Sur América – *suramericano*
Hispanoamérica – *hispanoamericano*
Centroamérica – *centroamericano*

Da Spanisch die Hauptsprache in mehr Ländern ist als jede andere Sprache der Welt, sollten Sie die Adjektive kennen, die zu den verschiedenen spanischsprachigen Nationalitäten gehören. Sie sind hier in der maskulinen Form wiedergegeben – wenn von einer Frau die Rede ist, endet das Adjektiv mit *-a*.

Argentina – *argentino*
Bolívia – *boliviano*
Chile – *chileno*
Colombia – *colombiano*
Costa Rica – *costarricense (mask. & fem.)*
Cuba – *cubano*
Ecuador – *ecuatoriano*
España – *español*
Guatemala – *guatemalteco*
Honduras – *hondureño*
México – *mexicano*
Panamá – *panameño*
Paraguay – *paraguayo*
Perú – *peruano*

Puerto Rico	*– puertorriqueño*
República Dominicana	*– dominicano*
Salvador	*– salvadoreño*
Uruguay	*– uruguayo*
Venezuela	*– venezolano*

—¿Por qué?
[por ke?]
Warum?

—Porque allí se duerme la siesta
['porke a'ji se du'erme la 'sjesta]
Weil man dort während der Siesta schläft

y hay más tiempo para descansar.
[i 'ai mas 'tjempo 'para deskan'sar]
und es mehr Zeit zum Ruhen gibt.

BEISPIELUNTERHALTUNG: AUF DEM WEG ZU EINER KONFERENZ

—¡Apúrese! Vamos a llegar tarde a la reunión.
[a'purese! 'vamos a je'gar 'tarde a la reuni'on]
Beeilen Sie sich! Wir werden zu spät zur Konferenz kommen.

—¡Cálmese! Tenemos tiempo todavía.
['kalmese! te'nemos 'tjempo toda'via]
Beruhigen Sie sich! Wir haben noch Zeit.

Bejahende und verneinende Befehle
Wenn ein reflexives Verb als bejahender Befehl verwendet wird, wird das Reflexivpronomen nachgestellt und als Endung an das Verb angehängt. Wenn jedoch der Befehl verneinend ist, steht das Pronomen vor dem Verb und einzeln:

Beeilen Sie sich! – *¡Apúrese!*
Beeilen Sie sich nicht! – *¡No se apure!*

—Vamos a ver. ¿Qué necesitamos?
['vamos a ver. ke neθesi'tamos?]
Mal sehen. Was brauchen wir?

—No se olvide de llevarse los informes.
[no se ol'vide de je'varse los in'formes]
Vergessen Sie nicht, die Unterlagen mitzunehmen.

Y debemos llevarnos también
[i de'bemos je'varnos tam'bjen]
Und wir müssen auch

la correspondencia sobre el contrato.
[la korrespon'denθia 'sobre el kon'trato]
den Briefwechsel über den Vertrag mitnehmen.

—¡Ya! Todo está listo.
[ja! 'todo e'sta 'listo]
So! Alles ist fertig.

Ya
Ya ist ein Wort, das in den verschiedensten Zusammenhängen immer wieder vorkommt. Es kann „so!", „nun denn!", „schließlich", „noch", „schon" usw. bedeuten – je nach dem Zusammenhang.

¿Quién va a buscar el automóvil?
['kjen va a bus'kar el auto'movil?]
Wer holt das Auto?

—Yo voy. Quédese aquí.
[jo voj. 'kedese a'ki]
Ich gehe. Bleiben Sie hier.

No se vaya. Vuelvo en seguida.
[no se 'vaja. vu'elvo en se'gida]
Gehen Sie nicht weg. Ich komme sofort zurück.

Präsens statt Futur
Das Präsens wird häufig anstelle des Futurs benutzt:

Vuelvo kann heißen: Ich komme zurück.
oder Ich werde wiederkommen.

Die regelmäßige Bildung des Futurs wird in Step 17 behandelt.

—¡Espérese! Lo más importante de todo –
[e'sperese! lo mas impor'tante de 'todo]
Warten Sie! Das Wichtigste von allem –

el contrato. ¿Dónde está?
[el kon'trato. 'donde e'sta?]
der Vertrag. Wo ist er?

Lo mit einem Adjektiv

Lo in Verbindung mit einem Adjektiv kann am besten übersetzt werden mit „Sache“ oder „Gesichtspunkt“ – oder Sie übersetzen das Adjektiv wie ein Substantiv:

lo importante – das Wichtige
lo chistoso – das Lustige
lo raro – das Seltsame
lo más chistoso – das Lustigste
lo más raro – das Seltsamste

—¡Hombre! No se preocupe.
[‘ombre! no se preo‘kupe]
Aber, aber! Machen Sie sich keine Sorgen.

Aquí lo tengo.
[a‘ki lo ‘tengo]
Hier habe ich ihn.

Cálmese y, sobre todo,
[‘kalmese i, ‘sobre ‘todo]
Beruhigen Sie sich, und vor allem,

no se ponga nervioso durante la reunión.
[no se ‘ponga nervi‘oso du‘rante la reuni‘on]
werden Sie nicht nervös während der Konferenz.

TESTEN SIE IHR SPANISCH

Übersetzen Sie diese Sätze ins Spanische, indem Sie reflexive Verben benutzen. Vergleichen Sie Ihre Ergebnisse mit den Lösungen unter den Fragen. Berechnen Sie 10 Punkte für jede richtige Antwort.

1. Er steht auf. ____________________
2. Er wäscht sich. ____________________
3. Er rasiert sich. ____________________
4. Sie ziehen sich an. ____________________
5. Sie setzen sich. ____________________
6. Er setzt seinen Hut auf. ____________________
7. Ich frühstücke. ____________________
8. Sie geht zu Bett. ____________________
9. Vergessen Sie nicht. ____________________
10. Machen Sie sich keine Sorgen. ____________________

Auflösung: 1. Se levanta. 2. Se lava. 3. Se afeita. 4. Se visten. 5. Se sientan. 6. Se pone el sombrero. 7. Me desayuno. 8. Se acuesta. 9. No se olvide. 10. No se preocupe.

Ergebnis: ____ %

step 13 VORLIEBEN UND MEINUNGEN

Es un día de verano en la playa.
[es un 'dia de ve'rano en la 'plaja]
Es ist ein Sommertag am Strand.

El cielo es azul claro
[el 'θjelo es a'θul 'klaro]
Der Himmel ist hellblau

con nubes blancas.
[kon 'nubes 'blankas]
mit weißen Wolken.

El mar es azul oscuro.
[el mar es a'θul os'kuro]
Das Meer ist dunkelblau.

Tres muchachas están sentadas en la playa.
[tres mu'tschatschas e'stan sen'tadas en la 'plaja]
Drei Mädchen sitzen am Strand.

No quieren nadar.
[no 'kjeren na'dar]
Sie möchten nicht schwimmen.

El agua está fría,
[el 'agua e'sta 'fria]
Das Wasser ist kalt,

Eine Sache des Wohlklangs
Obwohl *agua* feminin ist und deshalb im Singular der Artikel *la* verwendet werden sollte, wird hier *el* gesagt, damit die beiden *a* nicht zusammenstoßen.

el agua – das Wasser   *las aguas* – die Wässer

Auch bei anderen Wörtern tritt dieses Phänomen auf, z.B. bei *(el) alma* – „Seele“ und *(el) arte* – „Kunst“

pero el sol está caliente.
['pero el sol e'sta kal'jente]
aber die Sonne ist warm.

Les gusta tomar el sol.
[les 'gusta to'mar el sol]
Es gefällt ihnen, die Sonne zu genießen,

Es gefällt

Das Verb *gustar* („mögen“) wird in Verbindung mit einem indirekten Objekt verwendet. Alles, was gefällt, wird Subjekt. Anstatt buchstäblich zu sagen „ich mag“, sagt man auf Spanisch „mir gefällt“:

> Ich mag – *me gusta*
> er/sie mag, Sie mögen – le gusta
> wir mögen – *nos gusta*
> sie mögen – *les gusta*

Wenn allerdings das, was gefällt, im Plural steht, sagt man *gustan* statt *gusta*.

> Mögen Sie amerikanische Filme?
> *¿Le gustan las películas americanas?*

Wenn *gustar* in Verbindung mit *más* verwendet wird, heißt es „lieber mögen“ oder „bevorzugen“.

Welches mögen Sie lieber? – *¿Cuál le gusta más?*

Una de ellas tiene
['una de 'ejas 'tjene]
Eine von ihnen hat

una traje de baño rojo y blanco.
['una 'trache de 'banjo 'rocho i 'blanko]
einen rot-weißen Badeanzug.

El traje de la otra es verde.
[el 'trache de la 'otra es 'verde]
Der Anzug der zweiten ist grün.

La tercera lleva un bikini negro.
[la ter'θera 'jeva un bi'kini 'negro]
Die dritte trägt einen schwarzen Bikini.

Delante de las muchachas
[de'lante de las mu'tschatschas]
Vor den Mädchen

unos jóvenes están tocando guitarra
['unos 'chovenes e'stan to'kando gi'tarra]
spielen einige junge Männer Gitarre

y cantando canciones.
[i kan'tando kan'θjones]
und singen Lieder.

Las chicas están escuchando la música.
[las 'tschikas e'stan esku'tschando la 'musika]
Die Mädchen hören der Musik zu.

A ellas les gusta oír la música.
[a 'ejas les 'gusta o'ir la 'musika]
Es gefällt ihnen, die Musik zu hören.

A los muchachos les gusta tocar.
[a los mu'tschatschos les 'gusta to'kar]
Den Jungen gefällt es, zu spielen.

La muchacha rubia le dice a la morena:
[la mu'tschatscha 'rubia le 'diθe a la mo'rena]
Das blonde Mädchen sagt zu der Brünetten:

Ein doppeltes indirektes Objekt
Le dice bedeutet „sagt zu ihr", und der Ausdruck *a la morena* bedeutet „zu der Brünetten" – der Satz hat also zwei indirekte Objekte. Diese Verwendung eines doppelten indirekten Objekts kommt oft vor.

„Qué bien cantan, ¿verdad?"
[ke 'bjen 'kantan, ver'da?]
„Wie gut sie singen, nicht wahr?"

„Es cierto," responde ella.
[es 'θjero, re'sponde 'eja]
„Das ist wahr," antwortet diese.

„Todos cantan bien, pero el de la izquierda
['todos 'kantan 'bjen, 'pero el de la iθ'kjerda]
„Alle singen gut, aber der auf der linken Seite

canta mejor que los otros."
['kanta me'chor ke los 'otros]
singt besser als die anderen.

„Se equivoca," dice la rubia.
[se eki'voka, 'diθe la 'rubia]
„Sie irren sich," sagt die Blonde.

„El que está a la derecha canta el mejor de todos."
[el ke e'sta a la de'retscha 'kanta el me'chor de 'todos]
„Der, der auf der rechten Seite ist, singt am besten von allen."

Steigerung von Adverbien
Achten Sie auf die folgenden Steigerungsformen der Adverbien. Adjverbien werden normalerweise folgendermaßen gesteigert:

langsam,	langsamer,	am langsamsten
despacio,	*más despacio,*	*el más despacio*

Die Ausnahmen:

gut,	besser,	am besten
bien,	*mejor,*	*el mejor*
schlecht,	schlechter,	am schlechtesten
mal,	*peor,*	*el peor*

Después de un rato los chicos dejan de cantar.
[despu'es de un 'rato los 'tschikos 'dechan de kan'tar]
Nach einer Weile hören die Jungen auf zu singen.

Uno dice al otro:
['uno 'diθe al 'otro]
Der eine sagt zum anderen:

„Son bonitas esas chicas, ¿no?"
[son bo'nitas 'esas 'tschikas, no?]
„Hübsch, diese Mädchen, oder?

„A mí me gusta más la morena."
[a mi me 'gusta mas la mo'rena]
„Mir gefällt die Dunkle am besten."

„¡Qué va!", dice el otro,
[ke va, 'diθe el 'otro]
„Ach was," sagt der andere,

„la rubia es más bonita que ella."
[la 'rubia es mas bo'nita ke 'eja]
die Blonde ist hübscher als sie."

El tercero dice, „Mentira – la pelirroja es la más bonita de todas."
[el ter'θero 'diθe, men'tira – la peli'rrocha es la mas bo'nita de 'todas]
Der dritte sagt: „Stimmt nicht – die Rothaarige ist die hübscheste von allen."

Steigerung von Adjektiven
Die Adjektive werden genauso gesteigert wie die Adverbien: beim Komparativ wird ein *más* vorangestellt, beim Superlativ *el* (bzw. *la* oder die entsprechende Pluralform) + *más*.

groß,	größer,	der größte
grande,	*más grande,*	*el más grande*
klein,	kleiner,	der kleinste
pequeño,	*más pequeño,*	*el más pequeño*

Die Ausnahmen:

gut,	besser,	der beste
bueno,	*mejor,*	*el mejor*
schlecht,	schlechter,	der schlechteste
malo,	*peor,*	*el peor*

BEISPIELUNTERHALTUNG: BEIM EINKAUF

UNA SEÑORA:
['una sen'jora]
EINE DAME:

Tenemos que comprar unos regalos
[te'nemos ke kom'prar 'unos re'galos]
Wir müssen einige Geschenke kaufen

para los amigos y la familia.
['para los a'migos i la fa'milia]
für die Freunde und die Familie.

Aquí hay una tienda buena. ¿Entramos?
[a'ki 'ai 'una 'tjenda bu'ena. en'tramos?]
Hier ist ein gutes Geschäft. Gehen wir hinein?

UNA EMPLEADA:
['una emple'ada]
EINE ANGESTELLTE:

¿Ud. desea, señora?
[u'ste de'sea, sen'jora?]
Sie wünschen, Señora?

LA SEÑORA:

Por favor, muéstrenos
[por fa'vor, mu'estrenos]
Bitte zeigen Sie uns

algunos pañuelos de seda.
[al'gunos pan'juelos de 'seda]
einige Seidenschals.

Pañuelo
Pañuelo heißt sowohl „Taschentuch“ als auch „kleiner Schal“.

LA EMPLEADA:

Aquí tiene dos, señora,
[a'ki 'tjene dos, sen'jora]
Hier sind zwei, Señora,

verde y azul
['verde i a'θul]
grün und blau

o negro y blanco.
[o 'negro i 'blanko]
oder schwarz und weiß.

Nicht alle Adjektive ändern sich

Nicht alle Adjektive ändern sich entsprechend dem Geschlecht. Wenn ein Adjektiv mit *-e* endet wie z.B. *verde*, oder mit einem Konsonanten wie *azul*, bleibt es unverändert. Wenn allerdings das dazugehörige Substantiv im Plural steht, wird im ersten Fall ein *-s* angehängt, im zweiten ein *-es*.

la vela azul – das blaue Segel
las velas azules – die blauen Segel

¿Le gustan?
[le 'gustan?]
Gefallen sie Ihnen?

LA SEÑORA:

Me gusta éste.
[me 'gusta 'este]
Mir gefällt dieser.

Los colores son más alegres,
[los ko'lores son mas a'legres]
Die Farben sind lebhafter,

y el diseño es más bonito.
[i el di'senjo es mas bo'nito]
und das Design ist hübscher.

¿Cuánto cuesta?
[ku'anto ku'esta?]
Wieviel kostet er?

LA EMPLEADA:

Cuatro mil quinientas pesetas, señora.
[ku'atromil kin'jentas pe'setas, sen'jora]
Viertausendfünfhundert Pesetas, Señora.

LA SEÑORA:

¡Caramba! Es un poco caro.
[ka'ramba! es un 'poko 'karo]
Du lieber Himmel! Das ist ein bißchen teuer.

¡Caramba!

¡Caramba! kann man eigentlich nicht übersetzen. Es ist ein Ausdruck der Überraschung oder des verärgerten Herausplatzens, und kann (je nach dem Sprechenden) „Na hör' mal!", „Was Sie nicht sagen", oder auch „Verdammt!" heißen.

¿Tiene algo un poco más económico?
['tjene 'algo un 'poko mas eko'nomiko?]
Haben Sie etwas Günstigeres?

LA EMPLEADA:

Sí, señora. Pero no es de seda pura.
[si sen'jora. 'pero no es de 'seda 'pura]
Ja, Señora. Aber es ist nicht aus reiner Seide.

¿Cómo encuentra estos?
['komo en'kuentra 'estos?]
Wie gefallen Ihnen diese?

Vienen en amarillo, rosa,
['vjenen en ama'rijo, 'rosa]
Sie kommen in gelb, rosa,

violeta y otros colores.
[vio'leta i 'otros ko'lores]
violett und anderen Farben.

Además, son menos caros.
[ade'mas, son 'menos 'karos]
Außerdem sind sie weniger teuer.

Mil seiscientas pesetas.
[mil seis'θjentas pe'setas]
Eintausendsechshundert Pesetas.]

LA SEÑORA:

No son tan bonitos como los otros.
[no son tan bo'nitos 'komo los 'otros]
Sie sind nicht so hübsch wie die anderen.

Tan

Tan in der Bedeutung von „so" wird in negativen Vergleichen verwendet:

nicht so teuer – *no tan caro*
nicht so gut – *no tan bueno*

Sin embargo, vamos a comprar
[sin em'bargo, 'vamos a kom'prar]
Wie auch immer, wir kaufen

éste de color violeta
['este de ko'lor vio'leta]
diesen violetten

para tía Isabel.
['para 'tia isa'bel]
für Tante Isabel.

EL MARIDO DE LA SEÑORA:
[el ma'rido de la sen'jora]
DER EHEMANN DER SEÑORA:

De acuerdo. Y ahora
[de aku'erdo. i a'ora]
Einverstanden. Und jetzt,

De acuerdo

De acuerdo, buchstäblich „im Gleichklang", wird verwendet, um Einverständnis zu signalisieren. Man kann es auch mit „in Ordnung" übersetzen.

Stimmen Sie zu? – *¿Está de acuerdo?*

¿qué compramos para mamá?
[ke kom'pramos 'para ma'ma?]
was kaufen wir für Mama?

LA EMPLEADA:

Mire este bonito collar, señor.
['mire 'este bo'nito co'jar, sen'jor]
Schauen Sie sich diese hübsche Halskette an, Señor.

Cuesta sólo seis mil cuatrocientas pesetas.
[ku'esta 'solo seis mil kuatro'θjentas pe'setas]
Sie kostet nur sechstausendvierhundert Pesetas.

Es muy hermoso,
[es mui er'moso,]
Sie ist sehr hübsch,

¿no le parece?
[no le pa'reθe?]
finden Sie nicht?

EL MARIDO:

Sí, es verdad.
[si, es ver'da]
Ja, das ist wahr.

LA SEÑORA:

¿Lo compramos, querido?
[lo kom'pramos, ke'rido?]
Kaufen wir sie, Liebling?

EL MARIDO:

Sí, ¿por qué no?
[si, por ke no?]
Ja, warum nicht?

Lo tomamos.
[lo to'mamos]
Wir nehmen sie.

Y ahora, quisiera comprar algo
[i a'ora, ki'sjera kom'prar 'algo]
Und jetzt würde ich gerne etwas kaufen

„Will" oder „möchte gerne"
Quisiera („möchte gerne" ist eine Sonderform von *querer* – der Subjunktiv Imperfekt. Diese Zeitform wird in einem späteren Step eingeführt, aber es ist sinnvoll, diese eine Form schon hier zu lernen, weil sie zur alltäglichen Sprache gehört. Im Spanischen ist es, genauso wie im Deutschen, höflicher, „ich möchte gerne" anstatt „ich will" zu sagen.

Was wollen Sie? – *¿Qué quiere?*
Was möchten Sie? – *¿Qué quisiera?*

Im zweiten Beispiel wäre es noch höflicher, wenn man am Ende ein *Ud.* anfügen würde.

para mi secretaria.
['para mi sekre'taria]
für meine Sekretärin.

Aquellos pendientes grandes –
[a'kejos pen'djentes 'grandes]
Diese großen Ohrringe –

¿quiere mostrármelos?
['kjere mo'strarmelos?]
wollen Sie sie mir zeigen?

LA EMPLEADA:
Ciertamente, señor.
[θjerta'mente sen'jor]
Aber sicher, Señor.

Son de oro, y son muy bonitos
[son de 'oro, y son mui bo'nitos]
Sie sind aus Gold, und sie sind sehr hübsch.

LA EMPLEADA:
Alfredo, ¡por Dios!
[al'fredo, por di'os!]
Alfredo, um Gottes Willen!

No podemos gastar tanto dinero
[no po'demos ga'star 'tanto di'nero]
Wir können nicht so viel Geld ausgeben

en regalos.
[en re'galos]
für Geschenke.

En todo caso,
[en 'todo 'kaso]
Auf jeden Fall

esos pendientes no se pueden llevar en la oficina.
['esos pen'djentes no se pu'eden je'var en la ofi'θina]
können diese Ohrringe nicht im Büro getragen werden.

Reflexiv und Passiv
Die Reflexiv- und die Passivform werden auf die gleiche Weise gebildet. Wörtlich übersetzt heißt *no se pueden llevar* „sie können sich nicht tragen".

¿Por qué no compramos
[por ke no kom'pramos]
Warum kaufen wir nicht

aquel prendedor de plata
[a'kel prende'dor de 'plata]
diese Silberbrosche

en forma de paloma?
[en 'forma de pa'loma?]
in Form einer Taube?

Es un bonito recuerdo –
[es un bo'nito reku'erdo]
Es ist eine hübsche Erinnerung –

y práctico.
[i 'praktiko]
und praktisch.

EL MARIDO:

Pues, bien.
[pu'es, bjen]
Also gut.

Tomo el prendedor.
['tomo el prende'dor]
Ich nehme die Brosche.

LA EMPLEADA:

Señora, ¿no quiere Ud. ver los pendientes?
[sen'jora, no 'kjere u'ste ver los pen'djentes?]
Señora, möchten Sie sich nicht die Ohrringe ansehen?

Son lindos, ¿no?
[son 'lindos, no?]
Sie sind wunderbar, nicht wahr?

LA SEÑORA:

Sí, ¡son exquisitos!
[si, son ekski'sitos!]
Ja, sie sind einmalig!

Pero supongo que son muy caros.
['pero su'pongo ke son mui 'karos]
Aber ich vermute, daß sie sehr teuer sind.

Die Vorsilbe

Supongo stammt von *suponer* und wird deshalb genauso konjugiert wie *poner*. Solche Verben sind normalerweise leicht zu erkennen, weil sie sich nur durch die Vorsilbe unterscheiden.

LA EMPLEADA:

Bastante, pero son de los mejores.
[ba'stante, 'pero son de los me'chores]
Ziemlich, aber sie gehören zu den besten.

Valen cuatromil novecientas pesetas.
['valen ku'atromil nove'θjentas pe'setas]
Sie kosten viertausendneunhundert Pesetas.

EL MARIDO:

No importa.
[no im'porta]
Das spielt keine Rolle.

Los compro para mi mujer.
[los 'kompro 'para mi mu'cher]
Ich kaufe sie für meine Frau.

LA SEÑORA:

¡Ay! ¡Qué amable!
[ai! ke a'mable!]
Oh! Wie lieb!

Un millón de gracias, querido mío.
[un mil'jon de 'graθias, ke'rido 'mio]
Tausend Dank, mein Lieber.

Possessivpronomen
Wenn das Possessivpronomen hinter das Substantiv gestellt wird, wird *mi* zu *mío* und *su* zu *suyo*. Es behält seine Bedeutung, aber es wird ein wenig verstärkt, wie in unserem Beispiel.

TESTEN SIE IHR SPANISCH

Setzen Sie die Verbformen ein. Vergleichen Sie die untenstehenden Lösungen. Berechnen Sie 5 Punkte für jede richtige Antwort.

1. Sollen wir hineingehen? — ¿ ______________ ?
2. Sie wünschen, Señora? — ¿Ud. ______________ , señora?
3. Gefallen sie Ihnen? — ¿Le ______________ ?
4. Mir gefällt dieser. — Me ______________ este.
5. Sollen wir es kaufen? — ¿Le ______________ ?
6. Wir nehmen es. — Lo ______________ .
7. Wollen Sie sie mir zeigen? — ¿Quiere ______________ ?
8. Welchen bevorzugen Sie? — ¿Cuál le ______________ más?
9. Was wollen Sie? — ¿Qué ______________ ?
10. Was möchten Sie kaufen? — ¿Qué ______________ comprar?

Auflösung: 1. ¿Entramos? 2. desea 3. gustan 4. gusta 5. compramos
6. tomamos 7. mostrármelos 8. gusta 9. quiere 10. quisiera

Ergebnis: ____ %

step 14 DIE NAMEN DER GESCHÄFTE UND LEBENSMITTEL

Una señora va al mercado.
['una sen'jora va al mer'kado]
Eine Dame geht zum Markt.

Va primero a la carnicería.
[va pri'mero a la karniθe'ria]
Sie geht zuerst zur Metzgerei.

Ella le pregunta al carnicero:
['eja le pre'gunta al karni'θero]
Sie fragt den Metzger:

Die Endung *-ero*
Wenn ein Substantiv mit *-ero* endet, deutet dies oft darauf hin, daß die damit bezeichnete Person eine bestimmte Tätigkeit ausübt oder etwas verkauft. Der erste Teil des Wortes gibt Auskunft darüber, was es ist.

cartero – Briefträger
verdurero – Gemüseverkäufer
tendero – Ladenbesitzer
carnicero – Metzger
panadero – Bäcker
ranchero – Farmer, Landwirt
zapatero – Schuhmacher
camarero – Kellner
basurero – Müllmann
marinero – Seemann

„¿Cuánto vale esta carne por kilo?"
[ku'anto 'vale 'esta 'karne por 'kilo?]
„Wieviel kostet dieses Fleisch pro Kilo?"

Compra filete de bistek,
['kompra fi'lete de bi'stek]
Sie kauft Steakfleisch,

un pollo, cerdo, jamón,
[un 'pojo, 'θerdo, cha'mon]
ein Huhn, Schweinefleisch, Schinken,

y chuletas de cordero.
[i tschu'letas de kor'dero]
und Lammkoteletts.

Después va a la verdurería.
[despu'es va a la verdure'ria]
Danach geht sie zum Gemüsestand.

Die Endung *-ía*
Wenn ein Substantiv mit *-ía* endet, deutet dies häufig auf einen Ort hin, wo etwas verkauft wird:

carnicería – Metzgerei
librería – Buchhandlung
florería – Blumenladen
panadería – Bäckerei
zapatería – Schuhgeschäft
sastrería – Schneiderei
tintorería – Reinigung

und nicht zu vergessen die *cafetería*, die auch im deutschen Sprachraum gebräuchlich ist.

Compra verduras, judías verdes, hongos,
['kompra ver'duras, chu'dias 'verdes, 'ongos]
Sie kauft Gemüse, grüne Bohnen, Pilze,

cebollas, tomates, lechuga, judías, y ajo.
[θe'bojas, to'mates, le'tschuga, chu'dias i 'acho]
Zwiebeln, Tomaten, Salat, Bohnen und Knoblauch.

Consulta su lista otra vez.
[kon'sulta su 'lista 'otra veθ]
Sie schaut noch einmal auf ihre Liste.

„A ver, ¿falta algo?
[a ver. 'falta 'algo?]
Mal sehen. Fehlt etwas?

Ah, sí ... Debo comprar algunas frutas...
[a si. 'debo kom'prar al'gunas 'frutas]
Ach ja. Ich muß ein wenig Obst kaufen...

naranjas, limones, piñas,
[na'ranchas, li'mones, 'pinjas]
Orangen, Zitronen, Ananas,

plátanos, manzanas, uvas y melocotones."
['platanos, man'θanas, 'uvas i meloko'tones]
Bananen, Äpfel, Trauben und Pfirsiche."

Entonces en la tienda de comestibles
[en'tonθes en la 'tjenda de kome'stibles]
Danach, im Lebensmittelgeschäft,

compra arroz, café, azúcar, sal,
['kompra a'rroθ, ka'fe, a'θukar, sal]
kauft sie Reis, Kaffee, Zucker, Salz,

pimienta, aceite de oliva y salsa picante.
[pim'jenta, a'θeite de o'liva i 'salsa pi'kante]
Pfeffer, Olivenöl und scharfe Sauce.

Luego va a la panadería.
[lu'ego va a la panade'ria]
Dann geht sie zur Bäckerei.

Allí compra pan, panecillos,
[a'ji 'kompra pan, pane'θijos]
Dort kauft sie Brot, Brötchen,

galletas y una torta.
[ga'jetas i 'una 'torta]
Kekse und einen Kuchen.

En la lechería compra leche, crema,
[en la letsche'ria 'kompra 'letsche, 'krema]
Im Milchgeschäft kauft sie Milch, Sahne,

mantequilla y una docena de huevos.
[mante'kija i 'una do'θena de u'evos]
Butter und ein Dutzend Eier.

En la pescadería compra un pescado,
[en la peskade'ria 'kompra un pes'kado]
Im Fischgeschäft kauft sie einen Fisch,

dos kilos de gambas y una langosta.
[dos 'kilos de 'gambas i 'una lan'gosta]
zwei Kilo Shrimps und eine Languste.

Pregunta: „¿Está todo fresco?"
[pre'gunta: e'sta 'todo 'fresko?]
Sie fragt: „Ist alles frisch?"

El tendero contesta:
[el ten'dero kon'testa]
Der Geschäftsinhaber antwortet:

„Desde luego, señora. ¡Está fresquísimo!"
['desde lu'ego, sen'jora. e'sta fres'kisimo]
„Natürlich, Señora. Es ist ganz frisch!"

Luego vuelve a casa con su auto cargado de paquetes.
[lu'ego vu'elve a 'kasa kon su 'auto kar'gado de pa'ketes]
Dann fährt sie zurück nach Hause, mit dem Auto voller Pakete.

Tiene bastante comida para una semana.
['tjene ba'stante ko'mida 'para 'una se'mana]
Sie hat genug Essen für eine Woche.

BEISPIELUNTERHALTUNG: IN EINEM RESTAURANT

UN CLIENTE:
[un kli'ente]
EIN GAST:

¿Está libre esta mesa?
[e'sta 'libre 'esta 'mesa?]
Ist dieser Tisch frei?

UN CAMARERO:
[un kama'rero]
EIN KELLNER:

Cómo no, señor.
['komo no, sen'jor]
Natürlich, Señor.

¡Cómo no!

¡Cómo no! bedeutet wörtlich „wie nicht!" und ist eine gute Weise, „Natürlich" oder „Aber sicher" zu sagen. Weitere verbreitete Ausdrücke für „ja" sind:

Desde luego. – Natürlich.
Claro. – Sicher. Natürlich.
Seguro oder *Seguramente.* – Sicher.

Siéntese, por favor.
['sjentese, por fa'vor]
Setzen Sie sich bitte.

Aquí tiene la lista de platos.
[a'ki 'tjene la 'lista de 'platos]
Hier ist die Speisekarte.

EL CLIENTE:

Gracias. Para empezar,
['gra'θias. 'para empe'θar]
Danke. Als Vorspeise

un coctel de gambas.
[un kok'tel de 'gambas]
einen Krabbencocktail.

EL CAMARERO:

Y ¿de sopa?
[i de 'sopa?]
Und als Suppe?

Tenemos un gazpacho frío muy bueno.
[te'nemos un gaθ'patscho 'friso 'mui bu'eno]
Wir haben einen sehr guten kalten Gazpacho.

DER GAST:

No quiero sopa, gracias.
[no 'kjero 'sopa, 'graθias]
Danke, ich möchte keine Suppe.

EL CAMARERO:

Bien, señor.
[bjen, sen'jor]
Gut, Señor.

Y como plato principal
[i 'komo 'plato prinθi'pal]
Und als Hauptgericht

tenemos arroz con pollo,
[te'nemos a'rroθ kon 'pojo]
haben wir Huhn mit Reis,

lechón asado,
[le'tschon a'sado]
Schweinebraten,

paella valenciana,
[pa'eja valenθi'ana]
Paella,

y el conejo al ajillo está muy bueno.
[i el ko'necho al a'chilo e'sta 'mui bu'eno]
und das Kaninchen mit Knoblauch ist sehr gut.

EL CLIENTE:

Yo prefiero un filete.
[jo pre'fjero un fi'lete]
Ich möchte lieber ein Steak.

EL CAMARERO:

Perfectamente, señor.
[perfekta'mente, sen'jor]
Sehr gut, Señor.

¿Cómo le gusta el filete –
['komo le 'gusta el fi'lete]
Wie möchten Sie das Steak –

poco cocido, término medio, bien cocido?
['poko ko'θido, 'termino 'medio, bjen ko'θido?]
englisch, medium, durchgebraten?

EL CLIENTE:

A mí me gusta poco cocido.
[a mi me 'gusta 'poko ko'θido]
Ich mag es gerne englisch.

EL CAMARERO:

Y, ¿qué verduras quiere?
[i ke ver'duras 'kjere?]
Und welches Gemüse möchten Sie?

EL CLIENTE:

Guisantes, patatas fritas,
[gui'santes, pa'tatas 'fritas]
Erbsen, Pommes frites,

y una ensalada con aceite y vinagre.
[i 'una ensa'lada kon a'θeite i vi'nagre]
und einen Salat mit Öl und Essig.

Y, con el filete,
[i kon el fi'lete]
Und zum Steak

una botella de vino tinto.
['una bo'teja de 'vino 'tinto]
eine Flasche Rotwein.

Marqués de Riscal, si lo tiene.
[mar'kes de ris'kal, si lo 'tjene]
Marqués de Riscal, wenn Sie ihn haben.

EL CAMARERO:

En seguida, señor.
[en se'gida, sen'jor]
Sofort, Señor.

...

¿El señor desea postre?
[el sen'jor de'sea 'postre?]
Wünschen der Herr eine Nachspeise?

¿Flan, un pastel?
[flan, un pa'stel?]
Flan, ein Stück Pastete?

EL CLIENTE:

Vamos a ver.
['vamos a ver]
Mal sehen.

Tráigame, pues, melón
['traigame, pu'es, me'lon]
Dann bringen Sie mir Melone

y luego café.
[i lu'ego ka'fe]
und dann Kaffee.

...

La cuenta, por favor.
[la ku'enta, por fa'vor]
Die Rechnung, bitte.

EL CAMARERO:

Aquí la tiene, caballero.
[a'ki la 'tjene, kaba'jero]
Hier ist sie, mein Herr.

EL CLIENTE:

Digame – ¿Está el servicio incluído en la cuenta?
['digame – e'sta el ser'viθio inklu'ido en la ku'enta?]
Sagen Sie – ist der Service in der Rechnung enthalten?

¿Servicio incluído?
In vielen Restaurants und Hotels wird der Rechnungsbetrag um zehn bis fünfzehn Prozent erhöht – für das, was in Spanien *servicio* genannt wird. Es handelt sich sozusagen um ein erzwungenes Trinkgeld.

EL CAMARERO:

No, señor. No está incluído.
[no sen'jor. no e'sta inklu'ido]
Nein, Señor, er ist nicht inbegriffen.

¿Está satisfecho con su almuerzo?
[e'sta sati'fetscho kon su almu'erθo?]
Sind Sie zufrieden mit ihrem Mittagessen?

EL CLIENTE:

¡Cómo no! La comida aquí es excelente!
['komo no! la ko'mida a'ki es ekθe'lente]
Und wie! Das Essen hier ist hervorragend!

Tenga.
['tenga]
Bitte sehr.

EL CAMARERO:

Gracias, señor.
['graθias, sen'jor]
Danke, Señor.

Vuelvo enseguida con el cambio.
[vu'elvo ense'gida kon el 'kambio]
Ich komme sofort mit dem Wechselgeld zurück.

EL CLIENTE:

No se moleste. Guárdelo.
[no se mo'leste. gu'ardelo]
Bemühen Sie sich nicht. Behalten Sie es.

No es molestia
„Sich bemühen" wird durch das reflexive Verb *molestarse* ausgedrückt. Manchmal werden Sie das Substantiv *molestia* hören:

No se moleste. – Bemühen Sie sich nicht.
Al contrario, no es molestia. – Im Gegenteil, es ist keine Mühe.

EL CAMARERO:

Mil gracias, caballero.
[mil 'graθias, kaba'jero]
Vielen Dank, mein Herr.

Vuelva otra vez.
[vu'elva 'otra veθ]
Beehren Sie uns wieder.

TESTEN SIE IHR SPANISCH

Schreiben Sie die spanischen Ausdrücke für die folgenden Berufe und Geschäfte auf. Vergleichen Sie die Lösungen. Berechnen Sie zehn Punkte für jede richtige Antwort.

1. Metzger ____________________
2. Geschäftsinhaber ____________________
3. Briefträger ____________________
4. Bäcker ____________________
5. Landwirt ____________________
6. Obsthändler ____________________
7. Blumenladen ____________________
8. Metzgerei ____________________
9. Milchgeschäft ____________________
10. Cafeteria ____________________

Auflösung: 1. carnicero 2. tendero 3. cartero 4. panadero 5. ranchero 6. frutero 7. florería 8. carnicería 9. lechería 10. cafetería

Ergebnis: ____ %

step 15 DIE VERTRAULICHE ANREDE

Estos son unos ejemplos
['estos son 'unos e'chemplos]
Dies sind einige Beispiele

del uso de *tú*.
[del 'uso de tu]
für den Gebrauch von *tú* („du")

Tú se usa entre miembros de una familia.
[tu se 'usa 'entre 'mjembros de 'una fa'milja]
Tú wird unter Angehörigen einer Familie verwendet.

Tú **= Du**
Tú ist das Personalpronomen, das in der „informellen Rede", also im vertrauten Umgang verwendet wird. Es entspricht dem deutschen „du". Die Präsensform der Verben, die mit diesem Pronomen gebildet wird, zeichnet sich durch die Endung *-s* aus, die an die Form für *Ud., él* oder *élla* angehängt wird.
Die Imperativform ist im allgemeinen die gleiche wie bei der regelmäßigen Form für *Ud.:*

Studiere! – *¡Estudia!*
Lerne! – *¡Aprende!*
Schreib! – *¡Escribe!*

Die Objektform von *tú* ist *te*, das Possessivpronomen ist *tu*, ohne Akzent auf dem *u*, um Verwechslungen mit dem Personalpronomen zu vermeiden.

Nach einer Präposition lautet die familiäre Form *ti*, kombiniert mit *con* wird sie zu *contigo*.

UNA MADRE:
['una 'madre]
EINE MUTTER:

¡Óyeme! ¡Termina tu comida!
['ojeme! ter'mina tu ko'mida!]
Hör' mir zu! Iß zu Ende!

SU HIJA:
[su 'icha]
IHRE TOCHTER:

No tengo hambre, mamá.
[no 'tengo 'ambre, ma'ma]
Ich habe keinen Hunger, Mama.

LA MADRE:

¡Tómate la leche también!
['tomate la 'letsche tam'bjen!]
Trink' auch die Milch aus!

LA HIJA:

No tengo sed tampoco.
[no 'tengo seθ tam'poko]
Ich habe auch keinen Durst.

LA MADRE:

Si no terminas todo,
[si no ter'minas 'todo]
Wenn du nicht alles aufißt,

se lo voy a decir a tu padre.
[se lo voj a de'θir a tu 'padre]
werde ich es deinem Vater sagen.

LA HIJA:

Pero mamá, ¿por qué
['pero ma'ma, por ke]
Aber Mama, warum

tú me haces comer tanto?
[tu me 'aθes ko'mer 'tanto?]
läßt du mich so viel essen?

Yo no quiero ser gorda.
[jo no 'kjero ser 'gorda]
Ich will nicht fett sein.

Tú se usa entre buenos amigos.
[tu se 'usa 'entre bu'enos a'migos]
Tú wird unter guten Freunden benutzt.

—Hola, Pepe. ¿Cómo estás?
['ola 'pepe. 'komo e'stas?]
Hallo Pepe. Wie geht's?

—Regular, Julio. ¿Y tú?
[regu'lar, 'chulio. i tu?]
Ganz gut, Julio. Und dir?

—Así, así. Oye, ¿sabes que hay una fiesta
[a'si, a'si. 'oje, 'sabes ke 'ai 'una 'fjesta]
Es geht. Hör' mal, weißt du, daß ein Fest stattfindet

en casa de Tito esta noche?
[en 'kasa de 'tito 'esta 'notsche]
in Titos Haus heute abend?

¿No vas a ir?
[no vas a ir?]
Gehst du nicht?

—No estoy invitado.
[no e'stoi invi'tado]
Ich bin nicht eingeladen.

—Pero no importa.
['pero no im'porta]
Aber das macht nichts.

Todo el mundo está invitado.
['todo el 'mundo e'sta invi'tado]
Jeder ist eingeladen.

Hombre, ¡tienes que venir!
['ombre, 'tjenes ke ve'nir!]
Mann, du mußt kommen!

Tú se usa entre enamorados.
[tu es 'usa 'entre enamo'rados]
Tú wird unter Verliebten benutzt.

ELLA:
['eja]
SIE:

Dime, ¿me quieres?
['dime, me 'kjeres?]
Sag' mir, liebst du mich?

„Lieben“ oder „wollen“
Querer, das wörtlich „wollen“ bedeutet, heißt auch „lieben“. Es gibt noch ein anderes Wort für „lieben“ – *amar*, aber *querer* ist die am weitesten verbreitete Form.

ÉL:
[el]
ER:

Sí. Te quiero mucho.
[si. te 'kjero 'mutscho]
Ja. Ich liebe dich sehr.

ELLA:

¿Me vas a querer siempre?
[me vas a ke'rere 'sjempre?]
Wirst du mich immer lieben?

ÉL:

¿Quién sabe?
['kjen 'sabe?]
Wer weiß?

ELLA:

¿Por qué dices „Quién sabe“?
[por ke 'diθes 'kjen 'sabe?]
Warum sagst du „Wer weiß“?

Eres un bruto. Te odio.
['eres un bruto. te 'odio]
Du bist ein brutaler Kerl. Ich hasse dich.

Tú se usa cuando se habla con niños.
[tu se ‘usa ku‘ando se ‘abla kon ‘ninjos]
Tú wird benutzt, wenn man zu Kindern spricht.

UNA DAMA:
[‘una ‘dama]
EINE DAME:
Oye, preciosa. ¿Cómo te llamas?
[‘oje, preθi‘osa. ‘komo te ‘jamas?]
Hör' mal, Hübsche. Wie heißt du?

UNA CHIQUILLA:
[‘una tschi‘kija]
EIN KLEINES MÄDCHEN:
Me llamo Marta.
[me ‘jamo ‘marta]
Ich heiße Marta.

LA DAMA:
Y este niñito, ¿es tu hermano?
[i ‘este nin‘jito, es tu er‘mano?]
Und dieser kleine Junge, ist das dein Bruder?

LA CHIQUILLA:
Sí. Es muy chiquito todavía.
[si. es ‘mui tschi‘kito toda‘via]
Ja. Er ist noch sehr klein.

Verniedlichungsformen
Indem man an ein Substantiv die Endung *-ito, -cito* oder *-illo* (bzw. *-ita, -cita* oder *-illa* bei weiblichen Substantiven) anhängt, bildet man eine Verniedlichungsform.

gato – Katze — *gatito* – Kätzchen
casa – Haus — *casita* – Häuschen
perro – Hund — *perrito* – Hündchen

No sabe hablar.
[no ‘sabe a‘blar]
Er kann nicht sprechen.

LA DAMA:

Pero tú sabes hablar bien, ¿verdad?
['pero tu 'sabes a'blar bjen, ver'da?]
Aber du kannst gut sprechen, nicht wahr?

Aquí tienes un bombón para tí
[a'ki 'tjenes un bom'bon 'para ti]
Hier hast du ein Bonbon für dich

y otro para tu hermanito.
[i 'otro 'para tu erma'nito]
und noch eins für dein Brüderchen.

Tú se usa cuando se habla a animales.
[tu se 'usa ku'ando se 'abla a ani'males]
Tú wird benutzt, wenn man mit Tieren spricht.

—¡Tú!, ¡Lobito! ¡Bájate del sofá!
[tu! lo'bito! 'bachate del so'fa!]
Du! Lobito (kleiner Wolf)! Runter vom Sofa!

¡No molestes al gato!
[no mo'lestes al 'gato]
Ärgere die Katze nicht!

Das personale „a"
Wir haben schon gelernt, daß ein *a* notwendig ist, wenn eine Person als Objekt vorkommt. Das gleiche gilt oft auch für Tiere, die wie Personen behandelt werden, also z. B. Hunde, Katzen, Pferde usw.

Deja al gato tranquilo.
['deja al 'gato tran'kilo]
Laß' die Katze in Ruhe.

¡Cállate! ¡No hagas tanto ruido!
['kajate! no 'agas 'tanto ru'ido!]
Sei still! Mach' nicht so viel Lärm!

„Tú" mit verneinendem Befehl
Ein verneinender Befehl für *tú* wird nicht mit der Imperativform gebildet, die Sie in der ersten Anmerkung zu diesem Step gelernt haben. Stattdessen wird die normale Imperativform mit der Endung *-s* verwendet:

No comas. – Iß nicht!

¡Sal de aquí, perro malo!
[sal de a'ki, 'perro 'malo!]
Raus hier, böser Hund!

BEISPIELUNTERHALTUNG: IN EINEM STRASSENCAFÉ

ÉL:
[el]
ER:

Tengo sed.
['tengo seθ]
Ich habe Durst.

¿Quieres tomar una copa aquí?
['kjeres to'mar 'una 'kopa a'ki?]
Möchtest du hier etwas trinken?

ELLA:
['eja]
SIE:

¡Qué buena idea! Vamos.
[ke bu'ena i'dea! 'vamos]
Was für eine gute Idee! Gehen wir.

ÉL:

Aquí hay una mesa libre.
[a'ki 'ai 'una 'mesa 'libre]
Hier ist ein freier Tisch.

¡Camarera!
[kama'rera!]
Kellnerin!

CAMARERA:
[kama'rera]
KELLNERIN:

Buenas tardes. ¿Qué desean?
[bu'enas 'tardes. ke de'sean?]
Guten Tag. Was wünschen Sie?

ÉL:

¿Qué tomas, querida?
[ke ‘tomas, ke‘rida?]
Was nimmst du, Liebling?

ELLA:

No sé … una limonada, quizás.
[no se … ‘una limo‘nada, ki‘θas]
Ich weiß nicht … eine Limonade, vielleicht.

ÉL:

Bien. Tráiganos una limonada
[bjen. ‘traiganos ‘una limo‘nada]
Gut. Bringen Sie uns eine Limonade

y para mí un coñac con soda,
[i ‘para mi un kon‘jak kon ‘soda]
und für mich einen Cognac mit Soda,

y póngale hielo, por favor.
[i ‘pongale ‘jelo, por fa‘vor]
und geben Sie Eis hinein, bitte.

ELLA:

Óye, querido, ¿quieres cambiar la orden?
[‘oje, ke‘rido, ‘kjeres kambi‘ar la ‘orden?]
Hör’ mal, Liebling, möchtest du die Bestellung ändern?

Quiero probar el vino de Jerez,
[‘kjero pro‘bar el ‘vino de che‘reθ]
Ich möchte den Sherry probieren

en lugar de la limonada.
[en lu‘gar de la limo‘nada]
anstelle der Limonade.

ÉL:

Está bien. Así son las mujeres.
[e‘sta bjen. a‘si son las mu‘cheres]
Ist gut. So sind die Frauen.

Siempre cambian de opinión.
[‘sjempre ‘kambjan de opi‘njon]
Sie ändern ständig ihre Meinung.

¡Camarera! Cambie la orden, por favor.
[kama‘rera! ‘kambje la ‘orden, por fa‘vor]
Kellnerin! Ändern Sie die Bestellung, bitte.

Una copita de Jerez para la señora.
[‘una ko‘pita de che‘reθ ‘para la sen‘jora]
Ein Gläschen Sherry für die Señora.

ELLA:

¿No estás enojado conmigo?
[no e‘stas eno‘chado kon‘migo?]
Bist du nicht böse auf mich?

ÉL:

Sabes que nunca estoy enojado contigo, mi vida.
[‘sabes ke ‘nunka e‘stoi eno‘chado kon‘tigo, mi ‘vida]
Du weißt, daß ich nie böse auf dich bin, mein Leben (= meine Liebste).

Mi vida

Neben *mi amor* und *mi vida* gibt es zahlreiche weiter Ausdrücke der Zuneigung in dieser poetischen und bilderreichen Sprache:

querido – Liebster
querida – Liebste
mi tesoro – mein Schatz
mi cielo – mein Himmel
mi alma – meine Seele
mi corazón – mein Herz
mi amor – meine Liebe

Aquí vienen las bebidas. ¡Salud!
[a‘ki ‘vjenen las be‘bidas. sa‘luθ!]
Hier kommen die Getränke. Zum Wohl.

ELLA:

¡Salud y pesetas!
[sa‘luθ i pe‘setas!]
Gesundheit und Wohlstand!

ÉL:

O, como también se dice:
[o, ‘komo tam‘bjen se ‘diθe:]
Oder, wie man auch sagt:

¡Salud, pesetas y amor!
[sa‘luθ, pe‘setas i a‘mor]
Gesundheit, Wohlstand und Liebe!

ELLA:

¡Y muchos años para disfrutarlos!
[i ‘mutschos ‘anjos ‘para disfru‘tarlos!]
Und viele Jahre, um sie zu genießen!

TESTEN SIE IHR SPANISCH

Übersetzen Sie diese Sätze ins Spanische, wobei Sie die vertrauliche (*-tú*) Form verwenden. Vergleichen Sie die Lösungen. Berechnen Sie zehn Punkte für jede richtige Antwort.

1. Wie heißt du? ______________________
2. Wie geht es dir? ______________________
3. Gehst du nicht? ______________________
4. Du mußt kommen! ______________________
5. Liebst du mich? ______________________
6. Ich liebe dich sehr. ______________________
7. Du bist ein brutaler Kerl. ______________________
8. Ich hasse dich. ______________________
9. Hör' mir zu! ______________________
10. Sei still! ______________________

Lösungen: 1. ¿Cómo te llamas? 2. ¿Cómo estás? 3. ¿No vas a ir? 4. ¡Tienes que vivir! 5. ¿Me quieres? 6. Te quiero mucho. 7. Eres un bruto. 8. Te odio. 9. ¡Óyeme! 10. ¡Cállate!

Ergebnis ____ %

step 16 TAGE, MONATE, JAHRESZEITEN DAS WETTER

Los días de la semana son:
[los 'dias de la se'mana son:]
Die Wochentage sind:

lunes, martes, miércoles,
['lunes, 'martes, 'mjerkoles]
Montag, Dienstag, Mittwoch,

jueves, viernes, sábado y domingo.
[chu'eves, 'vjernes, 'sabado i do'mingo]
Donnerstag, Freitag, Samstag und Sonntag.

Los meses se llaman:
[los 'meses se 'jaman:]
Die Monate heißen:

enero, febrero, marzo, abril,
[e'nero, fe'brero, 'marθo, a'bril]
Januar, Februar, März. April,

mayo, junio, julio, agosto,
['maio, 'chunio, 'chulio, a'gosto,]
Mai, Juni, Juli, August,

septiembre, octubre, noviembre y diciembre.
[sep'tjembre, ok'tubre, no'vjembre i di'θjembre]
September, Oktober, November und Dezember.

Enero es el primer mes del año.
[e'nero es el pri'mer mes del 'anjo]
Januar ist der erste Monat des Jahres.

El primero de enero es el día de año nuevo.
[el pri'mero de e'nero es el 'dia de 'anjo 'nuevo]
Der erste Januar ist der Neujahrstag.

Entonces les decimos
[en'tonθes les de'θimos]
Dann sagen wir

a nuestros amigos:
[a nu'estros a'migos:]
zu unseren Freunden:

„¡Feliz Año Nuevo!“
[fe'liz 'anjo nu'evo]
„Glückliches Neues Jahr!“

El veinticinco de diciembre
[el veinti'θinko de di'θjembre]
Der 25. Dezember

es el día de Pascuas de Navidad.
[es el 'dia de 'paskuas de navi'da]
ist Weihnachten.

La gente se dice: „¡Felices Pascuas!“
[la 'chente de 'diθe: fe'liθes 'paskuas!]
Die Menschen sagen zu einander: „Fröhliche Weihnachten!“

Pascuas
Sowohl Weihnachten als auch Ostern heißen *Pascuas*. Um sie zu unterscheiden, wird Weihnachten *Pascuas de Navidad* („Geburt“) und Ostern *Pascuas Floridas* („blumige“) genannt. (Der amerikanische Bundesstaat Florida verdankt seinen Namen dem Umstand, daß er an einem Osterfest entdeckt wurde.)

El año se divide en cuatro estaciones –
[el 'anjo se di'vide en ku'atro esta'θjones –]
Das Jahr wird in vier Jahreszeiten eingeteilt –

Dividirse
Beachten Sie, daß *se divide*, wörtlich „teilt sich“, als Passivkonstruktion verwendet wird: „es wird eingeteilt“.

primavera, verano, otoño e invierno.
[prima'vera, ve'rano, o'tonjo e in'vjerno]
Frühling, Sommer, Herbst und Winter.

En invierno hace mucho frío,
[en in'vjerno 'aθe 'mutscho 'frio]
Im Winter ist es sehr kalt,

y en el verano hace calor.
[i en el ve'rano 'aθe ka'lor]
und im Sommer ist es heiß.

En la primavera y en el otoño
[en la prima'vera i en el o'tonjo]
Im Frühling und im Herbst

generalmente hace buen tiempo.
[chene'ralmente 'aθe bu'en 'tjempo]
ist normalerweise schönes Wetter.

Hace frío – hace calor

Die Form für die 3. Person des Verbs *hacer* („*machen*") wird verwendet, um einige Aspekte des Wetters und der Temperatur zu beschreiben:

hace calor	*hace frío*	*hace sol*	*hace viento*
es ist heiß	es ist kalt	es ist sonnig	es ist windig

Vergessen Sie nicht, daß, wenn einer Person heiß oder kalt ist oder wenn sie hungrig oder durstig ist, *tener* statt *hacer* verwendet wird.

El clima de España
[el 'klima de e'spanja]
Das spanische Klima

es un poco parecido
[es un 'poko pare'θido]
ähnelt ein wenig

al clima de Alemania.
[al 'klima de ale'mania]
dem deutschen Klima.

Hay cambio de estaciones.
['ai 'kambio de esta'θjones]
Es gibt eine Wechsel der Jahreszeiten.

Pero en Centro América
['pero en 'θentro a'merika]
Aber in Mittelamerika

y la parte norte de Suramérica,
[i la 'parte 'norte de sura'merika]
und dem nördlichen Teil Südamerikas,

como Venezuela, Colombia, y Ecuador,
['komo veneθu'ela, ko'lombia i ekua'dor]
wie Venezuela, Kolumbien und Ecuador,

Ecuador

Ecuador heißt „Äquator" und bezeichnet genau die geographische Lage des Landes. Auch einige andere spanischsprachige Länder und Bundesstaaten der USA tragen Namen, die auf Spanisch etwas bedeuten:

Puerto Rico – Reicher Hafen
Costa Rica – Reiche Küste
Montaña – Berg
Nevada – Schneefall
El Salvador – Der Erlöser
Honduras – Tiefen
Los Angeles – Die Engel
Colorado – Rot

el clima es diferente.
[el 'klima es dife'rente]
ist das Klima anders.

Hace siempre calor en la costa
['aθe 'sjempre ka'lor en la 'kosta]
An der Küste ist es immer heiß,

y frío en las montañas.
[i 'frio en las mon'tanjas]
und in den Bergen kalt.

Hay solamente dos estaciones –
['ai sola'mente dos esta'θjones –]
Es gibt nur zwei Jahreszeiten –

la temporada seca
[la tempo'rada 'seka]
die trockene Saison

que corresponde a los meses de otoño e invierno,
[ke korre'sponde a los 'meses de o'tonjo e in'vjerno]
die den Herbst- und Wintermonaten entspricht,

cuando no llueve nunca,
[ku'ando nu ju'eve 'nunka]
wenn es nie regnet,

y la temporada de las lluvias,
[i la tempo'rada de las 'juvias]
und die regenreiche Saison,

que incluye los meses de primavera y verano,
[ke in'kluje los 'meses de prima'vera i ve'rano]
die die Frühlings- und Sommermonate umfaßt,

cuando llueve muy frecuentemente.
[ku'ando ju'eve 'mui frekuente'mente]
wenn es häufig regnet.

En los países al sur del ecuador,
[en los pa'ises al sur del ekua'dor]
In den Ländern südlich des Äquators

las temporadas son opuestas
[las tempo'radas son opu'estas]
sind die Jahreszeiten entgegengesetzt

a las del norte del ecuador.
[a las del 'norte del ekua'dor]
denen nördlich des Äquators.

Por ejemplo, en Chile, Argentina y Uruguay,
[por e'chemplo en 'tschile, archen'tina i urugu'ai]
In Chile, Argentinien und Uruguay zum Beispiel

hace frío en julio y agosto
['aθe 'frio en 'chulio i a'gosto]
ist es im Juli und August kalt

y calor en enero y febrero.
[i ka'lor en e'nero i feb'rero]
und heiß im Januar und Februar.

BEISPIELUNTERHALTUNG: REDEN ÜBER DAS WETTER

Todo el mundo hace comentarios sobre el tiempo.
[‘todo el ‘mundo ‘aθe komen‘tarios ‘sobre el ‘tjempo]
Jeder macht Bemerkungen über das Wetter.

En la primavera, cuando el sol brilla
[en la prima‘vera, ku‘ando el sol ‘brija]
Im Frühling, wenn die Sonne scheint

y sopla una brisa agradable
[i ‘sopla ‘una ‘brisa agra‘dable]
und eine angenehme Brise weht

y el aire huele a flores, se dice:
[i el ‘aire u‘ele a ‘flores, se ‘diθe:]
und die Luft nach Blumen riecht, sagt man:

„¡Qué día tan bello!“
[ke ‘dia tan ‘bejo!]
„Was für ein schöner Tag!“

Y, cuando la noche está clara
[i ku‘ando la ‘notsche e‘sta ‘klara]
Und wenn die Nacht klar ist

y vemos la luna
[i ‘vemos la ‘luna]
und wir den Mond sehen

y las estrellas brillantes, decimos:
[i las e‘strejas bi‘jantes, de‘θimos:]
und die hellen Sterne, sagen wir:

„Qué noche tan linda!“
[ke ‘notsche tan ‘linda!]
„Was für eine schöne Nacht!“

En el verano cuando el sol es muy fuerte decimos:
[en el ve'rano ku'ando el sol es mui fu'erte de'θimos:]
Im Sommer, wenn die Sonne sehr stark ist, sagen wir:

„Hace un calor terrible, ¿no?"
['aθe un ka'lor te'rrible, no?]
„Es ist schrecklich heiß, nicht wahr?"

Cuando llueve se dice frecuentemente:
[ku'ando ju'eve se 'diθe fre'kuente'mente:]
Wenn es regnet, sagt man oft:

„Hace mal tiempo hoy.
['aθe mal 'tjempo 'oi]
„Heute ist schlechtes Wetter.

Está lloviendo otra vez."
[e'sta jovi'endo 'otra veθ]
Es regnet (schon) wieder."

En el otoño cuando empieza el frío se dice:
[en el o'tonjo ku'ando em'pjeθa el 'frio se 'diθe:]
Im Herbst, wenn die Kälte beginnt, sagt man:

„Hace bastante fresco, ¿verdad?"
['aθe ba'stante 'fresko, ver'da?]
„Es ist ziemlich kalt, nicht wahr?"

En el invierno cuando nieva a menudo se dice:
[en el in'vjerno ku'ando 'njeva a me'nudo se 'diθe:]
Im Winter, wenn es oft schneit, sagt man:

„Está nevando mucho.
[e'sta ne'vando 'mutscho]
„Es schneit viel.

¡Qué frío hace!
[ke 'frio 'aθe!]
Wie kalt es ist!

Los caminos deben estar malísimos,
[los ka'minos 'deben e'star ma'lisimos]
Die Straßen müssen sehr schlecht sein,

con tanto hielo y nieve."
[kon 'tanto 'jelo i 'njeve]
mit so viel Eis und Schnee."

Cuando hace mucho viento con truenos y relámpagos,
[ku'ando 'aθe 'mutscho 'vjento kon tru'enos i re'lampagos]
Wenn es sehr windig ist mit Donner und Blitz

y mucha lluvia, se dice:
[i 'mutscha 'juvia, de 'diθe]
und viel Regen, sagt man:

„¡Vaya una tormenta!"
['vaja 'una tor'menta!]
„Was für ein Sturm!"

Y cuando hay mucha neblina a veces decimos:
[i ku'ando 'ai 'mutscha ne'blina a 'veθes de'θimos:]
Und wenn es sehr neblig ist, sagen wir manchmal:

„¡Qué neblina!
[ke ne'blina!]
„Was für ein Nebel!

Casi no se puede ver nada.
['kasi no se pu'ede ver 'nada]
Man kann fast nichts sehen.

Es muy peligroso guiar.
[es mui peli'groso gi'ar]
Es ist sehr gefährlich, zu fahren.

Es mejor quedarse en casa."
[es me'chor ke'darse en 'kasa]
Es ist besser, zu Hause zu bleiben."

Quedar* und *quedarse
Quedarse ist ein reflexives Verb, das „bleiben" bedeutet. In seiner nicht-reflexiven Form wird *quedar* im Sinne von „sein" – sowohl für *ser* als auch für *estar* gebraucht, wenn man sich auf einen Ort bezieht.

TESTEN SIE IHR SPANISCH

Übersetzen Sie diese Bemerkungen über das Wetter ins Deutsche. Vergleichen Sie die Lösungen. Berechnen Sie zehn Punkte für jede richtige Antwort.

1. ¡Qué día tan bello! ______________________________
2. ¡Qué noche tan linda! ______________________________
3. Hace un calor terrible, ¿no? ______________________________
4. Hace mal tiempo hoy. ______________________________
5. Está lloviendo otra vez. ______________________________
6. Hace bastante fresco, ¿no? ______________________________
7. Está nevando mucho. ______________________________
8. ¡Qué frío hace! ______________________________
9. ¡Vaya una tormenta! ______________________________
10. ¡Qué neblina! ______________________________

Lösungen: 1. Was für ein schöner Tag! 2. Was für eine schöne Nacht! 3. Es ist schrecklich heiß, nicht wahr? 4. Heute ist schlechtes Wetter. 5. Es regnet (schon) wieder. 6. Es ist ziemlich kalt, nicht wahr? 7. Es schneit viel. 8. Wie kalt es ist! 9. Was für ein Sturm! 10. Was für ein Nebel!

Ergebnis ____ %

step 17 DIE BILDUNG DES FUTURS

El tiempo futuro es muy fácil.
[el 'tjempo fu'turo es mui 'faθil]
Das Futur ist sehr einfach.

Para la forma *yo* se añade una *é* al infinitivo.
['para la 'forma jo se an'jade 'una e al infini'tivo]
Für die Form *yo* („ich") hängt man ein *é* an den Infinitiv.

> Mañana por la mañana me levantaré muy temprano.
> [man'jana por la man'jana me levanta're mui tem'prano]
> Morgen früh werde ich sehr zeitig aufstehen.
>
> Iré al médico.
> [i're al 'mediko]
> Ich werde zum Arzt gehen.

¿Dónde hay un médico?
Wenn Sie zu einem Arzt gehen oder von einem Arzt zu Hause aufgesucht werden, können Sie die folgenden Wendungen benutzen, um zu erklären, wo Sie Schmerzen haben:

> Ich habe Kopfschmerzen. –*Tengo dolor de cabeza.*
> Ich habe Halsschmerzen. – *Tengo dolor de garganta.*
> Ich habe Bauchschmerzen. – *Tengo dolor de estómago.*
> Mir ist schwindelig. – *Tengo vértigo.*
> Es tut hier weh. – *Me duele aquí.*

Vielleicht schreibt der Arzt Ihnen ein Rezept *(una receta)* – er könnte dazu sagen:

> Sie müssen im Bett bleiben. – *Debe guardar cama.*

Nehmen Sie dieses dreimal täglich. –
Tome esto tres veces al día.
Sie werden sich besser fühlen. –
Ud. se sentirá mejor.
Kommen Sie in zwei Tagen wieder. –
Vuelva en dos días.

Le pediré algo para mi tos.
[le pedi're 'algo 'para mi tos]
Ich werde ihn nach etwas für meinen Husten fragen.

Le llamaré desde su despacho,
[le jama're 'desde su des'patscho]
Ich werde Sie von seinem Büro aus anrufen,

y le diré a que hora estaré de vuelta.
[i le di're a ke 'ora esta're de vu'elta]
und ich werde Ihnen sagen, wann ich zurück sein werde.

Die Bildung des Futurs
Die meisten Verben bilden ihre Futurform mit Hilfe der Futur-Endungen zum Infinitiv, die Sie hier kennenlernen. Sie können also nahezu jedes Verb im Wörterbuch nachschlagen und selbständig das Futur bilden. Bei einigen Verben treten kleine Änderungen im Wortstamm auf, und Sie sollten eine kleine Auswahl der wichtigsten Ausnahmen auswendig lernen. Hier sind die wichtigsten in der Infinitivform und (in Klammern) in der Futurform der ersten Person:

venir (vendré), tener (tendré), salir (saldré), poner (pondré), hacer (haré), saber (sabré), poder (podré), decir (diré), querer (querré), valer (valdré), haber (habrá).

Die letzte Form ist hier in der dritten Person abgedruckt, weil dies die am häufigsten verwendete Form (im Sinne von „es wird sein") ist. Es gibt keine Wörter für „ich werde", „du wirst" usw., da das Futur durch die Endung angezeigt wird.

Para la forma de *Ud., él, ella* se añade *á* al infinitivo.
['para la 'forma de u'ste, el, 'eja se an'jade a al infini'tivo]
Für die Formen „Sie", „er" und „sie" wird an den Infinitiv ein *á* angehängt.

¿Cuándo llegará Ramón?
[ku'ando jega'ra ra'mon?]
Wann wird Ramón ankommen?

Vendrá mañana.
[ven'dra man'jana]
Er wird morgen kommen.

¿Será posible hablarle sobre el contrato?
[se'ra po'sible ha'blarle 'sobre el kon'trato?]
Wird es möglich sein, mit ihm über den Vertrag zu sprechen?

Creo que no podrá. Saldrá a las dos.
['kreo ke no po'dra. sal'dra a las los]
Ich glaube, Sie werden es nicht können. Er wird um zwei Uhr weggehen.

Volará a Venezuela,
[vola'ra a veneθu'ela,]
Er wird nach Venezuela fliegen,

donde visitará los nuevos campos de petróleo.
['donde visita'ra los nu'evos 'kampos de pe'troleo]
wo er die neuen Ölfelder besuchen wird.

¿No vendrá al aeropuerto?
[no ven'dra al a'eropu'erto?]
Wollen Sie nicht zum Flughafen kommen?

Así tendrá tiempo para hablarle.
[a'si ten'dra 'tjempo 'para ha'blarle]
So werden Sie Zeit haben, um mit ihm zu sprechen.

Para la forma de *tú* se añade *-ás* al infinitivo.
['para la 'forma de tu se an'jade as al infini'tivo]
Für die Form „du" hängt man an den Infinitiv die Endung *-ás*.

ELLA:
¿Me llamarás mañana?
[me jama'ras man'jana?]
Wirst du mich morgen anrufen?

ÉL:

Claro. Pero no estarás en casa.
['klaro. 'pero no esta'ras en 'kasa]
Natürlich. Aber du wirst nicht zu Hause sein.

Saldrás temprano, ¿no? ¿Cuándo volverás?
[sal'dras tem'prano, no? ku'ando volve'ras?]
Du gehst früh aus dem Haus, nicht wahr? Wann wirst du zurück sein?

ELLA:

A las cinco de la tarde.
[a las 'θinko de la 'tarde]
Um fünf Uhr nachmittags.

Podrás llamarme después de las cinco.
[po'dras ja'marme despu'es de las 'θinko]
Du wirst mich nach fünf anrufen können.

Verbform für „Ud." + s = Form für „tú"
Da wir in Step 15 die vetraute Anrede für „du" – *tú* eingeführt haben, werden wir sie auch in unsere Erklärung der neuen Zeitformen einbeziehen. Die Futurform ist recht einfach zu bilden, da man lediglich ein *-s* an die Form für *Ud.* anhängen muß.

Para la forma de *nosotros (nosotras)* se añade *-emos* al infinitivo.
['para la 'forma de nos'otros (nos'otras) se an'jade 'emos al infini'tivo]
Für die Form „wir" hängt man an den Infinitiv die Endung *-emos*.

El próximo sábado todos iremos al campo.
[el 'proximo 'sabado 'todos i'remos al 'kampo]
Nächsten Samstag werden wir alle auf's Land fahren.

Tomaremos el tren y bajaremos en Vereda Nueva.
[toma'remos el tren i bacha'remos en ve'reda nu'eva]
Wir werden den Zug nehmen und in Vereda Nueva aussteigen.

Luego iremos en auto a la finca de don Antonio.
[lu'ego i'remos en 'auto a la 'finka de don an'tonio]
Dann werden wir mit dem Auto zu Don Antonios Farm fahren.

Allí montaremos a caballo, veremos los alrededores
[a'ji monta'remos a ka'bajo, ve'remos los alrede'dores]
Dort werden wir auf die Pferde steigen, die Umgebung ansehen,

y después nadaremos en la piscina.
[i despu'es nada'remos en la pis'θina]
und danach werden wir im Swimming-Pool baden.

Por la noche cenaremos al aire libre.
[por la 'notsche θena'remos al 'aire 'libre]
Am Abend werden wir unter freiem Himmel essen.

Oiremos canciones y música típica.
[oi'remos kan'θjones i 'musika 'tipika]
Wir werden Lieder und typische Musik hören.

Creo que nos divertiremos mucho.
['kreo ke nos diverti'remos 'mutscho]
Ich glaube, wir werden uns gut unterhalten.

¡Que se divierta!
Das reflexive Verb *divertirse* bedeutet „sich amüsieren" oder „eine schöne Zeit verbringen". Wenn Sie jemandem viel Spaß wünschen, sagen Sie: *¡Que se divierta!* oder, wenn Sie zu mehreren Personen sprechen: *¡Que se diviertan!*

Para la forma de *Uds., ellos, ellas* se añade *-án* al infinitivo.
['para la 'forma de u'stedes, 'ejos, 'ejas se an'jade an al infini'tivo]
Für die Formen „Sie" (Plural) und „sie" hängt man an den Infinitiv die Endung *-ál.*

UN JOVEN:
[un 'choven]
EIN JUNGER MANN:

¿Vivirán los hombres en la luna algún día?
[vivi'ran los 'ombres en la 'luna al'gun 'dia?]
Werden die Menschen eines Tages auf dem Mond leben?

UN VIEJO:
[un vi'echo]
EIN ALTER MANN:

Desde luego. Pronto habrá bases allí,
['desde lu'ego. 'pronto a'bra 'bases a'ji]
Natürlich. Bald wird es dort Stationen geben,

y, sin duda, servicio de vuelos diarios.
[i, sin 'duda, ser'viθio de vu'elos di'arios]
und, zweifelsohne, täglichen Flugservice.

EL JOVEN:

¿Cree que irán a los planetas también?
[kr'ee ke i'ran a los pla'netas tam'bjen?]
Glauben Sie, daß sie auch zu den Planeten fahren werden?

EL VIEJO:

Seguramente. Una vez en la luna
[segura'mente. 'una veθ en la 'luna]
Sicher. Wenn man einmal auf dem Mond war,

los viajes futuros serán más fáciles
[los vi'aches fu'turos se'ran mas 'faθiles]
werden zukünftige Reisen einfacher sein

y seguirán hasta los planetas.
[i segi'ran 'asta los pla'netas]
und sie werden zu den Planeten weiterfliegen.

Pero creo que los astronautas
['pero 'kreo ke los astro'nautas]
Aber ich glaube, daß die Astronauten

no llegarán a las estrellas en el futuro cercano.
[no jega'ran a las e'strejas en el fu'turo θer'kano]
in nächster Zukunft nicht zu den Sternen gelangen werden.

Tal vez Uds. los jóvenes lo verán.
[tal veθ u'stedes los 'chovenes lo ve'ran]
Vielleicht werden Sie, die jungen Leute, es sehen.

BEISPIELUNTERHALTUNG: EIN AUSFLUG NACH MEXIKO

ÉL:

Uds. irán a Méxiko la semana que viene, ¿no?
[u'stedes i'ran a 'mechiko la se'mana ke 'vjene, no?]
Sie fahren nächste Woche nach Mexiko, nicht wahr?

ELLA:

Sí. Pero no partiremos juntos.
[si. 'pero no parti'remos 'chuntos]
Ja. Aber wir fahren nicht zusammen ab.

Julio irá primero
['chulio i'ra pri'mero]
Julio wird zuerst fahren,

porque tendrá que atender unos negocios.
['porke ten'dra ke a'tender 'unos ne'goθios]
weil er sich einigen Geschäften widmen werden muß.

Yo seguiré tres días más tarde.
[jo segi're tres 'dias mas 'tarde]
Ich werde drei Tage später folgen.

Nos encontraremos en México el viernes próximo.
[nos enkontra'remos en 'mechiko el 'vjernes 'proximo]
Wir werden uns nächsten Freitag in Mexiko treffen.

ÉL:

¿Qué harán durante su visita?
[ke ha'ran du'rante su vi'sita?]
Was werden Sie während Ihres Besuchs machen?

ELLA:

Tenemos todo planeado.
[te'nemos 'todo plane'ado]
Wir haben alles geplant.

Haremos una gira por la ciudad y las afueras.
[a'remos 'una 'gira por la 'θiuda i las a'fueras]
Wir werden eine Rundfahrt durch die Stadt und in die Umgebung machen.

Visitaremos los museos
[visita'remos los mu'seos]
Wir werden die Museen besuchen

y los mercados.
[i los mer'kados]
und die Märkte.

Iremos a las pirámides,
[i'remos a las pi'ramides]
Wir werden zu den Pyramiden gehen,

veremos los festivales de baile y de música.
[ve'remos los festi'vales de 'baile i de 'musika]
wir werden die Tanz- und Musikfestivals ansehen.

Y, ¿qué más? Ah, sí…
[i ke mas? a si]
Und was noch? Ach ja…

asistiremos a una corrida.
[asisti'remos a 'una ko'rrida]
wir werden zu einem Stierkampf gehen.

ÉL:

¿Cree que le gustará?
['kree ke le gusta'ra?]
Glauben Sie, daß es Ihnen gefallen wird?

ELLA:

¡Ya lo creo! Fíjese –
[ja lo 'kreo! 'fichese –]
Und ob ich das glaube! Stellen Sie sich vor –

¡el Cordobés será uno de los matadores!
[el kordo'bes se'ra 'uno de los mata'dores!]]
(der) Cordobés wird einer der Stierkämpfer sein!

El Cordobés
El Cordobés bedeutet „Der Mann aus Córdoba“.

ÉL:

¡Qué suerte! Yo sólo lo veré en la televisión.
[ke su'erte! jo 'solo lo ve're en la televi'sjon]
Was für ein Glück! Ich werde es nur im Fernsehen sehen.

Y, ¿a qué otras ciudades irán?
[i a ke 'otras θiu'dades i'ran?]
Und zu welchen anderen Städten werden Sie gehen?

ELLA:

Unos amigos nos estarán esperando en México
['unos a'migos nos esta'ran espe'rando en 'mechiko]
Einige Freunde werden in Mexiko auf uns warten

y nos llevarán a Cuernavaca en su auto.
[i nos jeva'ran a kuerna'vaka en su 'auto]
und sie werden uns in ihrem Auto nach Cuernavaca bringen.

Después de estar dos días allí
[despu'es de e'star dos 'dias a'ji]
Nachdem wir dort zwei Tage gewesen sind,

Verben nach *de*
Verben, die nach *de* folgen, stehen im Infinitiv. Die Übersetzung muß sich aus dem Zusammenhang ergeben:

después de salir – nachdem wir gegangen sind
antes de salir – bevor wir gehen

Julio irá a Guadalajara
['chulio i'ra a guadala'chara]
wird Julio nach Guadalajara fahren,

donde verá a unos clientes
['donde ve'ra a 'unos kli'entes]
wo er einige Kunden sehen wird

mientras yo pasaré unos días en Taxco.
[‘mjentras jo pasa‘re ‘unos ‘dias en ‘tasko]
während ich einige Tage in Taxco verbringen werde.

ÉL:

Seguramente le gustará mucho.
[segura‘mente le gusta‘ra ‘mutscho]
Es wird Ihnen sicher sehr gefallen.

Encontrará todo muy pintoresco allí.
[enkontra‘ra ‘todo mui pinto‘resko a‘ji]
Sie werden dort alles sehr malerisch antreffen.

Encontrar

Encontrar („finden“) und *conocer* („kennen“) können mit „antreffen“ übersetzt werden. *Encontrar* bedeutet auch „treffen“ im Sinne von „jemandem begegnen“, den man bereits vorher kannte, während *conocer* „treffen“ in dem Sinne bedeutet, daß man jemandem vorgestellt wird.

ELLA:

Después saldré para la capital
[depu‘es sal‘dre ‘para la kapi‘tal]
Danach werde ich in Richtung Hauptstadt aufbrechen,

donde Julio me estará esperando
[‘donde ‘chulio me esta‘ra espe‘rando]
wo Julio auf mich warten wird

y juntos tomaremos el avión para Acapulco.
[i ‘chuntos tomaremos el avi‘on ‘para aka‘pulko]
und wir werden gemeinsam das Flugzeug nach Acapulco nehmen.

Allí pasaremos todo el día en la playa
[a‘ji pasa‘remos ‘todo el ‘dia en la ‘plaja]
Dort werden wir den ganzen Tag am Strand verbringen

y descansaremos.
[i deskansa‘remos]
und werden ausruhen.

ÉL:

Creo que no descansarán mucho de noche.
[‘kreo ke no deskansa‘ran ‘mutscho de ‘notsche]
Ich glaube nicht, daß Sie in der Nacht viel ruhen werden.

Acapulco es muy alegre.
[aka‘pulko es mui a‘legre]
Acapulco ist sehr lebhaft.

Querrán ver los cabarets, sin duda,
[ke‘rran ver los kaba‘rets, sin ‘duda]
Sie werden bestimmt die Kabaretts sehen wollen,

y serán invitados a muchas fiestas.
[i se‘ran invi‘tados a ‘mutschas fi‘estas]
und Sie werden zu vielen Partys eingeladen werden.

No habrá mucho tiempo para descansar.
[no a‘bra ‘mutscho ‘tjempo ‘para deskan‘sar]
Es wird nicht viel Zeit zum Ausruhen sein.

TESTEN SIE IHR SPANISCH

Verbinden Sie diese Sätze. Vergleichen Sie die Lösungen. Berechnen Sie 10 Punkte für jede richtige Antwort.

1. No iremos a la fiesta mañana.	A Es wird Ihnen sehr gefallen.
2. Nos quedaremos por dos días.	B Wirst du zu Hause sein?
3. Le gustará mucho.	C Ich werde heute nacht ausruhen.
4. Te llamaré el martes.	D Wir werden morgen nicht zu der Party gehen.
5. ¿Estarás en casa?	E Ich muß früh aufstehen.
6. El se divertirá mucho.	F Wir werden für zwei Tage bleiben.
7. ¿Estudiarán Uds. juntos?	G Es wird ihm sehr gefallen.
8. Veremos muchas cosas interesantes.	H Wir werden viele interessante Dinge sehen.
9. Tendré que levantarme temprano.	I Ich werde dich Dienstag anrufen.
10. Descansaré esta noche.	J Werden Sie zusammen studieren?

Lösungen: 1–D; 2–F; 3–A; 4–I; 5–B; 6–G; 7–J; 8–H; 9–E; 10–C

Ergebnis: _____ %

step 18 DIE BILDUNG DER VERGANGENHEITS-FORM

El tiempo pasado.
[el ‘tjempo pa‘sado]
Die Vergangenheitsform.

Para los verbos que terminan en *-ar*
[‘para los ‘verbos ke ter‘minan en ar]
Für die Verben, die auf *-ar* enden,

el pasado se forma quitando la *-ar*
[el pa‘sado se ‘forma ki‘tando la ar]
wird die Vergangenheitsform gebildet, indem man das *ar* wegläßt

y añadiendo las terminaciones *-é, -aste, -ó, amos, -aron.*
[a anja‘djendo las termina‘θjones e, ‘aste, o. ‘amos, ‘aron]
und die Endungen *-é, -aste, -ó, amos, -aron* anhängt.

Éste es el pasado de *tomar:*
[‘este es el pa‘sado de to‘mar:]
Dies ist die Vergangenheitsform von *tomar:*

(yo) —Tomé mi desayuno temprano.
[to‘me mi desa‘juno temp‘rano]
Ich habe zeitig gefrühstückt.

(tú) —¿Tomaste tu medicina ayer?
[to‘maste tu medi‘θina a‘jer?]
Hast du gestern deine Medizin genommen?

(Ud., él, ella) —Tomó el tren a Madrid.
[to‘mo el tren a ma‘dri]
(Er, sie) hat den Zug nach Madrid genommen.

(nosotros, -as) —Tomamos café esta mañana.
[to‘mamos ka‘fe ‘esta man‘jana]
Wir hatten heute morgen Kaffee.

(Uds., ellos, ellas)—¿Qué tomaron de postre?
[ke to'maron de 'postre?]
Was hattet ihr (hatten Sie) zum Nachtisch?

Aquí hay un diálogo usando ejemplos del pasado
[a'ki 'ai un di'alogo u'sando e'chemplos del pa'sado]
Hier ist ein Dialog mit Beispielen der Vergangenheitsform

de los verbos terminando en *-ar:*
[de los 'verbos termi'nando en ar]
von Verben, die mi *-ar* enden:

—¿Sabe lo que pasó anoche?
['sabe lo ke pa'so a'notsche?]
Wissen Sie, was letzte Nacht passiert ist?

—No. ¿Qué pasó?
[no. ke pa'so?]
Nein. Was ist passiert?

—Un ladrón entró en nuestra casa.
[un la'dron en'tro en nu'estra 'kasa]
Ein Dieb kam in unser Haus.

—¿Verdad? ¿Robó algo?
[ver'da? ro'bo 'algo?]
Wirklich? Hat er etwas gestohlen?

—¡Claro que sí! Se llevó
['klaro ke si! se je'vo]
Natürlich! Er nahm

la vajilla de plata,
[la va'chija de 'plata]
das Silbergeschirr,

dinero y una radio.
[di'nero i 'una 'radio]
Geld und ein Radio.

También tomó algunas joyas.
[tam'bjen to'mo al'gunas 'chojas]
Er nahm auch einigen Schmuck.

—Y, ¿se escapó?
[i se eska'po?]
Und er entkam?

—No. Una vecina notó algo raro
[no. 'una ve'θina no'to 'algo 'raro]
Nein. Eine Nachbarin bemerkte etwas Seltsames

y llamó a la policía.
[i ja'mo a la poli'tia]
und rief die Polizei.

Los policías llegaron casi en seguida.
[los poli'θias je'garon 'kasi en se'gida]
Die Polizisten kamen fast im Augenblick.

Encontraron al ladrón en la calle.
[enkon'traron el la'dron en la 'kaje]
Sie fanden den Dieb auf der Straße.

—¿Lo pararon?
[lo pa'raron?]
Haben sie ihn angehalten?

—Seguro. El protestó,
[se'guro. el prote'sto]
Sicher. Er protestierte,

pero cuando lo examinaron,
['pero ku'ando lo exami'naron]
aber als sie ihn durchsuchten,

encontraron las joyas.
[enkon'traron las 'chojas]
fanden sie den Schmuck.

Entonces lo llevaron a la cárcel.
[en'tonθes lo je'varon a la 'karθel]
Dann brachten sie ihn ins Gefängnis.

Cuando yo llegué a casa
[ku'ando jo je'ge a 'kasa]
Als ich nach Hause kam,

llamé a la policía
[ja'me a la poli'θia]
rief ich die Polizei an

y ellos me lo explicaron todo.
[i 'ejos me lo espli'karon 'todo]
und sie erklärten mir alles.

Die Vergangenheitsform: 1. Konjugation
Wenn Sie einmal die Vergangenheitsformen der 1. Konjugation gelernt haben, kennen Sie praktisch die Vergangenheitsformen fast aller Verben.

Innerhalb der *-ar*-Gruppe gibt es allerdings einige Verben, deren Wortstamm in der Vergangenheitsform einen Wechsel durchmacht, um den Klang des Verbs zu erhalten. Zum Beispiel würde *llegar* in der Vergangenheitsform der ersten Person mit *-é* enden. Dadurch würde aber der harte *g*-Laut verloren gehen, weshalb ein *u* in *llegué* eingefügt wird (die Aussprache bleibt durch das eingefügte *u* erhalten: [je'ge]).

Diese Regel gilt für die Vergangenheitsform aller Verben, die auf *-gar* enden. Die Verben, die auf -*car* enden, ändern sich zu *-qué*.

Los verbos que terminan en *-er* o en *-ir,*
[los 'verbos ke ter'minan en er o en ir]
Die Verben, die auf *-er* oder auf *-ir* enden,

y también el verbo *dar*,
[i tam'bjen el 'verbo dar]
und auch das Verb *dar* („geben"),

Die Vergangenheitsform: 2. und 3. Konjugation
In der 2. *(-er)* und 3. *(-ir)* Konjugation wird die Vergangenheitsform gleich gebildet. *Dar*, eigentlich ein Verb der 1. Konjugation, folgt in der Vergangenheitsform diesen beiden Gruppen.

forman el pasado
['forman el pa'sado]
bilden die Vergangenheitsform,

añadiendo las terminaciones *-í, -iste, -ió, - imos, -ieron*
[ana'djendo las termina'θjones i, 'iste, i'o, 'imos, 'jeron]
indem man die Endungen *-í, -iste, -ió, -imos, -ieron* anhängt

a la base del verbo. Así:
[a la 'base del 'verbo. a'si:]
an den Stamm des Verbs. So:

(yo) —Viví muchos años en México.
[vi'vi 'mutschos 'anjos en 'mechiko]
Ich habe viele Jahre in Mexiko gelebt.

(tú) —¿Viviste alguna vez en el campo?
[vi'viste al'guna veθ en el 'kampo?]
Hast du schon einmal auf dem Land gelebt?

(Ud., él, ella) —¿En qué siglo vivío Colón?
[en ke 'siglo vivi'o ko'lon?]
In welchem Jahrhundert lebte Kolumbus?

(nosotros, -as) —Vivimos seis meses en aquel departamento.
[vi'vimos 'seis 'meses en a'kel departa'mento]
Wir haben sechs Monate in diesem Apartment gelebt.

(Uds., ellos, ellas)—Cortés y Pizarro vivieron en el siglo dieciséis.
[kor'teθ i pi'θarro vi'vjeron en el'siglo 'djeθi'seis]
Cortés und Pizarro lebten im 16. Jahrhundert.

Aquí hay un ejemplo con el pasado
[a'ki 'ai un e'chemplo kon el pa'sado]
Hier ist ein Beispiel mit der Vergangenheitsform

de esta clase de verbos.
[de 'esta 'klase de 'verbos]
dieser Verbklasse.

Anoche leí algo
[a'notsche le'i 'algo]
Letzte Nacht las ich etwas

sobre la vida de Cristóbal Colón.
['sobre la 'vida de kri'stobal ko'lon]
über das Leben des Christopher Kolumbus.

Verschiedene Schreibweise – gleiche Aussprache
Einige der Verben der 3. Konjugation in diesem Beispiel (z. B. *morir, creer, seguir, oír, leer*) zeigen leichte Unterschiede in der Schreibweise des Wortstamms, haben aber die gleichen Endungen. Zum leichteren Überblick folgen hier die fünf Formen dieser Verben:

leer	oír	seguir
leí	*oí*	*seguí*
leíste	*oíste*	*seguiste*
leyó	*oyó*	*siguió*
leímos	*oímos*	*seguimos*
leyeron	*oyeron*	*siguieron*

morir	creer
morí	*creí*
moriste	*creíste*
murió	*creyó*
morimos	*creímos*
murieron	*creyeron*

Beachten Sie, daß die Endung manchmal *-yó* und manchmal *-ió* geschrieben wird – dies hat aber keinen Einfluß auf die Aussprache. Im Gegenteil: der Wechsel in der Schreibweise wird vorgenommen, damit die Aussprache gleich bleibt.

Nacío en Génova.
[na'θio en 'genova]
Er wurde in Genua geboren.

Vivió en Portugal y España.
[viv'jo en portu'gal i e'spanja]
Er lebte in Portugal und Spanien.

Leyó muchos libros sobre viajes
[le'jo 'mutschos 'libros 'sobre vi'aches]
Er las viele Bücher über Reisen

y oyó varios cuentos de marineros
[i o'jo 'varios ku'entos de mari'neros]
und er hörte verschiedene Erzählungen von Seeleuten,

que le convencieron
[ke le konven'θjeron]
die ihn überzeugten

de la redondez de la tierra.
[de la redon'deθ de la 'tjerra]
von der Rundheit der Erde.

Escribió a los reyes de España
[eskri'bjo a los 'rejes de e'spanja]
Er schrieb an das spanische Königshaus

y ofreció descubrir una nueva ruta
[ofre'tjo desku'brir 'una nu'eva 'ruta]
und bot an, eine neue Route zu finden

a la India por el oeste.
[a la 'india por el o'este]
nach Indien über den Westen.

Ellos se convencieron también,
['ejos konven'θjeron tam'bjen]
Diese überzeugten sich ebenfalls,

y la reina Isabel hasta ofreció vender sus joyas
[i la 'rejna isa'bel 'asta ofre'θjo ven'der sus 'chojas]
und Königin Isabel bot sogar an, ihren Schmuck zu verkaufen,

para ayudar a Colón.
['para aju'dar a ko'lon]
um Kolumbus zu helfen.

Finalmente se reunió dinero
[final'mente se reun'jo di'nero]
Schließlich war das Geld gesammelt

para los gastos de la expedición.
['para los 'gastos de la espedi'θjon]
für die Kosten der Expedition.

Colón y sus hombres
[ko'lon i sus 'ombres]
Kolumbus und seine Männer

salieron de Palos en tres naves
[sal'jeron de 'palos en tres 'naves]
brachen in drei Schiffen von Palos aus auf

y emprendieron su viaje
[i empren'djeron su vi'ache]
und unternahmen ihre Reise

a través del Atlántico.
[a tra'ves del at'lantiko]
über den Atlantik.

Después de tres meses vieron tierra
[despu'es de tres 'meses 'vjeron 'tjerra]
Nach drei Monaten sahen sie Land

y así descubrieron el Nuevo Mundo,
[i a'si deskubri'eron el nu'evo 'mundo]
und entdeckten so die Neue Welt,

aunque se creyeron estar en la India.
[a'unke se kre'jeron e'star en la 'india]
obwohl sie glaubten, in Indien zu sein.

Colón murió en Valladolid.
[ko'lon se mor'jo en vajado'liθ]
Kolumbus starb in Valladolid.

En su tumba escribieron:
[en su 'tumba eskri'bjeron:]
Auf sein Grab schrieben sie:

„A Castilla y a León
[a ka'stija y a le'on]
„Kastilien und Leon

Nuevo mundo dió Colón."
[nu'evo 'mundo di'o ko'lon]
gab Kolumbus die Neue Welt."

Aquí hay algo fácil.
[a'ki 'ai 'algo 'faθil]
Hier ist etwas Einfaches.

El pasado de *ir* y *ser* es el mismo.
[el pa'sado de ir y ser es el 'mismo]
Die Vergangenheitsform von *ir* („gehen") und *ser* („sein") ist die gleiche.

„Ging" oder „war"
Es ist eine interessante Tatsache, daß im Spanischen die Ausdrücke für „war" und „ging" durch das gleiche Wort wiedergegeben werden. Die jeweilige Bedeutung müssen Sie aus dem Sinnzusammenhang erschließen.

fui	–	Ich war (oder) ging
fuiste	–	du warst (oder) gingst
fue	–	er, sie, es war (oder) ging
fuimos	–	wir waren (oder) gingen
fueron	–	sie waren (oder) gingen

Además, hay más de una docena
[ade'mas, 'ai mas de 'una do'θena]
Außerdem gibt es mehr als ein Dutzend

de verbos importantes que forman el pasado
[de 'verbos impor'tantes ke 'forman el pa'sado]
wichtige Verben, die die Vergangenheitsfom bilden

con las terminaciones *-e, -iste, -o, -imos, -ieron (-eron).*
[kon las termina'θjones e, 'iste, o, 'imos, i'eron, 'eron]
mit den Endungen *-e, -iste, -o, -imos, -ieron (-eron)* bilden.

Incluyen *andar, conducir, decir,*
[in'klujen an'dar, kondu'θir, de'θir]
Dazu gehören *andar* („gehen"), *conducir* („lenken, fahren"), *decir* („sagen"),

estar, hacer, haber, poder,
[e'star, a'θer, a'ber, po'der]
estar („sein"), *hacer* („machen"), *haber* („haben"), *poder* („können"),

poner, querer, saber,
[po'ner, ke'rer, sa'ber]
poner („setzen" usw.), *querer* („wollen"), *saber* („wissen"),

tener, traer, venir y sus combinaciones.
[te'ner, tra'er, ve'nir i sus kombina'θjones]
tener („haben"), *traer* („bringen"), *venir* („kommen") und ihre Ableitungen.

Verben mit Wechsel im Wortstamm
Die letzte Verbgruppe mit besonderen Endungen wechselt bei der Bildung der Vergangenheitsform sowohl den Wortstamm als auch die Endungen. Hier sind die Infinitive mit der jeweiligen ersten Vergangenheitsform – der für *yo* – in Klammern:

> *andar (anduve), conducir (conduje), estar (estuve), decir (dije), hacer (hice), haber (hube), poder (pude), poner (puse), querer (quise), saber (supe), tener (tuve), venir (vine), traer (traje)*

Drei Verben aus dieser Gruppe unterliegen noch einer anderen Unregelmäßigkeit, da bei ihnen in der Form für *Uds.* die Endung *-eron* statt *-ieron* lautet. Die davon betroffenen Verben sind *conducir, decir* und *traer.*

Wenn Sie einmal die Grundform eines Verbs wie *poner* gelernt haben, können Sie sicher sein, daß die von diesem Verb abgeleiteten Verben (Komposita) auf die gleiche Weise konjugiert werden. Von *poner* können Sie z. B. *componer* („komponieren"), *suponer* („vermuten") und *exponer* („ausstellen") ableiten.

Ejemplos:
[e'chemplos]
Beispiele:

—¿Vino alguien?
['vino al'gjen?]
Ist jemand gekommen?

—No vino nadie.
[no 'vino 'nadje]
Niemand ist gekommen.

—¿Hubo llamadas?
['ubo ja'madas?]
Gab es Anrufe?

—Sí, hubo una.
[si, 'ubo 'una]
Ja, es gab einen.

—¿Quién llamó?
[kjen ja'mo?]
Wer hat angerufen?

—Llamó el Sr. Herrera.
[ja'mo el sen'jor e'rrera]
Señor Herrera hat angerufen.

—¿Qué dijo?
[ke 'dicho?]
Was hat er gesagt?

—Que no pudo venir ayer.
[ke no 'pudo ve'nir a'jer]
Daß er gestern nicht kommen konnte.

—¿Por qué?
[por ke?]
Warum?

—Porque estuvo ocupado.
['porke e'stuvo oku'pado]
Weil er beschäftigt war.

Vino un amigo inesperadamente.
['vino un a'migo inesperada'mente]
Ein Freund kam unerwartet.

Tuvo que ir a otro lugar con él
['tuvo ke ir a 'otro lu'gar kon el]
Er mußte mit ihm woanders hin gehen

y así le fue imposible venir.
[i a'si le fue impo'sible ve'nir]
und so war es ihm unmöglich zu kommen.

BEISPIELUNTERHALTUNG: WAS AUF DER PARTY PASSIERTE

JORGE:
['chorche:]

JORGE:

¿Qué tal? ¿Qué hiciste anoche?
[ke tal? ke i'θiste a'notsche?]
Wie geht's? Was hast du gestern abend gemacht?

JAIME:
['chajme:]

JAIME:

Pues, anoche salí con Lolita.
[pu'es, a'notsche sa'li kon lo'lita]
Nun, gestern abend war ich mit Lolita aus.

JORGE:

Y ¿qué pasó?
[i ke pa'so?]
Und was ist passiert?

Pareces bastante preocupado.
[pa'reθes ba'stante preoku'pado]
Du wirkst ziemlich verwirrt.

JAIME:

Tuve una pelea con ella.
['tuve 'una pe'lea kon 'eja]
Ich hatte einen Streit mit ihr.

JORGE:

¿Os peleasteis? ¿Por qué?
[os pele'asteis? por ke?]
Ihr hattet Streit? Warum?

¿Qué sucedió?
[ke suθe'djo?]
Was ist passiert?

JAIME:

Fuimos a una fiesta en casa de Julio.
[fu'imos a 'una fi'esta an 'kasa de 'chulio]
Wir gingen zu einer Party in Julios Haus.

Bailamos, cantamos
[bai'lamos, kan'tamos]
Wir tanzten, wir sangen,

y nos divertimos mucho.
[i nos diver'timos 'mutscho]
und wir hatten viel Spaß.

No pasó nada inesperado
[no pa'so 'nada inespe'rado]
Es passierte nichts Unerwartetes

hasta que vino Estela.
['asta ke 'vino e'stela]
bis Estela kam.

Yo bailé unas piezas con ella
[jo bai'le 'unas 'pjeθas kon 'eja]
Ich tanzte ein paar Tänze mit ihr

y conversamos un poco.
[i konver'samos un 'poko]
und wir unterhielten uns ein wenig.

Lola se puso brava.
['lola se 'puso 'brava]
Lola wurde wütend.

Quiso regresar a casa en seguida.
['kiso regre'sar a 'kasa en se'gida]
Sie wollte sofort nach Hause fahren.

Cuando la dejé en casa
[ku'ando la de'che en 'kasa]
Als ich sie zu Hause absetzte,

no me dijo ni siquiera buenas noches
[no me 'dicho ni si'kjera 'buenas 'notsches]
sagte sie mir noch nicht einmal gute Nacht.

JORGE:

Y esta mañana
[i 'esta man'jana]
Und heute morgen

¿no la llamaste por teléfono?
[no la ja'maste por te'lefono?]
hast du sie nicht angerufen?

JAIME:

Desde luego. Hoy la llamé,
['desde lu'ego. 'oi la ja'me]
Natürlich. Heute rief ich sie an,

pero no pude decir nada.
['pero no 'pude de'θir 'nada]
aber ich konnte nichts sagen.

Cuando oyó mi voz,
[ku'ando o'jo mi voθ]
Als sie meine Stimme hörte,

colgó el teléfono.
[kol'go el te'lefono]
legte sie auf.

> *¡No cuelge!* – **Legen Sie nicht auf!**
> *Colgar*, wörtlich „hängen“, hat in der ersten Person der Vergangenheit eine unregelmäßige Form:
>
> *yo colgué*.

No mi dio tiempo ni para decir una palabra.
[no me djo 'tjempo ni 'para de'θir 'una pa'labra]
Sie gab mir keine Zeit, auch nur ein Wort zu sagen.

JORGE:

¡Hombre! ¿Por qué
['ombre! por ke]
Mann! Warum

no le mandaste flores
[no le man'daste 'flores]
schickst du ihr keine Blumen

con una notita?
[kon ‘una no‘tita?]
mit einer kleinen Botschaft?

¡Vaya! ¡Qué problema!
[‘vaja! ke pro‘blema!]
Wirklich! Was für ein Problem!

Pero fue culpa tuya,
[‘pero fu‘e ‘kulpa ‘tuja]
Aber es war deine Schuld,

¿no te das cuenta de eso?
[no te das ku‘enta de ‘eso?]
siehst du das nicht ein?

Darse cuenta
Darse cuenta de – „einsehen“ – ist eine gebräuchliche Redewendung.

Wissen Sie eigentlich, wieviel Uhr es ist?
¿Se da Ud. cuenta de la hora que es?

Ella siempre fue muy celosa.
[‘eja ‘sjempre fu‘e mui θe‘losa]
Sie war immer sehr eifersüchtig.

JAIME:

¡Quizá! Pero, ¿qué otra cosa pude hacer?
[ki‘θa! ‘pero ke ‘otra ‘kosa ‘pude a‘θer?]]
Vielleicht! Aber was hätte ich anderes tun können?

Tuve que ser amable con Estela, ¿no?
[‘tuve ke ser a‘mable kon e‘stela, no?]
Ich mußte nett zu Estela sein, oder?

TESTEN SIE IHR SPANISCH

Übersetzen Sie diese Sätze ins Spanische. Vergleichen Sie die Lösungen. Berechnen Sie 10 Punkte für jede richtige Antwort.

1. Wissen sie, was gestern passierte? ____________________
2. Um wieviel Uhr kam er an? ____________________
3. Wir fanden das Geld auf der Straße. ____________________
4. Ich brachte es zur Polizei. ____________________
5. Wer erklärte es Ihnen? ____________________
6. Haben Sie je in Mexiko gelebt? ____________________
7. Ich wurde in San Juan geboren. ____________________
8. Er las viele interessante Bücher. ____________________
9. Letzte Woche gingen wir ins Kino. ____________________
10. Was sagte er, als er anrief? ____________________

Lösungen: 1. ¿Saben ellos lo que pasó ayer? 2. ¿A qué hora llegó? 3. Encontramos el dinero en la calle. 4. Lo llevé a la policía. 5. ¿Quién se lo explicó? 6. ¿Vivió Ud. alguna vez en México? 7. Nací en San Juan. 8. Leyó muchos libros interesantes. 9. Fuimos al cine la semana pasada. 10. ¿Qué dijo cuando llamó?

Ergebnis: _____ %

step 19 DIE KONDITIONALFORM

Cuando ofrecemos algo a alguien
[ku'ando ofre'θemos 'algo a 'algjen]
Wenn wir jemandem etwas anbieten,

frecuentemente usamos el modo condicional:
[freku'ente'mente u'samos el 'modo kondiθjo'nal]
verwenden wir häufig die Konditionalform:

¿Le gustaría un cigarrillo?
[le gusta'ria un θiga'rrijo?]
Würde Ihnen eine Zigarette gefallen? (= Möchten SIe eine Zigarette?)

¿No le gustaría una copa?
[no le gusta'ria 'una 'kopa?]
Würde Ihnen nicht ein Drink gefallen? (= Möchten Sie keinen Drink?)

¿Querría un chocolate?
[ke'rria un tschoko'late?]
Würden Sie eine Schokolade wollen? (= Möchten Sie eine Schokolade?)

Das Konditional
Das Konditional ist keine Zeitform, sondern ein Modus; es entspricht den verschiedenen Verwendungen des deutschen „würde". Wie Sie in den vorangegangenen Steps gelernt haben, benutzt die spanische Sprache kaum Hilfsverben, um einem Verb eine besondere Bedeutung zu geben (wie z. B. das Deutsche bei der Bildung des Futurs mit „werden"), sondern verdeutlicht derartige Informationen mit Hilfe von verschiedenen Endungen, die an das Verb angehängt werden. Wenn Sie das Konditional richtig anwenden können, sprechen Sie nicht nur korrektes, sondern auch höfliches Spanisch.

Wir haben auf der ersten Seite dieses Steps sowohl die wörtliche Übersetzung der spanischen Fragen wiedergegeben als auch die Übersetzung, die einem „normalen" deutschen Satz am nächsten kommt, um Ihnen die Bedeutung der einzelnen Formen deutlich zu machen.

Die Endungen, die zur Bildung des Konditionals benötigt werden, sind *-ía, -ías, -íamos* und *-ían*. Die Formen für *yo, Ud., él* und *ella* sind die gleichen, deshalb geben wir nur vier Formen an. Das Konditional von *hablar* („sprechen") lautet z. B.:

(yo, Ud., él, ella)
hablaría – ich, er, sie würde sprechen
(tú) hablarías – du würdest sprechen
(nosotraos, nosotras)
hablaríamos – wir würden sprechen
(Uds., ellos, ellas)
hablarian – sie würden sprechen

Diese Konditional-Endungen werden direkt an den Infinitiv angehängt, mit Ausnahme der Verben, die auch eine unregelmäßige Futurform haben (vgl. Step 17) und bei denen das Konditional folgendermaßen gebildet wird:

Futur	Konditional	dt. Übersetzung
haré	*haría*	ich würde tun
diré	*diría*	ich würde sagen
podré	*podría*	ich würde können
vendré	*vendría*	ich würde verkaufen

usw.

Para formar el modo condicional
['para for'mar el 'modo kondiθjo'nal]
Um die Konditionalform zu bilden,

deben acordarse de la combinación *-ía*
['deben akor'darse de la kombina'θjon 'ia]
müssen Sie sich an die Kombination *-ía* erinnern,

que se pone directamente al infinitivo
[ke se ‘pone direkta‘mente al infini‘tivo]
die direkt an den Infinitiv angehängt wird

o a la base del futuro.
[o a la ‘base del fu‘turo]
oder an den Stamm der Futurform.

El condicional se puede usar
[el kondiθjo‘nal se pu‘ede u‘sar]
Man kann das Konditional benutzen,

para pedir permiso:
[‘para pe‘dir per‘miso:]
um nach Erlaubnis zu fragen:

¿Me permitiría sacar una foto de Ud.?
[me permiti‘ria sa‘kar ‘una ‘foto de u‘ste?]
Würden Sie mir erlauben, ein Foto von Ihnen zu machen?

¿Y me sacaría una a mí?
[i me saka‘ria ‘una a mi?]
Und würden Sie eins von mir machen?

El condicional también se usa
[el kondiθjo‘nal tam‘bjen se ‘usa]
Das Konditional wird auch verwendet,

para hacer y, a veces, rehusar invitaciones:
[‘para a‘θer i, a ‘veθes, reu‘sar invita‘θjones]
um Einladungen zu treffen und, manchmal, abzulehnen:

ÉL:

¿Le gustaría dar una vuelta en el auto?
[le gusta‘ria dar ‘una vu‘elta en el ‘auto?]
Würden Sie gerne eine Fahrt mit dem Auto machen?

Podríamos ir a La Zaragozana para almorzar.
[pod‘riamos ir a la θarago‘θana ‘para almor‘θar]
Wir könnten nach La Zaragozana fahren, um zu Mittag zu essen.

Estoy seguro que le agradaría.
[e‘stoi se‘guro ke le agrada‘ria]
Ich bin sicher, daß es Ihnen gefallen würde.

Agradar – gustar

Agradar, das genau wie *gustar* unpersönlich gebraucht wird, ist ein weiterer Ausdruck für „mögen". Vergessen Sie nicht, daß *gustar* und *agradar* mit dem indirekten Objekt verwendet werden. Man sagt also im Spanischen, wenn man etwas mag: „Es gefällt mir."

ELLA:

Me gustaría aceptar su invitación
[me gusta'ria aθep'tar su invita'θjon]
Ich würde gerne Ihre Einladung annehmen,

pero hoy no podría.
['pero 'oi no po'dria]
aber heute könnte ich nicht.

ÉL:

Entonces, ¿no sería posible mañana?
[en'tonθes, no se'ria po'sible man'jana?]
Dann ... wäre es nicht morgen möglich?

ELLA:

Sí, creo que mañana podría.
[si, 'kreo ke man'jana po'dria]
Ja, ich glaube, daß ich morgen könnte.

Der Konjunktiv

Es ist Ihnen wahrscheinlich längst aufgefallen: das spanische Konditional hat sehr viel Ähnlichkeit mit dem deutschen Konjunktiv. Im Gegensatz zu diesem ist das Konditional aber immer noch sehr gebräuchlich – Sie brauchen also keine Angst zu haben, antiquiert zu klingen, wenn Sie es im Spanischen so verwenden, wie Sie es hier lernen.

Para pedir algo cortesmente:
['para pe'dir 'algo kortes'mente]
Um höfllich nach etwas zu fragen:

—¿Me haría el favor
[me a'ria el fa'vor]
Würden Sie mir den Gefallen tun,

de prestarme tresmil pesetas?
[de pre'starme tres'mil pe'setas?]
mir dreitausend Pesetas zu leihen?

Se las devolvería dentro una semana.
[se las devolve'ria 'dentro 'una se'mana]
Ich würde sie Ihnen innerhalb einer Woche wiedergeben.

—Lo haría con gusto
[lo a'ria kon 'gusto]
Das würde ich mit Vergnügen tun,

pero hoy no tengo.
['pero 'oi no 'tengo]
aber heute habe ich (sie) nicht.

Para arreglar precios o tarifas:
['para arreg'lar 'preθios o ta'rifas:]
Um Preise oder Tarife auszuhandeln:

—¿Cuánto cobraría hasta el aeropuerto?
[ku'anto kobra'ria 'asta el aeropu'erto?]
Wieviel würden Sie mir bis zum Flughafen berechnen?

—Le saldria como por dos mil pesetas.
[le sal'dria 'komo dos mil pe'setas]
Für Sie würden etwa zweitausend Pesetas herauskommen.

—¡Hombre! ¿No podría hacerme un precio un poco mejor?
['ombre! no po'dria a'θerme un pre'θjo un 'poko me'chor?]
Hören Sie mal! Könnten Sie mir nicht einen etwas besseren Preis machen?

¿Tomaría mil quinientas?
[toma'ria mil kin'jentas?]
Würden Sie fünfzehnhundert nehmen?

Para indicar lo que se ha dicho
['para indi'kar lo que se ha 'ditscho]
Um anzudeuten, was gesagt worden ist

sobre propósitos futuros:
['sobre pro'positos fu'turos:]
über Pläne für die Zukunft:

—¡Hola! ¿Podría hablar con la Srta. López?
['ola! po'dria a'blar kon la senjo'rita 'lopeθ?]
Hallo! Könnte ich mit Señorita López sprechen?

—No está, señor. Salió. Está en la calle.
[no e'sta, sen'jor. sal'jo. e'sta en la 'kaje]
Sie ist nicht da, Señor. Sie ist fortgegangen. Sie ist außer Haus.

En la calle
Está en la calle heißt wörtlich „Sie ist auf der Straße". Dies ist eine umgangssprachliche Art zu sagen, daß jemand nicht im Hause ist.

—Qué raro. Me dijo
[ke 'raro. me 'dicho]
Wie seltsam. Sie sagte mir,

que estaría en casa a esta hora.
[ke esta'ria en 'kasa a 'esta 'ora]
daß sie um diese Zeit zu Hause sein würde.

¿No dijo cuándo volvería?
[no 'dicho ku'ando volve'ria?]
Sagte sie nicht, wann sie zurückkommen würde?

—Dijo que tardaría bastante;
['dicho ke tarda'ria ba'stante]
Sie sagte, sie würde ziemlich lange brauchen;

que iría primero a hacer unas compras
[ke i'ria pri'mero a a'θer 'unas 'kompras]
daß sie zuerst einige Einkäufe machen würde

y después tomaría el té con una amiga,
[i despu'es toma'ria el te kon 'una a'miga]
und nachher würde sie mit einer Freundin Tee trinken,

pero que debería regresar a casa
['pero ke debe'ria regre'sar a 'kasa]
aber daß sie nach Hause kommen müsse

a eso de las ocho.
[a 'eso de las 'otscho]
gegen acht Uhr.

¿Tendría la bondad
[ten'dria la bon'da]
Würden Sie die Güte haben

de llamar más tarde?
[de ja'mar mas 'tarde?]
später anzurufen?

—Bien. Pero ¿me haría el favor
[bjen. 'pero a'ria el fa'vor]
Gut. Aber würden Sie mir den Gefallen tun

de decirle que llamó el Sr. Blanco?
[de de'θirle ke ja'mo el sen'jor 'blanko?]
ihr zu sagen, daß Señor Blanco angerufen hat?

BEISPIELUNTERHALTUNG: EINE EINLADUNG ZUM FUSSBALLSPIEL

—¿Le gustaría ver el partido de fútbol mañana?
[le gusta'ria ver el par'tido de 'futbol man'jana?]
Würden Sie gerne morgen das Fußballspiel sehen?

Los deportes (Sport)

Viele Sportarten tragen im Spanischen Bezeichnungen, die wie die deutschen aus dem angloamerikanischen Sprachraum stammen. Es ist daher nicht schwierig, die meisten Begriffe aus diesen Sportarten zu verstehen, wenn man die in Deutschland üblichen Bezeichnungen kennt: *tenis, golf, béisbol* sind maskulin. „Pferderennen" heißen *carreras de caballo*, „Boxen" heißt *boxeo*, und „Ringkampf" heißt *lucha libre*.

Die folgenden Ausdrücke sind nützlich, wenn Sie einem Sportereignis in einem spanischsprachigen Land beiwohnen:

Wer gewinnt? – *¿Quién está ganando?*
Toll! Bravo! – *¡Olé!*
Gebt uns unser Geld zurück! – *¡Que nos devuelvan el dinero!*

—Sí, pero no sé
[si, 'pero no se]
Ja, aber ich weiß nicht,

si tendria tiempo.
[si ten'dria 'tjempo]
ob ich Zeit hätte.

Tengo trabajo que debería terminar antes del lunes.
['tengo tra'bacho ke debe'ria termi'nar 'antes del 'lunes]
Ich habe Arbeit, die ich vor Montag beenden müßte.

„Müßte" und „sollte"
Sie werden sich erinnern, daß *deber* eigentlich „müssen" bedeutet. In der Konditionalform heißt es jedoch „müßte" oder „sollte" im Sinne einer Verpflichtung:

Sie sollten diesen Film sehen.
Debería ver esa película.
Ich müßte jetzt wirklich gehen.
De veras debería irme ahora.

—Pero podría dejar el trabajo
['pero po'dria de'char el tra'bacho]
Aber Sie könnten die Arbeit (liegen) lassen

hasta la noche.
['asta la 'notsche]
bis zum Abend.

El partido sólo tomaría unas horas.
[el par'tido 'solo toma'ria 'unas 'oras]
Das Spiel würde nur ein paar Stunden dauern.

Además, Juan dijo
[ade'mas, chu'an 'dicho]
Außerdem sagte Juan,

que vendría a buscarnos en su coche.
[ke ven'dria a bus'karnos en su 'kotsche]
daß er kommen würde, um uns mit dem Auto abzuholen.

También dijo que no deberíamos dejar
[tam'bjen 'dicho ke no debe'riamos de'char]
Er sagte auch, daß wir es nicht versäumen sollten,

de ir a este partido
[de ir a 'este par'tido]
zu diesem Spiel zu gehen

que sería el más emocionante de la temporada,
[ke se'ria el mas emoθjo'nante de la tempo'rada]
das das aufregendste der Saison sein werde,

ya que el campeonato
[ja ke el kampeo'nato]
weil die Meisterschaft

dependería del resultado.
[depende'ria del resul'tado]
von dem Ergebnis abhänge.

TESTEN SIE IHR SPANISCH

Setzen Sie die fehlenden Verben in der Konditionalform ein. Vergleichen Sie die Antworten. Berechnen Sie 10 Punkte für jede richtige Antwort.

1. Möchten Sie eine Zigarette?
   ¿Le __________ un cigarrillo?
2. Würden Sie mir einen Gefallen tun?
   ¿Me __________ un favór?
3. Würden Sie mir erlauben zu rauchen?
   ¿Me __________ fumar?
4. Könnten Sie morgen mit mir einen Ausflug machen?
   ¿ __________ Ud. dar una vuelta conmigo mañana?
5. Ich würde annehmen, aber ich kann morgen nicht gehen.
   ____________________ pero no puedo ir mañana.
6. Würden Sie mir zehn Dollar leihen?
   ¿Me ____________________ Ud. diez dólares?
7. Würden Sie Zeit haben, es zu tun?
   ¿ ____________________ Ud. tiempo de hacerlo?
8. Könnte ich Sie später anrufen?
   ¿ __________ llamarlo más tarde?
9. Er sagte mir, er werde bald zurückkehren.
   Me dijo que __________ pronto.
10. Ich müßte jetzt gehen.
    __________ irme ahora.

Antworten: 1. gustaría 2. haría 3. permitiría 4. Podría 5. Aceptaría
6. prestaría 7. Tendría 8. Podría 9. regresaría 10. Debería

Ergebnis ____ %

step 20 PARTIZIP 2 UND DAS PERFEKT

Caminando por una ciudad
[kami'nando por 'una θiu'dad]
Wenn wir durch eine Stadt gehen,

Das Partizip Präsens
Caminando ist ein Beispiel dafür, wie das Partizip Präsens ohne eine Präposition eingesetzt werden kann, um eine ganze Phrase wiederzugeben. *Caminando* – wörtlich „gehend" – könnte hier übersetzt werden mit „während man geht", „wenn man geht" oder „indem man geht" usw., je nach Zusammenhang.

vemos diferentes letreros.
['vemos dife'rentes let'reros]
sehen wir verschiedene Aufschriften.

Algunos dicen cosas como
[al'gunos 'diθen 'kosas 'komo]
Einige sagen Dinge wie

PROHIBIDO ESTACIONAR o
[proi'bido estaθjo'nar o]
PARKEN VERBOTEN oder

ABIERTO HASTA LAS 5 o
[a'bjerto 'asta las 'θinko o]
GEÖFFNET BIS 5 oder

CERRADO LOS DOMINGOS.
[θe'rrado los do'mingos]
SONNTAGS GESCHLOSSEN.

También oímos frases como
[tam'bjen o'imos 'frases 'komo]
Wir hören auch Phrasen wie

„Está permitido,"
[e'sta permi'tido]
„Es ist erlaubt,"

„Esto está vendido,"
['esto e'sta ven'dido]
„Dies ist verkauft,"

„Está roto" o
[e'sta 'roto o]
„Es ist kaputt" oder

„El vice presidente está ocupado."
[el 'viθe presi'dente e'sta oku'pado]
„Der Vizepräsident ist beschäftigt."

Las palabras *prohibido, abierto, cerrado,*
[las pa'labras proi'bido, a'bjerto, θe'rrado]
Die Wörter *prohibido* (verboten), *abierto* (geöffnet), *cerrado* (geschlossen),

vendido, roto y *ocupado*
[ven'dido, 'roto i oku'pado]
vendido (verkauft), *roto* (kaputt) und *ocupado* (beschäftigt)

son los participios pasados
[son los parti'θipios pa'sados]
sind die Partizipien Perfekt

de los verbos *prohibir, abrir, cerrar, vender, romper* y *ocupar.*
[de los 'verbos proi'bir, a'brir, θe'rrar, ven'der, rom'per i oku'par]
der Verben *prohibir* (verbieten), *abrir* (öffnen), *cerrar* (schließen), *vender* (verkaufen), *romper* (zerbrechen) und *ocupar* (beschäftigen).

Die Bildung des Partizip 2
Das Partizip Perfekt wird auf folgende Weise gebildet: Für die 1. Konjugation wird an den Wortstamm die Endung *-ado* angehängt, für die 2. und 3. die Endung *-ido*.

Die wichtigsten Verben der 2. und 3. Konjugation mit unregelmäßig gebildetem Partizip Perfekt sind die folgenden:

Infinitiv	Partizip Perfekt	Übersetzung
hacer	*hecho*	gemacht
poner	*puesto*	gesetzt usw.
decir	*dicho*	gesagt
ver	*visto*	gesehen
escribir	*escrito*	geschrieben
abrir	*abierto*	geöffnet
romper	*roto*	gebrochen
volver	*vuelto*	gedreht
cubrir	*cubierto*	bedeckt

El participio pasado se usa también
[el parti'θipio pa'sado se 'usa tam'bjen]
Das Partizip Perfekt wird auch verwendet,

para formar los tiempos compuestos de los verbos.
['para for'mar los 'tjempos kompu'estos de los 'verbos]
um die zusammengesetzten Zeitformen der Verben zu bilden.

Aquí, por ejemplo, tienen el pasado compuesto de *estar:*
[a'ki, por e'chemplo, 'tjenen el pa'sado kompu'esto de e'star]
Hier haben Sie z. B. das zusammengesetzte Perfekt von *estar* („sein"):

¿Ha estado Ud. aquí antes?
[ha e'stado u'ste a'ki 'antes?]
Sind Sie schon einmal hier gewesen?

No, nunca he estado aquí.
[no, 'nunka e e'stado a'ki]
Nein, ich bin noch nie hier gewesen.

Hemos estado esperando mucho tiempo.
['emos e'stado espe'rando 'mutscho 'tjempo]
Wir haben lange gewartet.

¿Dónde han estado últimamente?
['donde an e'stado 'ultima'mente?]
Wo sind Sie zuletzt gewesen?

Das zusammengesetzte Perfekt
Das spanische zusammengesetzte Perfekt entspricht zu großen Teilen dem deutschen, z. B. in Wendungen wie „hat gesprochen“, „hat gesehen“ usw.
Allerdings wird es im Spanischen fast immer mit *haber* als Hilfsverb gebildet, auch wenn im Deutschen „sein“ als Hilfsverb verwendet wird:

he caminado	ich bin gegangen
has caminado	du bist gegangen
ha caminado	er, sie, es ist gegangen
hemos caminado	wir sind gegangen
han caminado	sie sind gegangen

Beachten Sie, daß *haber* im Sinne von „haben“ nie allein verwendet wird – um „haben“ im Sinne von „besitzen“ auszudrücken, wird *tener* benutzt:

„Hast du ein Auto?“ – *Tienes un coche?*

Der einzige Fall, in dem *haber* allein verwendet wird, die Form *hay* (als Variante von *ha*) in der Bedeutung von „es gibt“, „da ist“ usw.

Aquí hay unos ejemplos del pasado compuesto
[a‘ki ‘ai ‘unos e‘chemplos del pa‘sado kompu‘esto]
Hier sind einige Beispiele für das zusammengesetzte Perfekt

de los verbos que terminan en *–ar:*
[de los ‘verbos ke ter‘minan en ar:]
der Verben, die auf *-ar* enden:

Yo nunca he estado aquí antes.
[jo ‘nunka e e‘stado a‘ki ‘antes]
Ich bin hier noch nie zuvor gewesen.

¿Has terminado el trabajo?
[as termi‘nado el tra‘bacho?]
Hast du die Arbeit beendet?

¿Ha llamado alguien esta mañana?
[a ja‘mado ‘algjen ‘esta man‘jana?]
Hat heute morgen jemand angerufen?

No hemos llegado todavía.
[no 'emos je'gado toda'via]
Wir sind noch nicht angekommen.

¿Han comprado sus billetes de regreso?
[an kom'prado sus bi'jetes de re'greso?]
Haben Sie (Plural!) Ihre Rückfahrscheine gekauft?

Para la segunda y tercera conjugaciones
['para la se'gunda i ter'θera konchuga'θjones]
Für die zweite und dritte Konjugation

el participio pasado termina en *-ido*,
[el parti'θipio pa'sado ter'mina en 'ido]
endet das Partizip Perfekt auf *–ido*,

excepto algunos verbos como: *hacer, poner, decir, ver,*
[ek'θepto al'gunos 'verbos 'komo a'θer, po'ner, de'θir, ver]
mit Ausnahme einiger Verben wie: *hacer, poner, decir, ver,*

escribir, abrir, y *romper*,
[eskri'bir, a'brir i rom'per]
escribir, abrir und *romper*,

cuyos participios pasados son:
['kujos parti'θipios pa'sados son:]
deren Partizipien Perfekt lauten:

hecho, puesto, dicho, visto,
['etscho, pu'esto, 'ditscho]
hecho, puesto, dicho, visto,

escrito, abierto, y *roto.*
[e'skrito, a'bjerto i 'roto]
escrito, abierto und *roto.*

Algunos ejemplos:
[al'gunos e'chemplos:]
Einige Beispiele:

¿Cuánto tiempo ha vivido aquí?
[ku'anto 'tjempo a vi'vido a'ki?]
Wie lange haben Sie hier gelebt?

He vivido aquí ocho meses.
[e vi'vido a'ki 'otscho 'meses]
Ich habe hier acht Monate gelebt.

¿Ha leído *Don Quichote*?
[a le'ido don ki'chote?]
Haben Sie *Don Quichote* gelesen?

Sí, lo he leído.
[si, lo e le'ido]
Ja, den habe ich gelesen.

Las siguientes frases
[las sig'jentes 'frases]
Die folgenden Wendungen

pueden ser de utilidad en un viaje:
[pu'eden ser de utili'dad en un vi'ache:]
können auf einer Reise von Nutzen sein:

¿Ha venido el auto?
[a ve'nido el 'auto?]
Ist das Auto angekommen?

¿Ha salido el tren para Rosario?
[a sa'lido el tren 'para ro'sario?]
Ist der Zug nach Rosario abgefahren?

¿Qué ha sucedido?
[ke a suθe'dido?]
Was ist passiert?

¿Por qué hemos parado?
[por ke 'emos pa'rado?]
Warum haben wir angehalten?

Mi equipaje no ha llegado todavía.
[mi eki'pache no a je'gado toda'via]
Mein Gepäck ist noch nicht angekommen.

He perdido una maleta negra.
[e per'dido 'una ma'leta 'negra]
Ich habe einen schwarzen Koffer verloren.

Alguien se ha llevado mi abrigo
['algjen se a je'vado mi a'brigo]
Jemand hat meinen Mantel genommen,

probablemente por equivocación.
[probable'mente por ekivoka'θjon]
wahrscheinlich aufgrund einer Verwechslung.

El participio pasado también se emplea
[el parti'θipio pa'sado tam'bjen se em'plea]
Das Partizip Perfekt wird auch verwendet

con los verbos *ser* y *estar*.
[kon los 'verbos ser i e'star]
mit den Verben *ser* (beschreibendes „sein") und *estar* (örtliches „sein").

Estos ejemplos pueden ser útiles
['estos e'chemplos pu'eden ser 'utiles]
Diese Beispiele können nützlich sein,

cuando Ud. visita museos
[ku'ando u'ste vi'sita mu'seos]
wenn Sie Museen besuchen

u otros lugares históricos:
[u 'otros lu'gares hi'storikos:]
oder andere historische Orte:

¿Está abierto el museo hoy?
[e'sta a'bjerto el mu'seo 'oi?]
Ist das Museum heute geöffnet?

¿Cuándo fue construido esto?
[ku'ando fu'e konstru'ido 'esto?]
Wann ist dieses erbaut worden?

¿Fue pintado este cuadro por Murillo?
[fu'e pin'tado 'este ku'adro por mu'rijo?]
Ist dieses Bild von Murillo gemalt worden?

¿En qué siglo fue descubierta Suramérica?
[en ke 'siglo fu'e desku'bjerta sura'merika?]
In welchem Jahrhundert ist Südamerika entdeckt worden?

BEISPIELUNTERHALTUNG: WAS IM BÜRO PASSIERTE

UNA SECRETARIA:
['una sekre'taria:]
EINE SEKRETÄRIN:

Bienvenido, señor Jaramillo.
['bjenve'nido, sen'jor chara'mijo]
Willkommen, Señor Jaramillo.

Le hemos extrañado mucho.
[le 'emos estran'jado 'mutscho.
Wir haben Sie sehr vermißt.

EL JEFE:
[el 'chefe:]
DER CHEF:

Gracias. ¿Qué ha sucedido durante mi ausencia?
['graθias. ke a suθe'dido du'rante mi au'senθia?]
Danke. Was ist während meiner Abwesenheit passiert?

LA SECRETARIA:

Bueno, vamos a ver.
[bu'eno 'vamos a ver]
Nun, mal sehen.

Esta semana los vendedores han vendido dos camiones,
['esta se'mana los vende'dores an ven'dido dos kami'ones]
Diese Woche haben die Verkäufer zwei Lastwagen verkauft,

siete camionetas y una motocicleta.
['sjete kamio'netas i 'una motoθi'kleta]
sieben Lieferwagen und ein Motorrad.

Han pasado el total de ventas del mes pasado.
[an pa'sado el to'tal de 'ventas del mes pa'sado]
Sie haben den Gesamtverkauf des letzten Monats übertroffen.

EL JEFE:

¡No me diga!
[no me ‘diga!]
Was Sie nicht sagen!

Was Sie nicht sagen!
¡No me diga! – wörtlich „Sagen Sie es mir nicht!“ – ist eine Redewendung, die im Deutschen mit „Was Sie nicht sagen!“ oder „Sagen Sie bloß!“ wiedergegeben werden kann.

¿Ha completado todas las facturas
[a komple‘tado ‘todas las fak‘turas]
Haben Sie alle Rechnungen fertiggemacht

para estas ventas?
[‘para ‘estas ‘ventas?]
für diese Verkäufe?

LA SECRETARIA:

Desde luego.
[‘desde lu‘ego]
Natürlich.

También he despositado los cheques
[tam‘bjen e desposi‘tado los ‘tschekes]
Ich habe auch die Schecks

y el efectivo en el banco cada día.
[i el efek‘tivo en el ‘banko ‘kada ‘dia]
und das Bargeld jeden Tag auf der Bank eingezahlt.

EL JEFE:

Veo que Ud.
[‘veo ke u‘ste]
Ich sehe, daß Sie

ha trabajado bastante
[a traba‘chado ba‘stante]
viel gearbeitet haben

en estos días.
[en 'estos 'dias]
während dieser Tage.

LA SECRETARIA:
¡Ya lo creo!
[ja lo 'kreo!]
Allerdings!

¡Ya lo creo!
Die wörtliche Bedeutung von *Ya lo creo* ist „Das glaube ich schon" – die entprechende deutsche Redewendung ist etwa „Das kann man wohl sagen" oder „Allerdings".

No he salido de la oficina
[no e sa'lido de la ofi'θina]
Ich habe das Büro nicht verlassen

hasta las siete o las ocho
['asta las 'sjete o las 'otscho]
vor sieben oder acht Uhr

en toda la semana.
[en 'toda la se'mana]
während der ganzen Woche.

EL JEFE
¿La señorita Hernández
[la senjo'rita er'nandeθ]
Señorita Hernández

no la ha ayudado?
[no la a aju'dado?]
hat Ihnen nicht geholfen?

LA SECRETARIA:
No, no ha venido
[no, no a ve'nido]
Nein, sie ist nicht gekommen

los tres últimos días.
[los tres ‘ultimos ‘dias]
die letzten drei Tage.

Ha estado enferma.
[a e‘stado en‘ferma]
Sie war krank.

EL JEFE:

Lo siento. Dígame,
[lo ‘sjento. ‘digame]
Das tut mir leid. Sagen Sie,

la nueva recepcionista,
[la nu‘eva reθepθjo‘nista]
die neue Empfangsdame,

¿ha estado trabajando bien?
[a e‘stado traba‘chando ‘bjen?]
hat sie gut gearbeitet?

LA SECRETARIA:

Bueno, a decir verdad,
[bu‘eno, a de‘θir ver‘dad]
Nun, um die Wahrheit zu sagen,

ha llegado tarde cada mañana
[a je‘gado ‘tarde ‘kada man‘jana]
sie ist jeden Morgen zu spät gekommen,

y además
[i ade‘mas]
und außerdem

ha pasado la mayor parte del día
[a pa‘sado la ma‘jor ‘parte del ‘dia]
hat sie den größten Teil des Tages damit zugebracht,

charlando por teléfono.
[tschar‘lando por te‘lefono]
am Telefon zu plaudern.

EL JEFE:

A propósito,
[a pro'posito]
A propos,

¿ha habido llamadas importantes para mí?
[a a'bido ja'madas impor'tantes 'para mi?]
gab es wichtige Anrufe für mich?

LA SECRETARIA:

Hemos llevado una lista.
['emos je'vado 'una 'lista]
Wir haben eine Liste geführt.

Una señorita Gloria
['una senjo'rita 'gloria]
Ein Fräulein Gloria

le ha llamado varias veces.
[la a ja'mado 'varias 'veθes]
hat Sie mehrere Male angerufen.

Dejó su número
[de'cho su 'numero]
Sie hat ihre Nummer hinterlassen,

pero no quiso dejar su apellido.
['pero no 'kiso de'char su ape'jido]
aber wollte nicht ihren Nachnamen hinterlassen.

EL JEFE:

¡Ah, sí! Creo que sé quién es.
[a si! 'kreo ke se kjen es]
Ach ja! Ich glaube, ich weiß, wer sie ist.

¿Dónde ha puesto mis recados?
['donde a pu'esto mis re'kados?]
Wo haben Sie meine Nachrichten hingelegt?

LA SECRETARIA:

En la gaveta de su escritorio.
[en la ga'veta de su eskri'torio]
In der Schublade Ihres Schreibtisches.

Está cerrada con llave.
[e'sta θe'rrada kon 'jave]
Sie ist abgeschlossen.

EL JEFE:

Ha sido Ud. muy discreta, señorita Valdés.
[a 'sido u'ste 'mui dis'kreta, senjo'rita val'des]
Sie sind sehr diskret gewesen, Fräulein Valdés.

Y, como ha trabajado tanto,
[i 'komo a traba'chado 'tanto]
Und weil Sie so viel gearbeitet haben,

he decidido
[e deθi'dido]
habe ich beschlossen,

darle el aumento de sueldo
['darle el au'mento de su'eldo]
Ihnen die Gehaltserhöhung zu geben,

del cual hemos hablado antes.
[del ku'al 'emos a'blado 'antes]
über die wir schon einmal gesprochen haben.

LA SECRETARIA:

¿De verdad? Mil gracias, jefe.
[de ver'dad? mil 'graθias, 'chefe]
Wirklich? Tausend Dank, Chef!

TESTEN SIE IHR SPANISCH

Vervollständigen Sie die Sätze, indem Sie die deutschen Wörter ins Spanische übersetzen. Vergleichen Sie die Antworten unten. Berechnen Sie zehn Punkte für jede richtige Antwort.

1. Podemos entrar – la tienda está __________ .
   (geöffnet)
2. No está __________ fumar aquí.
   (erlaubt)
3. El cuadro ya esta __________ .
   (verkauft)
4. ¿ ______________ este letrero?
   (Haben Sie gesehen)
5. No lo conozco – yo ________________ allí.
   (bin nicht gewesen)
6. ¿ _______________ el trabajo?
   (Haben sie getan)
7. El Quijote __________________ por Cervantes.
   (wurde geschrieben)
8. ¿Qué _____________ aquí?
   (ist passiert)
9. ¿ _______________ la lección?
   (Haben wir beendet)
10. No podemos venderlo porque ____________ .
    (es ist kaputt)

Antworten: 1. abierta 2. permitido 3. vendido 4. Ha visto 5. no he estado 6. han hecho 7. fue escrito 8. ha pasado 9. hemos terminado 10. está roto

Ergebnis ___ %

step 21 DAS IMPERFEKT

Cuando empleamos expresiones como
[ku'ando emple'amos espre'sjones 'komo]
Wenn wir Ausdrücke verwenden wie

Mi padre siempre decía...
[mi 'padre 'sjempre de'θia...]
Mein Vater sagte immer...

o „Cuando yo era joven..."
[o ku'ando jo 'era 'choven...]
oder „Als ich jung war..."

o „Cuando vivíamos en Cuba..."
[o ku'ando vi'viamos en 'kuba]
oder „Als wir in Kuba lebten..."

o „Cuando estábamos en el colegio..."
[o ku'ando e'stabamos en el ko'lechio...]
oder „Als wir in der Schule waren...

y otras cosas expresando acciones repetidas
[o 'otras 'kosas espre'sando ak'θjones repe'tidas]
und andere Dinge, die wiederholte Vorgänge ausdrücken

o continuadas en el pasado
[o kontinu'adas en el pa'sado]
oder solche, die in der Vergangenheit andauerten,

usamos el tiempo imperfecto.
[u'samos el 'tjempo imper'fekto]
verwenden wir das Imperfekt.

El imperfecto

Das Imperfekt ist im Deutschen heutzutage fast nur noch als „Erzählzeit" gebräuchlich. Im Spanischen wird diese Zeitform immer dann verwendet, wenn man von etwas berichtet, das sich in der Vergangenheit abgespielt hat, sei es eine sich länger hinziehende Handlung oder auch ein punktuelles Ereignis. Wie Sie unseren Beispielen entnehmen können, wird das Imperfekt auch benutzt, um etwas Anekdotenhaftes zu erzählen.

Para formar el imperfecto de la primera conjugación
['para for'mar el imper'fekto de la pri'mera konchuga'θjon]
Um das Imperfekt der ersten Konjugation zu bilden,

acuérdese de la combinación *-aba*
[aku'erdese de la kombina'θjon 'aba]
erinnern Sie sich an die Endung *-aba*

Endung der 1. Konjugation: *-aba*

Die Imperfekt-Endungen der 1. Konjugation können Sie an der Buchstabengruppe *-aba* erkennen, wie sie z. B. im Imperfekt von *tomar* („nehmen") auftritt:

tomaba, tomabas, tomábamos, tomaban.

Yo, Ud., él und *ella* haben die gleiche Form. Das Verb *ir* („gehen") folgt im Imperfekt der 1. Konjugation:

iba, ibas, íbamos, iban.

y para la segunda y tercera conjugaciones
[i 'para la se'gunda i ter'θera konchuga'θjones]
und für die zweite und die dritte Konjugation

acuérdese de la combinación *-ía*
[aku'erdese de la kombina'θjon 'ia]
erinnern Sie sich an die Endung *-ía.*

2. und 3. Konjugation: ***-ía***

Die Imperfekt-Endungen für die 2. und 3. Konjugation sind gleich. Der wesentliche Laut ist *-ía*, der, wie Sie sich erinnern werden, derselbe ist wie in den Konditional-Endungen, diesmal aber direkt an den Wortstamm des Verbs angehängt wird. So lautet das Imperfekt von *vivir* z. B.

vivía, vivías, vivíamos, vivían.

Die einzige Ausnahme in der 2. Konjugation ist das Verb *ser* („wissen"), das im Imperfekt lautet:

era, eras, éramos, eran.

El imperfecto se usa para contar cuentos, recuerdos.
[el imper'fekto se 'usa 'para kon'tar ku'entos, reku'erdos]
Das Imperfekt wird benutzt, um Geschichten und Erinnerungen zu erzählen.

Cuando yo era joven
[ku'ando jo 'era 'choven]
Als ich jung war,

y vivíamos en Santa Clara,
[i vi'viamos en 'santa 'klara]
und wir in Santa Clara lebten,

había una costumbre interesante
[a'bia 'una ko'stumbre intere'sante]
gab es einen interessanten Brauch,

que tenía lugar por las noches
[ke te'nia lu'gar por las 'notsches]
der an den Abenden stattfand

en la plaza principal.
[en la 'plaθa prinθi'pal]
auf dem Hauptplatz.

Mientras la banda militar
['mjentras la 'banda mili'tar]
Während die Militärkapelle

tocaba en el centro
[to'kaba en el 'θentro]
in der Mitte spielte,

las chicas solían
[las 'tschikas so'lian]
pflegten die Mädchen

pasear en parejas o en grupos alrededor de la plaza
[pase'ar en pa'rechas o en 'grupos alrede'dor de la 'plaθa]
paarweise oder in Gruppen um den Platz zu gehen

en un sentido,
[en un sen'tido]
in einer Richtung,

mientras que los chicos
['mjentras ke los 'tschikos]
während die Jungen

daban la vuelta en el sentido contrario.
['daban la vu'elta en el sen'tido kon'trario]
die Runde in der entgegengesetzten Richtung gingen.

O se quedaban parados
[o se ke'daban pa'rados]
Oder sie blieben stehen

mirando a las chicas pasar.
[mi'rando a las 'tschikas pa'sar]
und schauten den vorübergehenden Mädchen zu.

Así es que en su vuelta
[a'si es ke en su vu'elta]
So ergab es sich, daß auf ihrer Runde

todos los muchachos
['todos los mu'tschatschos]
alle Jungen

veían pasar a todas las muchachas
[ve'ian pa'sar a 'todas las mu'tschatschas]
alle Mädchen vorbeigehen sahen

Gewohnheit
Veían ist hier übersetzt mit „sahen“, obwohl es ebenso gut mit „zu sehen pflegten“ übersetzt werden könnte. Die Hauptsache ist, daß aus dem Zusammenhang klar wird, daß es sich um eine Gewohnheit handelt, die sich mehrmals wiederholte.

repetidas veces.
[repe‘tidas ‘veθes]
mehrere Male.

Si una muchacha
[si ‘una mu‘tschatscha]
Wenn ein Mädchen

respondía a una sonrisa o a un saludo
[respon‘dia a ‘una son‘risa o a un sa‘ludo]
ein Lächeln oder einen Gruß erwiderte,

el joven cambiaba de rumbo
[el ‘choven kambi‘aba de ‘rumbo]
änderte der junge Mann die Richtung

y continuaba con esa señorita
[i kontinu‘aba kon ‘esa senjo‘rita]
und setzte (sie) mit dieser Señorita fort,

paseando en el sentido contrario.
[pase‘ando en el sen‘tido kon‘trario]
wobei sie in umgekehrter Richtung gingen.

Así se formaban parejas
[a‘si se for‘maban pa‘rechas]
So pflegten sich Paare zu bilden,

y si las mismas parejas
[i si las ‘mismas pa‘rejas]
und wenn die gleichen Paare

continuabam paseando juntas varias noches
[kontinu'aban pase'ando 'chuntas 'varias 'notsches]
für einige Abende weiter zusammen gingen,

la gente consideraba que eran novios.
[la 'chente konside'raban ke 'eran 'novios]
betrachtete man sie als verlobt.

Novio – novia

Das Wort *novio* (feminin: *novia*) bedeutet „Verlobter" bzw. „Verlobte", offiziell oder, wie in diesem Fall, halb-offiziell. Der Begriff für „verlobt mit Heiratsversprechen" ist *comprometido*, was wörtlich „versprochen" heißt.

Las cosas han cambiado
[las 'kosas an kambi'ado]
Die Dinge haben sich geändert

desde entonces, ¿verdad?
['desde en'tonθes, ver'da?]
seit damals, nicht wahr?

El imperfecto se usa
[el imper'fekto se 'usa]
Das Imperfekt wird verwendet,

para expresar una acción continuada
['para espre'sar 'una ak'θjon kontinu'ada]
um eine andauernde Handlung auszudrücken,

interrumpida por una acción terminada: –
[interrum'pida por 'una ak'θjon termi'nada]
die durch eine zeitlich begrenzte Handlung unterbrochen wird: –

Estaba dormido de lo más tranquilo
[e'staba dor'mido de lo mas tran'kilo]
Ich schlief gerade ganz ruhig,

cuando sonó el teléfono.
[ku'ando so'no el te'lefono]
als das Telefon schellte.

Era ese idiota de Gómez
[‘era ‘esa idi‘ota de ‘gomeθ]
Es war dieser Idiot von Gómez,

que quería saber el número de Gloria Hernández.
[ke ke‘ria sa‘ber el ‘numero de ‘gloria er‘nandeθ]
der die Nummer von Gloria Hernández wissen wollte.

Yo le dije que no me gustaba
[jo le ‘diche ke no me gu‘staba]
Ich sagte ihm, daß es mir nicht gefalle,

tener que contestar el teléfono
[te‘ner ke konte‘star el te‘lefono]
das Telefon beantworten zu müssen

cuando dormía.
[ku‘ando dor‘mia]
während ich schlafe.

Unterbrochene Handlung
Eine weitere wichtige Verwendung des Imperfekt ist die erzählerische Verdeutlichung von Ereignissen, die eintreten, während andere Handlungen ablaufen. Ein Beispiel ist der plötzliche Telefonanruf, der sich ereignete, während der Erzähler schlief.

BEISPIELUNTERHALTUNG: EIN FAMILIENTREFFEN

ÉL:
[el:]
ER:

Al visitar a mis abuelos
[al visi'tar a mis abu'elos]
Wenn wir meine Großeltern besuchen

Al und der Infinitiv
Das zusammengezogene Wort *al* in Verbindung mit dem Infinitiv eines Verbs kann man übersetzen mit „wenn", der dazugehörige Infinitiv muß in der Übersetzung dann dem jeweiligen Sinnzusammenhang angepaßt werden. *Al visitar* könnte auch übersetzt werden mit „als ich (du, er usw.) besuchte". In unserem Fall haben wir es als Gegenwart übersetzt, weil der Besuch noch nicht stattgefunden hat.

La cortesia (Höflichkeit)
Wenn Sie als Gast in ein spanisches Haus kommen, werden Ihre Gastgeber möglicherweise irgendwann zu Ihnen sagen: *Está Ud. en su casa* – „Sie sind in Ihrem (eigenen) Haus." Auch wenn Sie Bewunderung für etwas zeigen, wird man Ihnen sagen *Es suyo* – „Es gehört Ihnen" – und versuchen, es Ihnen zu schenken.

sin duda encontrarás
[sin 'duda enkontra'ras]
wirst du bestimmt bemerken,

qué hablarán mucho de mí.
[ke abla'ran 'mutscho de mi]
daß sie viel über mich sprechen werden.

Contarán cómo era cuando niño
[konta'ran 'como 'era ku'ando 'ninjo]
Sie werden erzählen, wie ich als Junge war

y todo lo que hacía
[i 'todo lo que a'θia]
und alles, was ich gemacht habe,

cuando era joven.
[ku'ando 'era 'choven]
als ich jung war.

ELLA:
['eja:]
SIE:

Eso tendría que ser interesantísimo.
['eso ten'dria ke ser interesan'tisimo]
Das dürfte sehr interessant sein.

[...]

LA ABUELA:
[la abu'ela:]
DIE GROSSMUTTER:

Pablo siempre pasaba los veranos
['pablo 'sjempre pa'saba los ve'ranos]
Pablo verbrachte die Sommer immer

en nuestra finca.
[en nu'estra 'finka]
in unserem Landhaus.

Finca, rancho, hacienda
Finca ist ein Wort von vielen für „Farm" oder „Landbesitz". Andere sind *rancho*, *granja*, *hacienda* und *estancia*, wobei die beiden letzten eher ein größeres, ausgedehntes Gelände bezeichnen.

Era un muchacho buen mozo
['era un mu'tschatscho bu'en 'moθo]
Er war ein hübscher Junge

y muy inteligente
[i 'mui inteli'chente]
und sehr intelligent

pero nos daba mucho que hacer.
['pero nos 'daba 'mutscho ke a'θer]
aber er machte uns viel Ärger.

EL ABUELO:
[el abu'elo]
DER GROSSVATER:

Salía a caballo
[sa'lia a ka'bajo]
Er ritt aus

sin decirnos adónde iba.
[sin de'θirnos a'donde 'iba]
ohne uns zu sagen, wohin er ging.

LA ABUELA:

A veces regresaba
[a 'veθes regre'saba]
Manchmal kam er zurück

muy tarde de noche.
['mui 'tarde de 'notsche]
sehr spät am Abend.

EL ABUELO:

Siempre le encantaban las corridas.
['sjempre le enkan'taban las ko'rridas]
Er war immer begeistert von den Stierkämpfen.

Decía que quería llegar a ser matador
[de'θia ke ke'ria je'gar a ser mata'dor]
Er sagte, daß er Stierkämpfer werden wollte

algún día.
[al'gun 'dia]
eines Tages.

LA ABUELA:

Imagínese, una vez
[ima'chinese, 'una veθ]
Stellen Sie sich vor, einmal

¡Figúrese!

Imaginarse und *figurarse* bedeuten beide „sich vorstellen". Sie werden oft in den Ausrufen *¡Imagínese!* und *¡Figúrese!* gebraucht, im Sinne von „Stellen Sie sich vor!"

que lo buscábamos por todas partes
[ke lo bus'kabamos por 'todas 'partes]
als wir ihn überall gesucht haben,

lo encontramos en el corral.
[lo enkon'tramos en el co'rral]
fanden wir ihn auf der Weide.

Estaba jugando a torero
[e'staba chu'gando a to'rero]
Er spielte gerade Torero

Die Verlaufsform

Das Imperfekt kann, wie andere Zeiten, die Verlaufsform benutzen, um eine Erzählung zu beleben. In diesem Fall steht das Verb im Partizip Präsens und das Hilfsverb *(estar)* im Imperfekt.

con los novillos.
[kon los no'vijos]
mit den Kälbern.

EL ABUELO:

Era muy travieso pero valiente.
['era 'mui travi'eso 'pero vali'ente]
Er war sehr waghalsig, aber mutig.

No tenía miedo de nada.
[no te'nia 'mjedo de 'nada]
Er hatte vor nichts Angst.

LA ABUELA:
Al salir él para los Estados Unidos
[al sa'lir el 'para los e'stados u'nidos]
Als er nach den Vereinigten Staaten abreiste

pensábamos
[pen'sabamos]
dachten wir,

que iba a hacer sólo una corta visita
[ke 'iba a a'θer 'solo 'una 'korta vi'sita]
daß er nur für einen kurzen Besuch fortginge

Solo – sólo
Solo ohne Akzent bedeutet „allein", aber *sólo* mit Akzent bedeutet „nur", „bloß". Beide Wörter werden gleich ausgesprochen.

y que debía regresar pronto.
[i que de'bia regre'sar 'pronto]
und daß er bald zurückkehren werde.

Desde luego no sabíamos
['desde lu'ego no sa'biamos]
Natürlich wußten wir nicht,

que iba a casarse
[ke 'iba a ka'sarse]
daß er sich verheiraten würde

con una americana.
[kon 'una ameri'kana]
mit einer Amerikanerin.

EL ABUELO:
¡Y con una americana tan encantadora!
[i kon 'una ameri'kana tan enkanta'dora!]
Und mit einer so bezaubernden Amerikanerin!

Siempre queríamos conocerla en persona.
['sjempre ke'riamos kono'θerla en per'sona]
Wir wollten Sie immer persönlich kennenlernen.

LA ABUELA:

Vengan, mis hijos.
['vengan, mis 'ichos]
Kommt, meine Kinder.

Está servida la comida.
[e'sta ser'vida la ko'mida]
Das Essen ist serviert.

Al saber la cocinera
[al sa'ber la koθi'nera]
Als die Köchin erfuhr

que Pablo venía
[ke 'pablo ve'nia]
daß Pablo kommt,

preparó un cocido.
[prepa'ro un ko'θido]
hat sie ein Cocido (Eintopf) zubereitet.

A Pablo le gustaba tanto
[a 'pablo le gu'staba 'tanto]
Pablo hat es so gerne gemocht

cuando era niño.
[ku'ando 'era 'ninjo]
als er ein Junge war.

[...]

ELLA:

Bueno, me enteré de muchas cosas
[bu'eno, me ente're de 'mutschas 'kosas]
Nun, ich habe viele Dinge erfahren

acerca de ti y de tus hazañas
[a'θerka de ti i de tus a'θanjas]
über dich und deine Heldentaten

que no conocía antes.
[ke no kono'θia 'antes]
von denen ich vorher nichts wußte.

Pero, ¡dime tu!
['pero 'dime tu]
Aber sag' mir:

¿Cómo voy a preparar un cocido?
['komo 'voi a prepa'rar un ko'θido?]
Wie bereite ich ein Cocido zu?

TESTEN SIE IHR SPANISCH

Verbinden Sie diese Sätze. Vergleichen Sie die Lösungen unten. Berechnen Sie zehn Punkte für jede richtige Antwort.

1. Ich pflegte zu singen.	A Vivían aquí.
2. Du hast getanzt.	B Había una chica allí.
3. Sie lebten hier.	C Dormía cuando él llamó.
4. Wir gingen dort hin.	D Había parejas bailando.
5. Ich kannte ihn.	E Eran las dos cuando llegué.
6. Dort war ein Mädchen.	F Cantaba.
7. Ich schlief gerade, als er anrief.	G Tenía cinco años cuando fuí al colegio.
8. Es war zwei Uhr, als ich ankam.	H Lo conocía.
9. Ich war fünf, als ich zur Schule ging.	I Bailaba.
10. Dort waren Paare beim Tanz.	J Íbamos allí.

Antworten: 1–F; 2–I; 3–A; 4–J; 5–H; 6–B; 7–C; 8–E; 9–G; 10–D

Ergebnis: _____ %

step 22 PLUSQUAMPERFEKT UND FUTUR 2

Las formas del imperfecto de *haber*,
[las 'formas del imper'fekto de a'ber]
Die Imperfekt-Formen von *haber* („haben"),

había, habías, habíamos y *habían*,

se combinan
[se kom'binan]
werden kombiniert

con el participio pasado
[kon el parti'θipio pa'sado]
mit dem Partizip Perfekt

para formar otro tiempo,
['para for'mar 'otro 'tjempo]
um eine andere Zeit zu bilden,

el pluscuamperfecto.
[el pluskuamper'fekto]
das Plusquamperfekt.

Ein langer Name – eine einfache Zeitform!
Diese Zeitform, das *pluscuamperfecto* (vergangenes Perfekt), hat einen Namen, der beinahe länger ist als die Zeit, die man benötigt, um sie zu erklären. Sie entspricht dem deutschen „war gegangen", „hatte gesehen", „hatte gehört", „war gekommen" und wird immer mit dem Imperfekt von *haber* als Hilfsverb und dem Partizip Perfekt des jeweiligen Verbs gebildet.

Ejemplos:
[e'chemplos:]
Beispiele:

Cuando llegamos a la estación
[ku'ando je'gamos a la esta'θjon]
Als wir am Bahnhof ankamen,

el tren ya había partido.
[el tren ya a'bia par'tido]
war der Zug schon abgefahren.

Ya nos habíamos acostado
[ja nos a'biamos ako'stado]
Wir waren schon zu Bett gegangen,

cuando Victor vino de visita.
[ku'ando 'viktor 'vino de vi'sita]
als Viktor zu Besuch kam.

Anoche cuando fui a tu casa
[a'notsche ku'ando fui a tu 'kasa]
Gestern abend, als ich zu deinem Haus ging,

me dijeron que habías salido con otro.
[me di'cheron ke a'bias sa'lido kon 'otro]
sagten sie mir, daß du mit jemand anderem fortgegangen warst.

Antes de ver a los españoles
['antes de ver a los espan'joles]
Bevor sie die Spanier sahen,

los aztecas nunca habían
[los aθ'tekas 'nunka a'bian]
hatten die Azteken noch nie

visto a hombres blancos.
['visto a 'ombres 'blankos]
weiße Menschen gesehen.

La siguiente narración mostrará claramente
[la si'gjente narra'θjon mostra'ra klara'mente]
Die folgende Erzählung wird deutlich zeigen,

cómo se usa este tiempo
['komo se 'usa 'este 'tjempo]
wie diese Zeit verwendet wird

en la conversación:
[en la konversa'θjon:]
in der Unterhaltung:

Ya habíamos terminado la cena
[ja ha'biamos termi'nado la 'θena]
Wir hatten schon das Abendessen beendet,

y estábamos en la sala
[i e'stabamos en la 'sala]
und wir waren im Wohnzimmer,

cuando de repente oímos un grito
[ku'ando de re'pente o'imos un 'grito]
als wir plötzlich einen Schrei hörten,

que venía del jardín.
[ke ve'nia del char'din]
der aus dem Garten kam.

Al salir fuera encontramos
[al sa'lir fu'era enkon'tramos]
Als wir herausgingen, fanden wir,

que la sirvienta que estaba allí
[ke la sir'vjenta ke e'staba a'ji]
daß die Dienerin, die dort war,

había visto una sombra detrás de un árbol
[a'bia 'visto 'una 'sombra de'tras de un 'arbol]
einen Schatten hinter einem Baum gesehen hatte

y creía que era un intruso
[i kre'ia ke 'era un in'truso]
und dachte, es sei ein Eindringling,

que había subido por la pared
[ke a'bia su'bido por la pa're]
der auf die Mauer geklettert sei

y que iba a entrar en la casa.
[i ke 'iba a en'trar en la 'kasa]
und der dabei sei, das Haus zu betreten.

Verschiedene Handlungsstufen
Die kleine Szene illustriert die Beziehungen, die zwischen den verschiedenen Stufen der Vergangenheit bestehen können: Das Imperfekt beschreibt den Rahmen, innerhalb dessen sich etwas in der Vergangenheit abspielte; der plötzliche Schrei steht in der normalen Vergangenheitsform, weil er sich plötzlich ereignete; und die Tatsache, daß daß Mädchen gedacht *hatte*, daß sie einen Einbrecher gesehen habe, wird natürlich im Plusquamperfekt erzählt.

¡Socorro!
Anläßlich der „gefährlichen" Situation – hier einige wichtige Ausrufe für Gefahrensituationen:

Hilfe! – *¡Socorro!*
Feuer! – *¡Fuego!*
Aufpassen! – *¡Cuidado!*
Schnell! – *¡Rápido!*
Haltet den Dieb! – *¡Al ladrón!*
Dort läuft er (sie)! – *¡Allí va!*
Halt! – *¡Alto!*

La pobrecita tenía mucho miedo
[la pobre'θita te'nia 'mutscho 'mjedo]
Die arme Kleine war sehr verängstigt

y aunque le asegurábamos
[i a'unke le asegu'rabamos]
und obwohl wir ihr versicherten,

que no había nadie allí
[ke no a'bia 'nadje a'ji]
daß dort niemand war,

seguía de lo más nerviosa.
[se'gia de lo mas nervi'osa]
blieb sie äußerst nervös.

Parece que había leído un articulo en la prensa
[pa'reθe ke a'bia le'ido un ar'tikulo en la 'prensa]
Anscheinend hatte sie einen Artikel in der Presse gelesen

sobre un ladrón que entraba en las casas de noche
['sobre un la'dron ke en'traba en las 'kasas de 'notsche]
über einen Räuber, der nachts die Häuser betrat

subiendo por las paredes de los jardines.
[sub'jendo por las pa'redes de los char'dines]
indem er über die Gartenmauern stieg.

Como el pluscuamperfecto indica una acción
['komo el pluskuamper'fekto in'dika 'una ak'θjon]
Wie das Plusquamperfekt eine Handlung anzeigt,

ya terminada en el pasado
[ja termi'nada en el pa'sado]
die schon in der Vergangenheit abgeschlossen ist,

el futuro perfecto indica una acción
[el fu'turo per'fekto in'dika 'una ak'θjon]
zeigt das Futur 2 eine Handlung an,

terminada en el futuro.
[termi'nada en el fu'turo]
die in der Zukunft abgeschlossen wird.

Se forma con el futuro de *haber*
[se 'forma kon el fu'turo de a'ber]
Es wird gebildet mit dem Futur von *haber*

y el participio pasado. Así:
[i el parti'θipio pa'sado. a'si:]
und dem Partizip Perfekt. So:

¿Cree Ud. que ya habrán terminado de comer?
['kree u'ste ke ja a'bran termi'nado de ko'mer?]
Glauben Sie, daß sie das Essen schon beendet haben werden?

Para la semana próxima
['para la se'mana 'proxima]
Bis nächste Woche

habré recibido mis notas de los exámenes finales.
[a'bre reθi'bido mis 'notas de los e'ksamenes fi'nales]
werde ich meine Noten von den Abschlußexamen erhalten haben.

Eine Handlung, die stattgefunden haben wird
Um das Futur 2 zu billden, wird das Partizip Perfekt mit der Futur-Form von *haber* kombiniert. Hier sind die fünf Formen von *recibir* („erhalten"), die der Idee von „werde erhalten haben" entsprechen:

habré recibido, habrás recibido, habrá recibido, habremos recibido, habrán recibido

En su próximo aniversario
[en su 'proximo aniver'sario]
An ihrem nächsten Hochzeitstag

habrán cumplido veinte años de casados.
[a'bran kum'plido 'veinte 'anjos de ka'sados]
werden sie zwanzig Jahre verheiratet gewesen sein.

La conversación siguiente muestra
[la konversa'θjon sig'jente mu'estra]
Die folgende Unterhaltung zeigt,

cómo este tiempo sirve
['komo 'este 'tjempo 'sirve]
wie diese Zeit dazu dient,

para expresar cosas que
['para espre'sar 'kosas ke]
Dinge auszudrücken, die

habrán ocurrido en el futuro.
[a'bran oku'rrido en el fu'turo]
in der Zukunft geschehen sein werden.

BEISPIELUNTERHALTUNG: DER ZUKÜNFTIGE FORTSCHRITT DER WISSENSCHAFTEN

FULANO:

En cien años –
[en 'θjen 'anjos]
In hundert Jahren –

¿qué cambios habrán ocurrido?
[ke 'kambios a'bran oku'rrido?]
welche Änderungen werden sich ereignet haben?

MENGANO:

Sin duda muchos
[sin 'duda 'mutschos]
Ohne Zweifel werden viele

ya habrán hecho viajes a la luna.
[ja a'bran 'etscho vi'aches a la 'luna]
schon Reisen zum Mond gemacht haben.

Habremos establecido colonias en los otros planetas.
[a'bremos estable'θido kolo'nias en los 'otros pla'netas]
Wir werden Kolonien auf den anderen Planeten gegründet haben.

***Planeta* – Planet**
Obwohl *planeta* mit einem *a* aufhört, ist es maskulin, weil es von einem griechischen maskulinen Wort abstammt.

Los cientificos habrán
[los 'θjentifikos a'bran]
Die Wissenschaftler werden

descubierto nuevos métodos de alimentación.
[desku'bjerto nu'evos 'metodos de alimenta'θjon]
neue Methoden der Ernährung entdeckt haben.

El progreso de la medicina
[el pro'greso de la medi'θina]
Der Fortschritt der Medizin

habrá prolongado la vida.
[a'bra prolon'gado la 'vida]
wird das Leben verlängert haben.

El uso de las computadoras
[el 'uso de las komputa'doras]
Der Gebrauch der Computer

habrá cambiado el sistema de educación.
[a'bra kambi'ado el si'stema de eduka'θjon]
wird das Erziehungssystem verändert haben.

ZUTANO:

Quizá. ¿Pero cree Ud.
[ki'θa. 'pero 'kree u'ste]
Möglich. Aber glauben Sie,

que habrán encontrado un medio
[ke a'bran enkon'trado un 'medio]
daß man ein Mittel gefunden haben wird,

de reducir los impuestos?
[de redu'θir los impu'estos?]
um die Steuern zu senken?

Fulano
Die drei Namen, die in unserem Gespräch auftauchen, *Fulano, Mengano, y Zutano*, sind die spanische Version der deutschen „Jan, Pit und Klaus" (oder was immer in den verschiedenen Regionen für Allerweltsnamen verwendet werden). Wenn man im Spanischen von einer Person spricht, deren Namen man nicht kennt, sagt man *Fulano*, genau wie man im Deutschen etwa sagt „Dieser Wie-heißt-er-gleich".

TESTEN SIE IHR SPANISCH

Setzen Sie die spanischen Plusquamperfekt- und Futur-2-Formen in die Lükken ein. Vergleichen Sie die Antworten unten. Berechnen Sie zehn Punkte für jede richtige Antwort.

1. Cuando llegamos al café el ______________________ .
   (war gegangen)

2. Pensaba que yo ______________________ mi cartera.
   (hatte verloren)

3. Pero un policía me llamó diciéndome que la ______________ .
   (hatte gefunden)

4. Cuando llamó a su casa le dijeron que ella __________ a Acapulco.
   (war gegangen)

5. Queríamos conocerlo porque ______________ su último libro.
   (wir hatten gelesen)

6. Ellos no sabían que yo ______________________ en España.
   (hatte gelebt)

7. Mañana él ______________________________ el cheque.
   (wird erhalten haben)

8. Dentro de dos años ellos ____________________ sus diplomas.
   (werden erhalten haben)

9. En poco tiempo los astronautas ______________ bases en la luna.
   (werden gegründet haben)

10. ¿Cuándo cree que nosotros ____________________ el trabajo?
    (werden beendet haben)

Antworten: 1. había partido 2. había perdido 3. había encontrado 4. había ido 5. habíamos leído 6. había vivido 7. habrá recibido 8. habrán recibido 9. habrán establecido 10. habremos terminado

Ergebnis: _____ %

step 23 VERWENDUNG DES SUBJUNKTIVS

El subjuntivo es fácil
[el subchun'tivo es 'faθil]
Der Subjunktiv ist einfach

porque ya sabe Ud. cómo se forma,
['porke ja 'sabe u'ste 'komo se 'forma]
weil Sie bereits wissen, wie er gebildet wird,

puesto que el verbo tiene la misma forma
[pu'esto ke el 'verbo 'tjene la 'misma 'forma]
denn das Verb hat die selbe Form

que se usa para dar órdenes:
[ke se 'usa 'para dar 'ordenes:]
die benutzt wird, um Befehle zu geben:

¡Entre! ¡Venga aquí! ¡Sientese!
['entre! 'venga a'ki! 'sjentese!]
Treten Sie ein! Kommen Sie her! Setzen Sie sich!

El subjuntivo se usa
[el subchun'tivo se 'usa]
Der Subjunktiv wird benutzt

en frases que espresan desea.
[en 'frases ke es'presan de'sea]
in Phrasen, die einen Wusch ausdrücken.

Quiéren que vayamos a la fiesta.
['kjeren ke va'jamos a la 'fjesta]
Sie möchten, daß wir zu der Party gehen.

Espero que no llueva.
[e'spero ke no ju'eva]
Ich hoffe, daß es nicht regnet.

Nos piden que lleguemos temprano
[nos ‘piden ke je‘gemos tem‘prano]
Sie bitten uns, zeitig zu kommen

y que llevemos la guitarra.
[i ke je‘vemos la gi‘tarra]
und die Gitarre mitzubringen.

El subjuntivo

Der Subjunktiv ist keine Zeitform, sondern ein Modus, der verschiedene Zeiten umfaßt. Sie haben, ohne es zu bemerken, bereits seit Step 7 den Subjunktiv benutzt, denn dies ist die Form, in der die *-ar*-Verben sich zu *-e* wandeln und die *-ir*-Verben zu *-a*. Wenn sie in der Endung der 1. Person eine *-go*-Endung haben, ändert sich diese zu *-ga*. Sie haben diese Konstruktionen zuerst als Beispiele dafür gelernt, wie man Befehle gibt, obwohl sie sehr höfliche Befehle sind; wenn Sie nämlich sagen *¡Venga!*, dann heißt das „Mögen Sie kommen!“

Der Subjunktiv ist im Spanischen so wichtig, daß Sie alles, was Sie wünschen, in dieser Zeit ausdrücken.

Das Schlüsselwort des Subjunktivs ist *que*. Es ist wie ein Signal, das Ihnen sagt, daß das nächste Verb im Subjunktiv stehen muß, das heißt: nach Ausdrücken des Wünschens, Zweifelns, Gefühls, der Ungewißheit und nach bestimmten Konjunktionen.

Eine weitere Verwendung des Subjunktivs liegt vor, wenn Sie etwas suchen, das Sie noch nicht gefunden haben:

> *Busco a una muchacha que sepa cuidar niños* – Ich suche ein Mädchen, das weiß, wie man auf Kinder aufpaßt.

Verb-Endungen im Subjunktiv
Hier sind Beispiele für die Verb-Endungen in der 1. Konjugation:

llevar: lleve, lleves, llevemos, lleven.

Wir haben nur vier Formen angegeben, weil die erste Form gleichermaßen für *yo, Ud., él* und *ella* gilt. Die Formen in der 2. und 3. Konjugation sind gleich und lauten folgendermaßen (am Beispiel von *aprender*):

aprenda, aprendas, aprendamos, aprendan.

María quiere que yo cante
[ma'ria 'kjere ke jo 'kante]
Maria möchte, daß ich singe

y que Ud. toque la guitarra.
[i ke u'ste 'toke la gi'tarra]
und daß Sie Gitarre spielen.

Geänderte Schreibweise
Die Schreibweise von *tocar* ändert sich im Subjunktiv ebenso wie in der normalen Vergangenheitsform von *c* zu *qu*, damit der harte k-Laut erhalten bleibt (*toce* würde sonst ['toθe] ausgesprochen).

No quieren que nos vayamos temprano.
[no 'kjeren ke nos va'jamos tem'prano.
Sie möchten nicht, daß wir früh gehen.

Insisten en que nos quedemos hasta el fin.
[in'sisten ke nos ke'demos 'asta el fin]
Sie bestehen darauf, daß wir bis zum Ende bleiben.

El subjuntivo se usa con expresiones
[el subchun'tivo se 'usa kon espre'sjones]
Der Subjunktiv wird verwendet mit Ausdrücken,

para pedir permiso.
['para pe'dir per'miso]
mit denen man um Erlaubnis fragt.

¿Está bien que yo fume?
[e'sta 'bjen ke jo 'fume?]
Ist es in Ordnung, wenn ich rauche?

¿Permite Ud. que tome una foto?
[per'mite u'ste que 'tome 'una 'foto?]
Erlauben Sie, daß ich ein Foto mache?

Con expresiones indicando emoción o duda:
[kon espre'sjones indi'kando emo'θjon o 'duda:]
Mit Ausdrücken, die Gefühle oder Zweifel andeuten:

—Me alegra que haya venido.
[me a'legra ke 'aja ve'nido]
Ich bin froh, daß Sie gekommen sind.

Siento mucho que su esposa esté enferma.
['sjento 'mutscho ke su e'sposa e'ste en'ferma]
Es tut mir sehr leid, daß Ihre Frau krank ist.

Espero que mejore muy pronto.
[e'spero ke me'chore 'mui 'pronto]
Ich hoffe, daß es ihr sehr bald besser gehen wird.

—Gracias; no creo que sea nada grave.
['graθias; no 'kreo ke 'sea 'nada 'grave]
Danke; ich glaube nicht, daß es etwas Ernstes ist.

Pero temo que tenga que guardar cama.
['pero 'temo ke 'tenga ke guar'dar 'kama]
Aber ich fürchte, daß sie das Bett hüten muß.

Endungen der 1. Person auf *-go*
Die Verben, die im Präsens auf *-go* enden, behalten im Subjunktiv Präsens das *g* bei:

tener: tenga, tengas, tengamos, tengan.

—Es una lástima que no haya podido acompañarlo.
[es 'una 'lastima ke no 'aja po'dido akompan'jarlo]
Es ist schade, daß sie Sie nicht begleiten konnte.

Vergangenheitsformen des Subjunktivs
Beachten Sie den Unterschied zwischen „Es tut mir leid, daß sie nicht kommen kann.“ – *Siento que no pueda venir* – und „Es tut mir leid, daß sie nicht kommen konnte.“ – *Siento que no haya podido venir.* Das zweite Beispiel ist der Subjunktiv Imperfekt, der gebildet wird, indem man einfach *haya* (den Subjunktiv von *haber*) mit dem Partizip Perfekt kombiniert.

Quizá pueda venir la semana próxima.
[ki'θa pu'eda ve'nir la 'semana 'proxima]
Vielleicht kann sie nächste Woche kommen.

El subjuntivo se usa
[el subchun'tivo se 'usa]
Der Subjunktiv wird benutzt

con expresiones impersonales
[kon espre'sjones imperso'nales]
mit unpersönlichen Ausdrücken

y con ciertos adverbios.
[i kon 'θjertos ad'verbios]
und mit bestimmten Adverbien.

—Es necesario que nos llamen temprano
[es neθe'sario ke nos 'jamen tem'prano]
Es ist notwendig, daß sie uns früh anrufen,

a fin de que tengamos tiempo de hacer las maletas.
[a fin de ke ten'gamos 'tjempo de a'θer las ma'letas]
so daß wir Zeit haben, die Koffer zu packen.

Es importante que estemos en el aeropuerto
[es impor'tante ke e'stemos en el aeropu'erto]
Es ist wichtig, daß wir am Flughafen sind

una media hora antes de la hora de salida.
['una 'media 'ora 'antes de la 'ora de sa'lida]
eine halbe Stunde vor der Abflugzeit.

Antes de que podamos subir al avión
['antes de ke po'damos su'bir al a'vjon]
Bevor wir das Flugzeug betreten können,

es menester que pesen el equipage.
[es me'nester ke 'pesen el eki'pache]
ist es notwendig, daß sie das Gepäck wiegen.

—Pero, ¿para qué tanta prisa?
['pero, 'para ke 'tanta 'prisa?]
Aber wozu solche Eile?

Aunque lleguemos tarde
[a'unke je'gemos 'tarde]
Selbst wenn wir (zu) spät ankommen,

es probable que haya otro vuelo más tarde.
[es pro'bable ke 'aja 'otro vu'elo mas 'tarde]
ist es wahrscheinlich, daß es später einen anderen Flug gibt.

—¿Ud. cree? También es posible que no haya.
[u'ste 'kree? tam'bjen es po'sible ke no 'aja]
Glauben Sie? Es ist auch möglich, daß es keinen gibt.

El subjuntivo se usa
[el subchun'tivo se 'usa]
Der Subjunktiv wird benutzt

con expresiones de tiempo indefinido:
[kon espre'sjones de 'tjempo indefi'nido:]
mit Ausdrücken der unbestimmten Zeit:

Cuando vaya a Madrid
[ku'ando 'vaya a ma'dri]
Wenn Sie nach Madrid gehen,

verá cosas muy bellas.
[ve'ra 'kosas 'mui 'bejas]
werden Sie sehr schöne Dinge sehen.

Cuando vuelva tendrá que contármelo todo.
[ku'ando vu'elva ten'dra ke kon'tarmelo 'todo]
Wenn Sie zurückkehren, müssen Sie mir alles erzählen.

El día que regrese, llámeme.
[el 'dia ke re'grese, 'jameme]
An dem Tag, an dem Sie wiederkommen, rufen Sie mich an.

¿Por qué se usa el subjuntivo?
Manche Spanischlernende haben Schwierigkeiten zu verstehen, warum der Subjunktiv überhaupt verwendet wird, weil er im Deutschen kaum mehr gebräuchlich ist. Im Spanischen, in dem die Endung des Verbs sehr wichtig ist, um die genaue Bedeutung zu erschließen, kann man auf den Subjunktiv nicht verzichten, und wenn Sie ihn gut beherrschen, zeigen Sie Ihre Fähigkeit, stilsicheres Spanisch zu sprechen.

BEISPIELUNTERHALTUNG: DER GENERATIONENKONFLIKT

EL PADRE:
[el 'padre:]
DER VATER:

Me apena que Marcos
[me a'pena ke 'markos]
Es tut mir leid, daß Marcos

no reciba mejores notas en el colegio.
[no re'θiba me'chores 'notas en el ko'lechio]
keine besseren Noten in der Schule bekommt.

Tengo miedo de que vaya a tener dificultades
['tengo 'mjedo de que 'vaja a te'ner difikul'tades]
Ich habe Angst, daß er Schwierigkeiten haben wird,

cuando vengan los exámenes de bachillerato.
[ku'ando 'vengan los e'ksamenes de batschije'rato]
wenn die Hochschulexamen kommen.

Es importante
[es impor'tante]
Es ist wichtig,

que estudie más
[ke e'studie mas]
daß er mehr lernt

y que no pase todo su tiempo
[i ke no 'pase 'todo su 'tjempo]
und daß er nicht seine ganze Zeit verbringt

en el cine o yendo a los teatros.
[en el 'θine o 'jendo a los te'atros]
im Kino oder damit, daß er in die Theater geht.

LA MADRE:
[la 'madre:]
DIE MUTTER:

Pero no es para tanto.
['pero no es 'para 'tanto]
So schlimm ist es doch nicht.

Yo no dudo de que tenga éxito
[jo no 'dudo de ke 'tenga 'eksito]
Ich bezweifle nicht, daß er Erfolg haben wird

en los exámenes.
[en los e'ksamenes]
in den Examen.

EL PADRE:

No hay „pero" que valga.
[no 'ai 'pero ke 'valga]
Darüber gibt es kein „aber".

Cuando él regrese a casa
[ku'ando el re'grese a 'kasa]
Wenn er nach Hause kommt,

quiero que tú le digas que quiero verlo
['kjero ke tu le 'digas ke 'kjero 'verlo]
möchte ich, daß du ihm sagst, daß ich ihn sehen will,

para que me explique su última boleta
['para ke me es'plike su 'ultima bo'leta]
damit er mir sein letztes Zeugnis erklärt.

„C" wird zu „qu"
Explicar ändert wie *tocar* das *c* zu *qu*, um den harten k-Laut zu erhalten.

No puedo permitir que él continúe tan flojo
[no pu'edo permi'tir ke el konti'nue tan 'flocho]
Ich kann nicht erlauben, daß er so lasch weitermacht

en sus estudios, ni que sea tan negligente.
[en sus e'studios, ni ke 'sea tan negligente]
in seinen Studien, noch daß er so nachlässig ist.

LA MADRE:

Oye, Marcos –
['oje, 'markos]
Hör' mal, Marcos –

Tu papá está muy enojado
[tu pa'pa e'sta 'mui eno'chado]
dein Papa ist sehr verärgert

de que hayas recibido malas notas.
[de ke 'ajas reθi'bido 'malas 'notas]
darüber, daß du schlechte Noten bekommen hast.

Es necesario que vayas a verlo.
[es neθe'sario ke 'vajas a 'verlo]
Es ist nötig, daß du gehst, um ihn zu sehen.

Das familiäre *tú*

Obwohl wir die *tú*-Form für die verschiedenen Zeiten und Modi angegeben haben, ist sie in den Beispielen bisher nicht oft verwendet worden. In dieser Unterhaltung zwischen Mutter und Sohn ist es die natürliche Anredeform.

Wenn Sie sich in einem spanischsprachigen Land aufhalten, werden Sie sich schnell auf die richtige Form der Anrede einstellen – so kann es Ihnen passieren, daß sie auf dem Markt oder sogar in einer Bank „geduzt" werden – andererseits ist es in vielen spanischen Familien noch üblich, daß die Großeltern von ihren Kindern und Enkeln „gesiezt", also mit *Usted* angeredet werden.

EL HIJO:
[el 'icho:]
DER SOHN:

¿Para qué?
['para ke?]
Wozu?

Cuando me vea, sin duda me hablará sobre lo
[ku'ando me 'vea, sin 'duda me abla'ra 'sobre lo]
Wenn er mich sieht, wird er sicher mit mir über das sprechen,

que él quiere que yo haga,
[ke el 'kjere ke jo 'aga]
was ich nach seinem Willen tun soll,

sobre la carrera que él quiere que yo siga,
['sobre la ka'rrera ke el 'kjere ke jo 'siga]
über die Karriere, die ich nach seinem Willen verfolgen soll,

sobre la vida que él quiere que yo lleve.
['sobre la 'vida ke el 'kjere ke jo 'jeve]
über das Leben, das ich nach seinem Willen führen soll.

Mi ambición es llegar a ser director de cine.
[mi ambi'θjon es je'gar a ser direk'tor de 'θine]
Mein Ehrgeiz ist es, Filmregisseur zu werden.

En la vida mia quiero hacer
[en la 'vida 'mia 'kjero a'θer]
In meinem Leben möchte ich machen,

lo que me dé la gana
[lo ke me da la 'gana]
wozu ich Lust habe,

sin que él siempre me mande.
[sin ke el 'sjempre me 'mande]
ohne, daß er mir immer befiehlt.

LA MADRE:

¡Ay, Dios! No hables así, hijo.
['ai, di'os! no 'ables a'si, 'icho.]
Oh Gott! Du solltest nicht so reden, Sohn.

Bien sabes que tu padre quiere todo para ti
['bjen 'sabes ke tu 'padre 'kjere 'todo 'para ti]
Du weißt genau, daß dein Vater alles will für dich

y para Eduardo.
[i 'para edu'ardo]
und für Eduardo.

Quiere que vosotros os graduéis,
['kjere ke vos'otros os gradu'eis]
Er möchte, daß ihr einen Abschluß macht,

que recibaís vuestro grado de bachillerato
[ke reθi'bais vu'estro 'grado de batschije'rato]
daß ihr euren Hochschulabschluß bekommt

y que siguaís a la universidad.
[i ke si'gais a la universi'da]
und daß ihr an der Universität weitermacht.

Tu padre siempre quería
[tu 'padre 'sjempre ke'ria]
Dein Vater wollte immer,

que Eduardo llegara a ser médico
[ke edu'ardo je'gara a ser 'mediko]
daß Eduardo Arzt wird

y que tú fueras abogado como él.
[i ke tu fu'eras abo'gado 'komo el]
und daß du Rechtsanwalt wirst wie er.

Der Subjunktiv Imperfekt

Der Subjunktiv hat auch die Zeitstufe Imperfekt. Das bedeutet: Wenn das Verb, das den Subjunktiv einleitet, in der einfachen Vergangenheit steht, muß auch der Subjunktiv in der Vergangenheitsform (dem Imperfekt) stehen. Vergleichen Sie:

Sein Vater möchte nicht, daß er raucht.
Su padre no quiere que él fume.

Sein Vater wollte nicht, daß er rauchte.
Su padre no quería que él fumara.

Der Subjunktiv Imperfekt verwendet den Wortstamm der normalen Vergangenheitsform und hängt entweder *-ase* bzw. *-ara* für die 1. Konjugation oder *-iese* bzw. *-iera* für die 2. und 3. Konjugation an. Die Formen lauten:

tomar: (que) tomara, tomaras, tomáramos, tomaran
aprender: (que) aprendiera, aprendieras, aprendiéramos, aprendieran.

Sie haben bereits den Subjunktiv Imperfekt von *querer (yo quisiera)* als höfliche Form für „Ich würde gerne“ kennengelernt. Die selben Verben, die in der einfachen Vergangenheitsform unregelmäßig sind, sind auch im Subjunktiv Imperfekt unregelmäßig.

Ich wollte nicht, daß er es wußte.
No quería que él supiera.

Einige weitere Beispiele:

saber (supiera), querer (quisiera), venir (viniera), poder (pudiera), poner (pusiera), tener (tuviera), estar (estuviera), haber (hubiera), decir (dijera), ser (oder) *ir (fuera), traer (trajera).*

Alle diese Verben können in gleicher Weise mit der anderen Endung verwendet werden und würden dann lauten *quisiese, viniese* usw.

EL HIJO:
Bien lo se.
['bjen lo se]
Das weiß ich genau.

Pero entre lo que yo quiero hacer
['pero 'entre lo ke jo 'kjero a'θer]
Aber zwischen dem, was ich tun will,

y lo que él quiere que yo haga
[i lo ke el 'kjere ke jo 'aga]
und dem, was ich nach seinem Willen tun soll,

hay la mar de diferencia.
['ai la mar de dife'renθia]
ist ein himmelweiter Unterschied.

¡Que me deje en paz!
[ke me ‘deche en paθ!]
Er soll mich in Frieden lassen.

LA MADRE:

¡Cielos! ¡Qué cosas!
[‘θjelos! ke ‘kosas!]
Himmel! Was für Sachen!

Qué diferente era la vida
[ke dife‘rente ‘era la ‘vida]
Wie anders war das Leben,

cuando yo era joven.
[ku‘ando jo ‘era ‘choven]
als ich jung war.

Nunca les hablaba uno así a sus padres.
[‘nunka les a‘blaba ‘uno a‘si a sus ‘padres]
So hat man niemals mit seinen Eltern geredet.

La vida era diferente
Am Ende dieser Unterhaltung wechselt die Mutter zum Imperfekt, weil dies die Zeitform ist, in der man von Dingen spricht, die einmal waren oder zu sein pflegten.

TESTEN SIE IHR SPANISCH

Fügen Sie die fehlenden Verben in die Lücken ein, wobei Sie den Subjunktiv verwenden. Vergleichen Sie die Antworten unten. Berechnen Sie 10 Punkte für jede richtige Antwort.

1. Ich hoffe, daß er mich nicht sieht.
   Ojalá que él no me __________ .
2. Sie möchten, daß wir um acht Uhr ankommen.
   Quieren que __________ a las ocho.
3. Ich möchte, daß er geht.
   Quiero que él __________ .
4. Er besteht darauf, daß ich spiele.
   Insiste en que yo __________ .
5. Möchten Sie, daß ich bleibe?
   Quiere que me __________ ?
6. Es tut mir sehr leid, daß Sie nicht gehen können.
   Siento mucho que Ud. no __________ ir.
7. Ich hoffe, daß sie morgen kommt.
   Espero que ella __________ mañana.
8. Es ist notwendig, daß du häufig lernst.
   Es necesario que __________ a menudo.
9. Auch wenn es regnet, werde ich gehen.
   Aunque __________ , iré.
10. Wenn er hereinkommt, rufen Sie mich.
    Cuando __________ , llámeme.

Antworten: 1. vea 2. lleguemos 3. vaya 4. toque 5. quede 6. pueda
7. venga 8. estudie 9. llueva 10. entre

Ergebnis _____ %

step 24 BEDINGUNGEN UND VERMUTUNGEN

Frases como:
['frases 'komo:]
Sätze wie:

Si llueve mañana no iremos.
[si ju'eve man'jana no i'remos]
Wenn es morgen regnet, werden wir nicht gehen.

Si él vino yo no lo vi.
[si el 'vino jo no lo vi]
Wenn er gekommen ist, habe ich hin nicht gesehen.

son condiciones sencillas.
[son kondi'θjones sen'tijas]
sind einfache Bedingungen.

Pero hay otras condiciones
[pero 'ai 'otras kondi'θjones]
Aber es gibt andere Bedingungen,

que son suposiciones.
[ke son suposi'θjones]
die Unterstellungen sind.

En estos casos se usa el condicional
[en 'estos 'kasos se 'usa el kondiθjo'nal]
In diesen Fällen verwendet man das Konditional

con el imperfecto del subjuntivo.
[kon el imper'fekto del subchun'tivo]
mit dem Imperfekt des Subjunktivs.

Por ejemplo:
[por e'chemplo:]
Zum Beispiel:

Si Ud. estuviera en mi lugar,
[si u'ste estu'vjera en mi lu'gar]
Wenn Sie an meiner Stelle wären,

Suppositionen
Wenn Sie sagen „Wenn Sie an meiner Stelle wären", unterstellen Sie etwas, das nicht wahr ist. Für diese Art der Bedingung müssen Sie den Subjunktiv Imperfekt für den einleitenden Satzteil verwenden (den, der mit *Si* beginnt), und für den nachfolgenden Satzteil das Konditional.

¿qué haría?
[ke a'ria?]
was würden Sie tun?

Si yo estuviese en su lugar, lo haría.
[si jo estu'vjese en su lu'gar, lo a'ria]
Wenn ich an Ihrer Stelle wäre, würde ich es tun.

Si Ud. me lo dijese,
[si u'ste me lo di'chese]
Wenn Sie es mir sagen würden,

yo no se lo diría a nadie.
[jo no se lo di'ria a 'nadje]
würde ich es keinem (weiter) sagen.

Note cómo se usan las condiciones
['note 'komo se 'usan las kondi'θjones]
Achten Sie darauf, wie die Bedingungen verwendet werden

en el chiste que sigue:
[en el 'tschiste ke 'sige:]
in dem folgenden Witz:

FEDERICO:
[fede'riko:]
FEDERICO:

Dime, ¿qué harías tú
['dime, ke a'rias tu]
Sag' mir, was würdest du tun,

si vieses un tigre en la selva?
[si 'vjeses un 'tigre en la 'selva?]
wenn du einen Tiger im Wald sehen würdest?

ESTEBAN:
[e'steban:]
ESTEBAN;
Si lo viese lo mataría con mi rifle.
[si lo 'vjese lo mata'ria kon mi 'rifle]
Wenn ich ihn sehen würde, würde ich ihn mit meinem Gewehr töten.

FEDERICO:
Pero, si no tuvieras rifle,
['pero si no tu'vjeras 'rifle]
Aber wenn du kein Gewehr hättest,

¿cómo te defenderías?
['komo te defende'rias?]
wie würdest du dich verteidigen?

ESTEBAN:
Si no tuviera rifle
[si no tu'vjera 'rifle]
Wenn ich kein Gewehr hätte,

subiría a un árbol.
[subi'ria a un 'arbol]
würde ich auf einen Baum klettern.

FEDERICO:
Y, si no hubiera árbol,
[i si no u'bjera 'arbol]
Und wenn es keinen Baum gäbe,

¿cómo te escaparías?
['komo te eskapa'rias?]
wie würdest du fliehen?

ESTEBAN:
Si no hubiera árbol cerca,
[si no u'bjera 'arbol 'θerka]
Wenn es keinen Baum in der Nähe gäbe,

tendría que correr.
[ten'dria ke ko'rrer]
müßte ich rennen.

FEDERICO:

Hmmm ... Creo que el tigre
[hmmm ... 'kreo ke el 'tigre]
Hmmm ... Ich glaube, daß der Tiger

te alcanzaría fácilmente.
[te alkanθa'ria 'faθilmente]
dich leicht fangen würde.

ESTEBAN:

¡Pero, hombre! ¡Por Dios! ¿Eres amigo mío,
['pero 'ombre! por di'os! 'eres a'migo 'mio]
Na hör mal! Du lieber Gott! Bist du mein Freund,

o amigo del tigre?
[o a'migo del 'tigre?]
oder ein Freund des Tigers?

Die Sprecher in dieser Unterhaltung benutzen die *tú*-Form als Anrede, wie es unter guten Freunden üblich ist. Beachten Sie noch einmal, wie selten das Personalpronomen im Spanischen verwendet wird, weil ja schon die Endung der Verben deutlich macht, wer spricht bzw. zu wem gesprochen wird.

Además de éstas, hay otras suposiciones
[ade'mas de 'estas, 'ai 'otras suposi'θjones]
Über diese hinaus gibt es andere Suppositionen,

que se refieren a cosas que nunca sucedieron:
[ke se re'fjeren a 'kosas ke 'nunka suθe'djeron:]
die sich auf Dinge beziehen, die nie geschehen sind:

Si la reina Isabel
[si la 'rejna isa'bel]
Wenn die Königin Isabel

no le hubiera ayudado a Colón
[no le u'bjera aju'dado a ko'lon]
Kolumbus nicht geholfen hätte,

¿quién habría descubierto el Nuevo Mundo?
[kjen a'bria desku'bjerto el nu'evo 'mundo?]
wer hätte die Neue Welt entdeckt?

¿Qué habría pasado si la Armada Invencible
[ke a'bria pa'sado si la ar'mada inven'θible]
Was wäre passiert, wenn die Unbesiegbare Armada

hubiera sido victoriosa contra Inglaterra?
[u'bjera 'sido viktori'osa 'kontra ingla'terra?]
gegen England siegreich gewesen wäre?

Dinge, die nie passiert sind
Eine noch deutlichere Unterstellung betrifft Überlegungen darüber, wie die Dinge geworden wären, wenn etwas anderes passiert oder nicht passiert wäre.
In Fällen wie diesem wird das Konditional in der Vergangenheitsform folgendermaßen gebildet:

- Im Bedingungssatz (dem Satzteil, der mit *si* beginnt) wird der Subjunktiv Imperfekt von *haber* mit dem Partizip Perfekt kombiniert, und

- in dem anderen Satzteil wird die Konditionalform von *haber* mit dem Partizip Perfekt kombiniert.

Zusammengesetzte Zeitformen sind eigentlich – trotz ihrer komplizierten Namen – recht einfach, da die einzigen Änderungen sich auf die Form von *haber* beziehen, während das Partizip Perfekt immer das gleiche bleibt.

BEISPIELUNTERHALTUNG: WAS WÜRDEN SIE TUN, WENN SIE IN DER LOTTERIE GEWONNEN HÄTTEN?

—Qué haría Ud.
[ke a'ria u'ste]
Was würden Sie machen,

si ganara el gran premio de la lotería?
[si ga'nara el gran 'premio de la lote'ria?]
wenn Sie den großen Preis in der Lotterie gewinnen würden?

—Lo primero sería
[lo pri'mero se'ria]
Das erste wäre,

mudarnos a una casa más grande.
[mu'darnos a 'una 'kasa mas 'grande]
in ein größeres Haus umzuziehen.

Eso me haría feliz a mí.
['eso me a'ria fe'liθ a mi]
Das würde mich glücklich machen.

En segundo lugar
[en se'gundo lu'gar]
An zweiter Stelle

compraría un nuevo coche.
[kompra'ria un nu'evo 'kotsche]
würde ich ein neues Auto kaufen.

Eso me haría feliz a mí.
['eso me a'ria fe'liθ a mi]
Das würde mich glücklich machen.

Después iríamos a España,
[despu'es i'riamos a e'spanja]
Dann würden wir nach Spanien fahren

y visitaríamos a mis padres.
[i visita'riamos a mis 'padres]
und wir würden meine Eltern besuchen.

Les conseguiría maquinaria moderna
[les konsegui'ria maki'naria mo'derna]
Ich würde ihnen moderne Maschinen beschaffen

para su finca.
['para su 'finka]
für ihr Landgut.

Así no tendrían que trabajar tanto
[a'si no ten'drian ke traba'char 'tanto]
So müßten sie nicht so viel arbeiten

y la vida les sería más fácil.
[i la 'vida les se'ria mas 'faθil]
und das Leben würde für sie einfacher werden.

—Y después, ¿qué haría?
[i despu'es, ke a'ria?]
Und danach, was würden Sie tun?

—Regresaríamos aquí.
[regresa'riamos a'ki]
Wir würden hierher zurückkommen.

—Y ¿seguiría trabajando?
[i segi'ria traba'chando?]
Und Sie würden weiter arbeiten?

—Por supuesto. Tendría que trabajar.
[por supu'esto. ten'dria ke traba'char]
Natürlich. Ich müßte arbeiten.

El dinero de la lotería
[el di'nero de la lote'ria]
Das Geld von der Lotterie

no duraría siempre.
[no dura'ria 'sjempre]
würde nicht ewig halten.

Pero sería agradable
['pero se'ria agra'dable]
Aber es wäre angenehm,

mientras durase, ¿no?
['mjentras du'rase, no?]
solange es anhält, oder?

—¡Seguro! Salgamos ahora
[se'guro! sal'gamos a'ora]
Sicher! Jetzt wollen wir losgehen

a comprar un billete.
[a kom'prar un bi'jete]
um ein Los zu kaufen.

(El domingo siguiente)
[el do'mingo si'gjente]
(Am nächsten Sonntag)

—¡Qué chasco! No gané nada.
[ke 'tschasko! no ga'ne 'nada]
Was für eine Enttäuschung! Ich habe nicht gewonnen.

—Menos mal. Si lo hubiese ganado
['menos mal. si lo u'bjese ga'nado]
Halb so schlimm. Wenn Sie es gewonnen hätten,

pronto lo habría gastado todo.
['pronto lo ha'bria ga'stado 'todo]
hätten Sie bald alles ausgegeben.

—Quizá. Pero de todos modos
[ki'θa. 'pero de 'todos 'modos]
Möglich. Aber auf jeden Fall

habría tenido el gusto
[a'bria te'nido el 'gusto]
hätte ich das Vergnügen gehabt,

de haberlo gastado.
[de a'berlo ga'stado]
es ausgegeben zu haben.

Der Infinitiv mit dem Perfekt

Hier ist ein Beispiel für den Infinitiv mit dem Partizip Perfekt. Vergleichen Sie:

Es un placer hacerlo.
Es ist ein Vergnügen, es zu tun.
Es un placer haberlo hecho.
Es ist ein Vergnügen, es getan zu haben.

TESTEN SIE IHR SPANISCH

Setzen Sie die fehlenden spanischen Wörter in der korrekten Form des Konditional oder des Subjunktiv Imperfekt ein. Sie können anstelle der Endungen *-ase* oder *-iese* auch die Endungen *-ara* oder *-iera* verwenden. Beide sind richtig. Vergleichen Sie die Lösungen auf der gegenüberliegenden Seite. Berechnen Sie zehn Punkte für jede richtige Antwort.

1. Wenn ich das Geld hätte, würde ich ein neues Auto kaufen.
   Si yo tuviera el dinero ________________ un nuevo coche.
2. Wenn Sie es mir erzählen würden, dann würde ich es keinem erzählen.
   Si Ud. me lo dijese no se lo ________________ a nadie.
3. Was würden Sie tun, wenn Sie den Zug verpassen würden?
   Qué ________________ si perdiera el tren?
4. Was würden Sie kaufen, wenn Sie die Lotterie gewinnen würden?
   Qué compraría Ud. si ________________ la lotería?
5. Wenn ich könnte, würde ich es tun.
   Si yo ________________ lo haría.
6. Er würde mit mir kommen, wenn Sie es erlauben würden.
   Vendría conmigo si Ud. lo ________________ .
7. Wenn ich wollte, könnte ich das Rauchen aufgeben.
   Si quisiera, yo ________________ dejar de fumar.
8. Wenn es keine Polizisten gäbe, würde es ein Anwachsen der Verbrechen geben?
   Si no ________________ policías, ¿habria un aumento en los crímenes?
9. Wenn ich die Zeit hätte, würde ich nach Spanien gehen.
   Si tuviera el tiempo ________________ a España.
10. Wenn Napoleon Spanien erobert hätte, wäre die Geschichte anders gewesen?
    Si Napoleón hubiera conquistado España ____________ ____________ diferente la historia?

Lösungen: 1. compraría 2. diría 3. haría 4. ganara 5. pudiera 6. permitiera 7. podría 8. hubiera 9. iría 10. ¿habría sido

Ergebnis _____ %

step 25 WIE MAN SPANISCH LIEST

Aquí hay unos consejos para hacer más fácil su lectura en español.
Hier sind einige Ratschläge, um Ihre spanische Lektüre einfacher zu machen.

En las cartas comerciales
In Geschäftsbriefen

el condicional y el subjuntivo se usan mucho. Así:
werden das Konditional und der Subjunktiv häufig benutzt. Folgendermaßen:

Muy señor mío:
(Mein) sehr geehrter Herr:

Die Anrede im Geschäftsbrief
Die Anrede im Geschäftsbrief ändert sich je nachdem, ob der Absender oder der Empfänger eine oder mehr als eine Person ist.

Muy señor mío, Muy señores míos
Muy señor nuestro, Muy señores nuestros

Les agradeceríamos
Wir wären Ihnen dankbar,

que nos mandasen su último catálogo
wenn Sie uns Ihren neuesten Katalog schicken würden

y su lista de precios.
und Ihre Preisliste.

Les rogamos
Wir bitten Sie,

que nos contesten a la mayor brevedad posible.
uns so schnell wie möglich zu antworten.

Pendientes de sus gratas noticias
In Erwartung Ihrer geschätzten Antwort

quedamos de Uds. muy atentamente ...
verbleiben wir hochachtungsvoll ...

La cortesía en la correspondencia
Obwohl alle Schlußformeln mehr oder weniger unserem „Mit vorzüglicher Hochachtung" entsprechen, bietet das Spanische eine reiche Auswahl an Formeln der Ergebenheit. Sehr gebräuchlich ist *Attos. y Ss. Ss. (atentos y seguros servidores)* – „Treue und zuverlässige Diener", oder *Q.E.S.M. (que estrecha su mano)* –„der Ihre Hand schüttelt", oder, für den gesellschaftlichen Briefverkehr, *Q.B.S.M. (que besa su mano)* –„der Ihre Hand küßt".

En los periódicos verá que
In den Zeitungen werden Sie sehen, daß

acostumbran ser muy breves
sie dazu neigen, sehr kurz zu sein

en los titulares:
in den Schlagzeilen:

Celoso mató a su mujer.
Eifersüchtiger erschlug seine Frau.

Huelguistas exigen aumento inmediato.
Streikende fordern sofortige Gehaltserhöhung.

Régimen actúa contra amenazas.
Regime handelt gegen Drohungen

Pepín cortó orejas y rabo en Córdoba.
Pepín schnitt Ohren und Schwanz in Córdoba.

Zeitungsstil
In Zeitungsschlagzeilen und Fernsehreportagen werden oft die Artikel und überflüssige Pronomen ausgelassen. Man muß natürlich mit den gesellschaftlichen Gebräuchen vertraut sein, sonst würde man z. B. nicht verstehen, daß Pepín ein

Stierkämpfer ist, dem die Ehre zuteil wurde, nach einem großen Kampf Ohren und Schwanz des Stiers abschneiden zu dürfen.

La literatura española y latinoamericana es riquísima.
Die spanische und südamerikanische Literatur ist überaus reich.

Aquí les presentamos un ejemplo de poesía
Hier stellen wir Ihnen ein Beispiel der Poesie vor,

seleccionado de *Don Juan Tenorio*,
ausgewählt aus *Don Juan Tenorio*,

una obra maestra del teatro clásico español:
einem Meisterwerk des klassischen spanischen Theaters:

¡Ah! ¿No es cierto, angel de amor,
Ah! Ist es nicht gewiß, Engel der Liebe,

que en esta apartada orilla
daß an dieser entleg'nen Küste

más pura la luna brilla
klarer scheint der Mond

y se respira mejor?
und man besser atmet?

Esta aura que vaga, llena
Dies Lüftchen, das weht, angefüllt

de los sencillos olores
mit einfachen Düften

de las campesinas flores
der ländlichen Blüten

que brota esa orilla amena;
die diese liebliche Küste hervorbringt;

esa agua limpia y serena
dies reine und heitere Wasser

que atraviesa sin temor
das furchtlos umfließt

la barca del pescador
des Fischers Nachen

que espera cantando el día,
der singend des Tages harrt,

¿no es cierto, paloma mía,
ist's nicht gewiß, meine Taube,

que están respirando amor?
daß sie die Liebe atmen?

En cuanto a prosa *Don Quichote de la Mancha*
Hinsichtlichlich der Prosa wird *Don Quichote de la Mancha*

está considerado como una de las grandes obras de la literatura mundial.
als eines der großen Werke der Weltliteratur angesehen.

En ella, tanto como en otras obras clásicas,
In diesem, ebenso wie in anderen klassischen Werken,

encontrará el uso de *vosotros* y *vos*.
werden Sie den Gebrauch von *vosotros* und *vos* antreffen.

Vosotros
Vosotros wird häufig mit *vos* abgekürzt und ist als solches eine sehr höfliche Anredeform, sogar für eine einzelne Person.

Vosotros –„Ihr" – das Plural-Wort für *tú*, benutzt ein eigenes Repertoire an Pronomen und Verbformen, die wir hier auflisten, weil sie Ihnen besonders in Spanien bisweilen begegnen werden (in Südamerika ist *ustedes* die gebräuchliche Form für die vertraute Anrede im Plural). Die Endungen für *vosotros* sind *-áis* für die 1. Konjugation und *-éis* bzw. *-ís* für die 2. und 3.

Vosotros habláis – aprendéis – salís

Diese Endungen werden in den anderen Zeitstufen und Modi an den Wortstamm oder den Infinitiv angehängt, wie Sie es gelernt haben.

Der Imperativ endet auf *-d:*

¡hablad! („sprecht!) – *¡aprended!* („lernt!") – *¡salid!* („geht weg!")

Das Possessivpronomen heißt *vuestro* und das Objektpronomen *os*, und zwar gelten beide sowohl für das direkte wie für das indirekte Objekt.

Aquí hay unos ejemplos del uso de *vosotros*
Hier sind einige Beispiele für den Gebrauch von *vosotros*

en una conferencia pública:
in einer öffentlichen Ansprache:

Ha sido para mí un gran honor
Es ist für mich eine große Ehre gewesen,

dirigiros la palabra esta noche.
am heutigen Abend das Wort an euch zu richten.

Os agradezco vuestra atención
Ich danke euch für eure Aufmerksamkeit

y la hospitalidad que me habéis brindado.
und die Gastfreundschaft, die Ihr mir geboten habt.

Ahora me tenéis a vuestra disposición
Ihr habt mich nun zu eurer Verfügung

si queréis hacerme preguntas u observaciones.
wenn ihr mir Fragen stellen oder Beobachtungen mitteilen wollt.

Todo lo que Ud. lee en español
Alles, was Sie auf Spanisch lesen,

aumentará sus conocimientos
wird Ihre Kenntnisse erweitern

y, al mismo tiempo,
und, zur gleichen Zeit,

será una fuente de gusto y de diversión.
wird es eine Quelle des Vergnügens und der Unterhaltung sein.

Pero lo más importante
Aber das wichtigste

es hablar y escuchar hablar a otros
ist es, zu sprechen und anderen beim Sprechen zuzuhören,

porque para aprender a hablar un idioma
denn um eine Sprache sprechen zu lernen

lo más importante de todo es
ist es das wichtigste von allem,

practicarlo en toda ocasión.
sie bei jeder Gelegenheit zu üben.

SIE KÖNNEN MEHR SPANISCH ALS SIE DENKEN

Nachdem Sie nun die wesentlichen Elemente der spanischen Sprache gelernt haben, liegt es an Ihnen, Ihre Kenntnisse zu vertiefen und sie anzuwenden, wann immer sich die Gelegenheit bietet.

Eine verhältnismäßig preiswerte Methode, zumindest Ihr schriftliches Spanisch weiterzuentwickeln, ist es, regelmäßig spanische Tageszeitungen oder Zeitschriften zu kaufen, die in vielen Bahnhofsbuchhandlungen erhältlich sind. Sie werden, wenn Sie spanische Bücher oder Zeitungen lesen, natürlich vielen Wörtern begegnen, die in diesem Buch nicht aufgetaucht sind. Ein Spanisch-Deutsches Wörterbuch wird Ihnen daher gute Dienste leisten.

Mit Hilfe des Vokabulars, das Ihnen in diesem Wörterbuch zur Verfügung steht, und der grammatischen Kenntnisse, die Sie mit Ihrem Step-By-Step-Lehrbuch erworben haben, werden Sie schnell in der Lage sein, fast alle Texte zu verstehen und, wenn Sie die Gelegenheit haben, sich mit spanischsprechenden Menschen zu unterhalten. Auf diese Weise wird sich im Laufe der Zeit Ihre Kenntnis des Spanischen immer mehr vertiefen, und eines Tages werden Sie so gut Spanisch sprechen, als wäre es Ihre Muttersprache.

WÖRTERBUCH DEUTSCH-SPANISCH

Dieses kleine Wörterbuch enthält viele Wörter, die in den Steps noch nicht vorgekommen sind. Es soll Ihnen helfen, Ihre Fähigkeit, sich auf Spanisch auszudrücken, zu erweitern. Es ist eine interessante Tatsache, daß die meisten Menschen weniger als 2000 Wörter in ihren Alltagsgesprächen verwenden. In diesem Wörterbuch finden Sie mehr als 2000 Wörter, die eigens unter dem Gesichtspunkt der häufigen Verwendung für Sie zusammengestellt wurden.

Einige Vorbemerkungen:

1. Maskulines und feminines Geschlecht von Substantiven wird nur angegeben, wenn das entsprechende Wort nicht mit *-o* (mask.) oder *-a* (fem.) endet.

2. Adjektive müssen in Geschlecht und Anzahl mit dem Substantiv übereinstimmen, auf das sich sich beziehen. Adjektive, die auf *-o* enden, ändern sich zu *-os*, wenn das Substantiv männlich ist und im Plural steht. Die Endung ist *-a*, wenn das Substantiv weiblich ist, und *-as*, wenn es weiblich ist und im Plural steht.

3. Adjektive, die mit einem anderen Buchstaben als *-o* enden, bleiben unverändert, egal, ob das Substantiv männlich oder weiblich ist. Der Plural für beide Geschlechter wird gebildet, indem die Endung *-s*, *-es* oder *-as* angehängt wird.

4. Nur die wichtigsten Adverbien sind angegeben. Aber erinnern Sie sich, daß die meisten Adjektive in Adverbien umgewandelt werden können, indem man die Endung *-mente* an die feminine Form anhängt.

   Adjektiv: *exacto*
   Adverb: *exactamente*

5. Wenn Sie die Auswahl zwischen zwei nahezu gleich häufigen Wörten haben, die fast die selbe Bedeutung haben, werden beide angegeben. Dies wird Ihnen helfen, Ihren spanischen Wortschatz zu vergrößern.

A

Abend noche
Abenteuer aventura
aber pero
Abfall basura
abfeuern (einen Schuß) disparar
Abführmittel laxante *(m)*
abliefern entregar
abreisen, abfahren salir
Absatz (Schuh) tacón *(m)*
abschließen cerrar con llave
Absicht intención *(f)*
abwesend ausente *(m + f)*
Abwesenheit ausencia
acht ocho
Achtung (Vorsicht) atención
achtzehn dieciocho
achtzig ochenta
addieren añadir, sumar
Adresse dirección *(f)*
Affe mono
Afrika África
Agentur agencia
Agent agente *(m)*
ähneln parecerse a
Ärger problema *(m)*
ärgerlich enojado
Akt acto
Aktenkoffer maletín *(m)*
Aktien acciones *(f)*
Akzent acento
Alkohol alcohol *(m)*
alle todos
alle (Menschen) todo el mundo
Allee avenida
allein solo
alles todo
  Das ist alles eso es todo, basta
allgemein generalmente
allmählich poco a poco
Alphabet alfabeto
als (zeitlich) cuando
als (Vergleich) que
alt de edad, viejo
Alter edad *(f)*
Ameise hormiga
Amerika América
Amerikaner, amerikanisch americano, norteamericano

Ananas piña
anbieten ofrecer
anderer (ein) otro
anders diferente
anfangen comenzar
angeln pescar
angenehm agradable *(m + f)*
Angestellter dependiente *(m)*, empleado
anhalten parar
ankommen llegar
Ankunft llegada
Ankunftszeit hora de llegada
Abfahrtzeit hora de salida
anmutig gracioso
annehmen aceptar
anprobieren probarse
anschalten poner
anschuldigen acusar
anstatt en vez de
Antiseptikum antiséptico
Antwort repuesta, contestación *(f)*
antworten responder, contestar
Anzeige (Werbung) anuncio
Anzug traje *(m)*
a propos a proposito
Apfel manzana
Apfelsine naranja
Apotheke farmacia
Appartment apartamento
Appetit apetito
April abril
Äquator ecuador
Araber árabe *(m)*
arabisch árabe *(m + f)*
Arbeit trabajo
arbeiten trabajar
Arbeiter obrero
arbeitslos desocupado
Architekt arquitecto
argentinisch argentino
Argument argumento
Arithmetik aritmética
arm pobre *(m + f)*
Arm brazo
Armband brazalete
Armbanduhr reloj *(m)*
Armee ejército
arrangieren arreglar
Artikel artículo
Art tipo
Arzt médico, doctor
Asien Asia
Aspirin aspirina
Astronaut astronauta *(m + f)*
Atlantik Atlántico
atmen respirar
Atmosphäre atmósfera
atomar atómico
auch también
Auf Wiedersehen Adiós
aufgeregt excitado, agitado
aufheben regoger
aufpassen cuidar
aufstehen levantarse
aufwachen despertarse

Aufzug ascensor *(m)*
auf en, sobre
Auge ojo
August agosto
ausdehnen (sich) extender
Ausdruck expresión
ausdrücken expresar
Ausflug viaje *(m)*
Ausgaben gastos
Ausgang salida
ausgeben (Geld) gastar
ausruhen descansar
ausschalten apagar
außer (bis auf) excepto
außerdem además
Aussprache pronunciación *(f)*
aussprechen pronunciar
Ausstellung exhibición *(f)*
Auster ostra
Australien Australia
australisch australiano
auswählen escoger, seleccionar
Ausweis pasaporte *(m)*
ausziehen, sich devestirse
automatisch automático
Automobil automóvil *(m)*, coche *(m)*
Autorität autoridad

B

Baby bebé *(m)*
Bad baño
Badeanzug traje de baño *(m)*
Badezimmer cuarto de baño
Bäckerei panadería
Bär oso
bald pronto
Ballett ballet *(m)*
Banane banana, platano
Band cinta
Bank banco
Bankett banquete *(m)*
Bar bar *(m)*
Bargeld efectivo
Bart barba
Base (Cousine) prima
Batterie batería
Baum árbol *(m)*
Baumwolle algodón *(m)*
beachten atender
Beachtung atención
bedauern sentir, lamentar
bedecken cubrir
bedeuten significar
Bedingung condición *(f)*
beeilen, sich darse prisa
beenden terminar
Begegnung reunión *(f)*
beginnen comenzar, empezar
beglückwünschen felicitar

bei (Ort) en
beide ambos
Bein pierna
beinahe casi
Beispiel ejemplo
bekommen conseguir, recibir
belästigen molestar
Belästigung molesto
Belgien Bélgica
belgisch belga
Belohnung recompensa
bemerken notar
beneiden envidiar
Benzin gasolina
bequem cómodo
bereit dispuesto
Berg montaña
berichten reportar
berühmt famoso, popular *(m + f)*
berühren tocar
Beruf empleo, profesión *(f)*
beschäftigen ocupar
beschäftigt ocupado
Beschäftigung ocupación
Besen escoba
besetzt ocupado
besitzen tener
Besitzer dueño
besser mejor
beste, der (Adj.) el (la) mejor
bestechen sobornar
bestehen auf insistir
bestellen ordenar
besten (am) (Adv.) lo mejor
bestrafen castigar
Bestrafung castigo
Besuch visita
  zu Besuch de visita
besuchen visitar
betagt de edad
betrügen engañar
betrunken borracho
Bett cama
Bettdecke cubrecama
Bettlaken sábana
Bettler mendigo
Bettuch frazada
bevorzugen preferir
bewachen guardar
bewegen mover
beweisen probar
bewundern admirar
bewußtlos inconsciente
bezahlen pagar
  bar bezahlen pagar al contado
bezahlt pagado
bezüglich acerca de
biegen doblar
Biene abeja
Bier cerveza
Bild cuadro
billig barato
billiger más barato, más económico
bin (ich bin) – andauernder Zustand: soy

–Aufenthaltsort oder vorübergehender Zustand: estoy
Binde venda
bis hasta
bitte por favor
bitten pedir
blasen soplar
Blatt hoja
blau azul
Blech latón
bleiben quedarse
Bleistift lápiz *(m)*
Blitz relámpago
Blitzlicht linterna
blond rubio
Blume flor *(f)*
Blumenhändler florista
Bluse blusa
Blut sangre *(f)*
Boden suelo
Börse bolsa
Bohnen judías
bolivianisch boliviano
Bombe bomba
Bonbon bombón *(m)*
Boot barco
borgen pedir prestado
Botschaft (Nachricht) recado, mensaje *(m)*
Botschaft (polit.) embajada
Bräutigam novio
brasilianisch brasileño
Brasilien Brasil
braten asar
Brauch costumbre *(f)*
brauchen necesitar
braun pardo
Braut novia
brechen romper
Bremse freno
brennen quemar
Brief carta
Briefkasten buzón *(m)*
Briefmarke sello, estampilla
Brieftasche cartera
Briefträger cartero
Briefumschlag sobre *(m)*
Brille anteojos
bringen traer
Brise brisa
Brötchen panecillo
Brot pan *(m)*
Bruder hermano
Brücke puente
brünett morena
Brust pecho, seno
Buchhandlung librería
Buchstabe letra
Buch libro
Bucht bahía
Bücherei biblioteca
bügeln planchar
Büro oficina
Bürste cepillo
Burg castillo

Bus autobús *(m)*
Bushaltestelle parada de autobús
Butter mantequilla

C

Charakter carácter
Chauffeur chofer *(m)*
Chef jefe *(m)*
chilenisch chileno
China China
chinesisch chino
Cocktail coctel *(m)*
Computer máquina calculadora
Cousin primo
Cousine prima
Creme crema

D

Dach techo
Dämmerung alba, madrugada
Dame dama, señora
Damentoilette cuarto para señoras
dankbar agradecido
Danke gracias
danken agradecer
dann entonces
daß que
Datum fecha
dauern durar
Dauerwelle permanente *(f)*
Deck (Boot) cubierta
Deckbett cubrecama
Decke (Zimmer-) cielo raso
decken (Tisch) poner la mesa
denken pensar
deponieren depositar
Design diseño
Detektiv detective *(m + f)*(
Deutsche(r) alemán *(m)*, alemana *(f)*
Deutschland Alemania
Dezember diciembre
Diät dieta
Dialekt dialecto
Dialog diálogo
Diamant diamante, brillante *(m)*
Dichter poeta *(m)*
Dichtung poesía
dick gordo, grueso
Dieb ladrón *(m)*
Diener criado
Dienstag martes
Dienstmädchen criada
Ding cosa
direkt directo
dirigieren dirigir
Diskothek discoteca
diskret discreto
diskutieren discutir

Doktor médico, doctor
Dollar dólar *(m)*
Donner trueno
Donnerstag jueves
Dorf pueblo
dort allí, allá
Dose lata
Dosenöffner abrelatas *(m)*
draußen afuera
drehen torcer
dreißig treinta
drei tres
dreizehn trece
dringend urgente *(m + f)*
dritte, der tercero
Drohung hilo
drücken (Tür) empujar
dünn delgado
dumm estúpido
dunkel oscuro
durch por
durchschnittlich promedio
durstig sein tener sed
Dusche ducha
Dutzend docena

E

echt genuino
Ecke (Straßen-) esquina
Ecke (Zimmer-) rincón *(m)*
Egoist egoísta *(m + f)*
Ehefrau esposa
Ehemann esposo
Ehre honor *(m)*
ehrlich honesto
Ehrlichkeit honradez
Ei huevo
Eiche roble *(m)*
eifersüchtig celoso
eigen propio
Eigentum propiedad *(f)*
Eimer cubo
ein, eine *(m)* un *(f)* una
Einbahnstraße vía única
einbilden (sich) imaginar
Einbildung imaginación *(f)*
einfach sencillo, fácil
Einfluß influencia
Eingang entrada
Einheit unidad *(f)*
einige algunos
Einkommen entrada
Einkommensteuer impuesto sobre la renta
einladen invitar
Einladung invitación *(f)*
einmal una vez
einsam solitario
einschalten poner
einsehen darse cuenta (de)
eins uno
Eintopf guisado
eintreten entrar

Eintritt admisión
einwickeln envolver
Einwohner habitante *(m + f)*, residente *(m + f)*
einzig único
Eis hielo
Eiskrem helado
Elefant elefante
elegant elegante *(m + f)*
elektrisch eléctrico
Elektrizität electricidad *(f)*
elf once
Elfenbein marfil *(m)*
Eltern padres
empfehlen recomendar
Ende fín *(m)*
eng apretado
Engländer(in) inglés *(m)*, inglesa *(f)*
England Inglaterra
Enkel nieto
Enkelin nieta
entdecken descubrir
Entdecker(in) explorador *(m)*, exploradora *(f)*
Ente pato
entfernt lejos
entfliehen escapar
entgegengesetzt opuesto
entscheiden decidir
entschuldigen (sich) disculparse, excusarse
enttäuscht desilusionado
entweder ... oder o ... o
er él
erbauen construir
Erbe, Erbin heredero, heredera
Erbsen guisantes *(m)*
Erdbeben terremoto
Erde tierra
Erfahrung experiencia
Erfolg éxito
erfreut encantado
Ergebnis resultado
erhalten recibir
erinnern, sich recordar
erkennen reconocer
erklären explicar
Erklärung explicación *(f)*
erlauben permitir
Erlaubnis permiso
erlaubt permitido
erledigt terminado
ernsthaft serio, sinceramente
erregt excitado, agitado
erschöpft agotado
erstatten reembolsar
erste, der primero
erstechen apuñalar
ertrinken ahogarse
erwarten esperar
Erzählung cuento
Esel asno
Essen comida, cena
essen (zu Abend) cenar
essen comer
Essig vinagre *(m)*

Eßzimmer comedor *(m)*
Etage piso
Etikett etiqueta
etwas algo
Europa Europa
europäisch europeo
Expedition expedición *(f)*
Experiment experimento
Experte experto
explodieren explotar, volar
exportieren exportar
exquisit exquisito
extra extra, adicional

F

Fabrik fábrica
fahren (lenken) conducir
Fahrer conductor
Fahrerlaubnis (Führerschein) permiso de conducir
Fahrpreis tarifa
Fahrrad bicicleta
Fahrschein billete *(m)*
Fahrstuhl ascensor *(m)*
Fall caso
fallen caerse
falsch equivocado
Familie familia
Farbe color *(m)*
fast casi
faul perezoso
Faust puño
Februar febrero
Fehler error *(m)*
Feier celebración *(f)*
Feiertag día feriado *(m)*
Feige higo
Feind enemigo
Feld, Land campo
Fenster ventana
fern lejos
Fernsehen televisión *(f)*
Ferse talón *(m)*
fertig listo
festnehmen arrestar, detener
feucht húmedo
Feuer fuego
Feuerwehrmann bombero
Fieber fiebre *(f)*
Film película
finden encontrar
Finger dedo
Fisch (auf dem Teller) pescado
Fisch (im Wasser) pez *(m)*
Fischmarkt pescadería
flach llano, plano
Flagge bandera
Flamme llama
Flasche botella
Fleck mancha
Fleisch carne *(f)*
flicken remendar
Fliege mosca

fliegen volar
Flitterwochen luna de miel
Flügel ala
Flug vuelo
Flughafen aeropuerto
Flugzeug avión *(m)*
Fluß río
folgen seguir
Form forma
Formel fórmula
formen fromar
Forscher(in) explorador *(m)*, exploradora *(f)*
fort fuera
fortfahren continuar
fortgehen irse, salir
Foto foto *(f)*
Frage pregunta
fragen preguntar
fragen, sich preguntarse
Frankreich Francia
Franzose francés *(m)*, francesa *(f)*
Fräulein señorita (Srta.)
Frau mujer
Frau (Anrede) señora (Sra.)
frei libre *(m + f)*
Freiheit libertad *(f)*
Freitag viernes
fremd extraño
Fremder extranjero, extraño
Freude alegría
Freund amigo
freundlich amable *(m + f)*, amistoso
Friede paz *(f)*
Friedhof cementerio
frisch fresco
Friseur peluquero
fröhlich alegre *(m + f)*
froh feliz *(m + f)*
Frosch rana
früh temprano
Frühling primavera
Frühstück desayuno
frühstücken desayunar
Fuchs zorro
fühlen sentir
Führer guía *(m + f)*
füllen llenar
Füllhalter pluma
fünf cinco
fünfte, der quinto
fünfzehn quince
fünfzig cincuenta
für (Gebrauch oder Bestimmung) para
für (Zweck) por, para
fürchten (sich) tener miedo
fürchten (etwas) temer
Füße pies
Fuß pie *(m)*

G

Gabel tenedor *(m)*
Gans ganso
ganz entero
Garage garaje *(m)*
Garten jardín *(m)*
Gas gas *(m)*
Gast invitado, huésped *(m)*
Gastfreundschaft hospitalidad *(f)*
Gastgeber anfitrión *(m)*
Gastgeberin anfitriona
Gasthaus posada, fonda
Gebäude edificio
gebaut construido
geben dar
geboren nacido
gebraten asado, frito
Gebrauch uso
gebrauchen usar
Gebühr honorario
Geburtstag cumpleaños *(m)*
gefährlich peligroso
Gefälligkeit favor *(m)*
Gefängnis cárcel *(f)*
Gefahr peligro
gefroren congelado
Gefühl emoción *(f)*
gegen (entgegen) contra
gegen (nach) hacia
gegenüber a través de
gegenwärtig presente
Gehalt sueldo
Geheimnis misterio, secreto
gehen ir
Gehirn cerebro
Gehör oído
gehören pertenecer
gehorchen obedecer
Geige violín *(m)*
gekauft comprado
gekocht hervido
Gelände área
gelb amarillo
Geld dinero
Geldwechsel cambio
Gelegenheit ocasión *(f)*, oportunidad *(f)*
gelegen (passend) conveniente
gemacht hecho
Gemälde cuadro
gemäß según
gemeinsam juntos
Gemüse vegetal *(m)*
gemütlich cómodo
genau exacto
genauso igualmente
General general *(m)*
Generation generación *(f)*
genug bastante
geöffnet abierto
Geographie geografia
Gepäck equipage *(m)*
gerade derecho
Gerechtigkeit justicia
Gericht (Gesetz) corte *(f)*

gesagt dicho
Geschäft negocio
Geschäft (Laden) tienda
Geschäftsinhaber tendero
Geschäftsmann hombre de negocio
geschehen pasar
Geschenk regalo
Geschichte (Erzählung) cuento
Geschichte (historisch) historia
geschieden divorciado
Geschlecht género
geschlossen cerrado
Geschmack gusto
Geschoß bala
Geschwindigkeit velocidad *(f)*
geschwollen hinchado
gesehen visto
Gesellschaft (Geschäft) compañía, sociedad *(f)*
Gesetz ley *(f)*
Gesicht cara
Gespräch conversación *(f)*
gestatten permitir
gestattet permitido
gestern ayer
gesund saludable *(m + f)*
Gesundheit salud *(f)*
Getreide cereal *(m)*
gewaltsam violento
Gewehr fusil
gewesen (andauernder Zustand) sido
(vorübergehender Zustand) estado
Gewicht peso
Gewinne beneficios, ganancias
gewinnen ganar
gewiß (adv.) ciertamente, cómo no
gewöhnlich ordinario
gewöhnt sein an estar acostumbrado a
Gewohnheit costumbre *(f)*
gießen verter, echar
giftig venenoso
Gin ginebra
Gitarre guitarra
Glas (Fenster) vidrio
Glas (Trinkglas) vaso
glauben creer
gleich igual
Glocke campana
Glück fortuna, suerte *(f)*
glücklich afortunado, feliz *(m + f)*
glücklicherweise afortunadamente
Glückwünsche felicitaciones *(f)*
göttlich divino
Gold oro
Golf golf *(m)*
Gott Dios
Grab tumba
Grapefruit toronja
Gras hierba
Gratulationen felicitaciones *(f)*
gratulieren felicitar
grau gris *(m + f)*

grausam cruel *(m + f)*
Grenze frontera
Grieche griego
Griechenland Grecia
Größe tamaño
groß grande *(m + f)* (nach Substantiv)
groß gran *(m + f)* (vor Substantiv)
Großmutter abuela
Großvater abuelo
großzügig generoso
grün verde
Grüße saludos
Grund (Boden) fondo
Gruppe grupo
gültig válido
Gürtel cinturón
Gummi caucho
gut (Adv.) bien
gut bueno
Guten Abend Buenas tardes
Gute Nacht (oder Guten Abend) Buenas noches
Guten Tag Buenos días

H

Haar cabello
Haarbürste cepillo
Haarschnitt corte de pelo *(m)*
haben (besitzen) tener
haben (Hilfsverb) haber
Hälfte mitad *(f)*
häßlich feo
häufig frecuentemente
Hafen puerto
Hai tiburón *(m)*
Hallo Hola
Halskette collar *(m)*
halten sostener
Hammer martillo
Hand mano *(f)*
handgefertigt hecho a mano
Handgelenk muñeca
Handschuh guante *(m)*
Handtasche cartera
Handtuch toalla
hart duro
hassen odiar
Hauptgericht plato principal
hauptsächlich mayor, principal
Hauptstadt capital *(f)*
Haus casa
Haut piel *(f)*
heben levantar
heilen sanar
heilig santo
Heiliger santo
Heim casa
heiß caliente *(m + f)*
Held héroe
Heldin heroína
helfen ayudar
hell brillante *(m + f)*, claro

Hemd camisa
Henne gallina
herausfinden descubrir
herausgehen salir
Herbst otoño
Herr caballero
Herr (Anrede) señor (Sr.)
Herrentoilette cuarto para caballeros
hervorragend excelente *(m + f)*
hervortreten avanzar
Herz corazón *(m)*
heute hoy
hier aquí
Hilfe! ¡Socorro!
Himmel cielo
hinein adentro
hinlegen, sich acostarse
hinter detrás
historisch histórico
Hitze calor *(m)*
hoch alto
Hochzeit boda
höflich cortés
Höflichkeit cortesía
Höhle cueva
Hölle infierno
hören oír
hoffen esperar
Holz madera
Honig miel *(f)*
Horizont horizonte
Hose pantalones (m pl.)
Hosentasche bolsillo
Hotel hotel *(m)*
Hubschrauber helicóptero
hübsch bonito
hübsch (für Männer) buen mozo
Hüfte cadera
Hügel colina
Hühnchen pollo
Hummer langosta
Hund perro
hundert cien
Hunger hambre
hungrig sein tener hambre
Hurricane huracán *(m)*
Husten tos *(f)*
Hut sombrero
Hypothek hipoteca

I

ich yo
Idee idea
Idiot idiota *(m + f)*
ignorant ignorante *(m + f)*
illegal ilegal *(m + f)*
Illustration ilustración *(f)*
Imitation imitación
imitieren imitar
immer siempre
Imperfekt imperfecto
Impfung vaccination

in en
indirekt indirecto
indiskret indiscreto
Individuum individuo
Industrie industria
ineffizient ineficiente *(m + f)*
Infektion infección *(f)*
Infinitiv infinitivo
Information información *(f)*
Ingenieur ingeniero
Injektion inyección *(f)*
inklusive incluido
innerhalb dentro de
Insekt insecto
Insel isla
insgesamt total
inspizieren inspeccionar
Instrument instrumento
intelligent inteligente *(m + f)*
interessant interesante *(m + f)*
interessiert interesado
international internacional *(m + f)*
Interview entrevista
Ire, Irin irlandés *(m)*, irlandesa *(f)*
irgendein cualquier
irgendjemand alguien
irgendwo en alguna parte
Irland Irlanda
Irrtum error *(m)*
Israel Israel
Israeli israeli *(m + f)*
Italien Italia
italienisch italiano

J

ja sí
Jacke chaqueta
Jagd caza
jagen cazar
Jahr año
Jahrestag aniversario
Jahreszeit estación *(f)*
Jahrhundert siglo
Jahrmarkt feria
Januar enero
Japan Japón
Japaner(in) japonés *(m)*, japonesa
jeder (aus einer Anzahl) cualquiera
jeder (von allen) cualquiera
jeder/jede cada
jeder (Mensch) todo el mundo
jemand alguien
jetzt ahora
  gerade jetzt ahora mismo
jucken picar
Jude, jüdisch judío
Jugend juventud *(f)*
Juli julio
jung joven *(m + f)*
Junge muchacho
Junggeselle soltero
Juni junio

K

Kabarett cabaret *(m)*
Kabel cable
kämpfen pelear
Käse queso
Kaffee café *(m)*
Kalb ternero
Kalbfleisch ternera
Kalender calendario
kalt fría
Kamera cámara
Kamin chimenea
Kamm peine *(m)*
Kampf batalla, pelea
Kaninchen conejo
Kanne lata
Kapelle banda
Kapitän capitán
Kapital capital *(m)*
kaputt roto
Karibik Caribe *(m)*
Karte tarjeta
Kartoffel papa, patata
Kassierer cajero
Katalog catálogo
Kathedrale catedral *(f)*
katholisch católico
Katze gato
kaufen comprar
Kehle garganta
kein ninguno
keiner nadie
Kekse galletas
Keller sótano
Kellner camarero
Kellnerin camarera
kennen conocer
Kerze vela
Kerzenleuchter araña
Kind niño
Kinder niños
Kinn barbilla
Kino cine *(m)*
Kirche iglesia
Kiste caja
klar claro
Klasse clase *(f)*
Klassenzimmer sala de clase *(f)*
Klatsch chisme *(m)*
Klavier piano
Kleid vestido
Kleiderschrank guardarropa *(m)*
Kleidung ropa
klein pequeño
kleinste (der, die) mínimo
klettern auf subir
Klima clima *(m)*
klimatisiert aire acondicionado
klopfen tocar
Knie rodilla
knien arrodillarse
Knoblauch ajo
Knöchel tobillo
Knopf botón *(m)*
Koch cocinero

kochen cocinar
König rey
Königin reina
können poder
Körper cuerpo
köstlich delicioso
Koffer maleta
Kohl repollo, col
kolumbianisch colombiano
Kombination combinación *(f)*
kommen venir
Kommentar comentario
kommerziell comercial *(m + f)*
Kommission comisión *(f)*
Kommunist comunista *(m + f)*
Komödie comedia
komplett completo
Komponist compositor *(m)*
Konsul cónsul *(m)*
kontrollieren controlar
Konzert concierto
Kopf cabeza
Kopfkissen almohada
Kopfschmerz dolor de cabeza *(m)*
Kopie copia
Korb cesta
Korken corcho
Korkenzieher sacacorchos *(m)*
korrekt correcto
Kosten gastos
kosten costar
kostenlos gratis *(m + f)*
Kotelett chuleta
Kraft fuerza
Kragen manga
krank enfermo
Krankenhaus hospital *(m)*
Krankenschwester enfermera
Krankheit enfermedad *(f)*
kratzen rascar
Krawatte corbata
Krebs (Krabbe) cangrejo
Kredit crédito
Kreuz cruz *(f)*
kreuzen cruzar
Kreuzung cruce *(m)*
Krieg guerra
Kriminelle(r) criminal *(m + f)*
Krise crisis *(f)*
kritisieren criticar
Krug jarro
krumm torcido
Kubaner cubano
Kuchen torta
Küche cocina
kühl fresco
Kühlschrank nevera
Künstler artista *(m + f)*
künstlich artificial *(m + f)*
küssen besar
Küste costa
Kuh vaca
Kunde cliente *(m + f)*
Kunst arte *(m)*
Kurs curso
Kurve curva

kurz breve *(m + f)*, corto
Kuß beso

L

Labor laboratorio
lachen reír
laden cargar
Laden tienda
Ladeninhaber tendero
Lächeln sonrisa
lächeln sonreír
Lärm ruido
lahm cojo
Lamm cordero
Lampe lámpara
Land (Boden) tierra
Land (nicht Stadt) campo
Land (Staat) país
landen (Flugzeug) aterrizar
landen (vom Schiff) desembarcar, aterrar
Landschaft paisaje *(m)*
Landstraße carretera
lang largo
  eine lange Zeit mucho tiempo
langsam despacio
lassen (etwas) dejar
Lastwagen camión *(m)*
Lauch lechuga
Leben vida
leben vivir
Leber hígado
lebhaft alegre *(m + f)*, vívido
Leder cuero
ledig soltero
leer vacío
legal legal *(m + f)*
legen poner
legen, sich acostarse
Lehre maestro
lehren enseñar
leicht (einfach) fácilmente
leicht (Gewicht) ligero
leiden sufrir
leihen prestar
Leihgabe préstamo
Leim cola
Leinen lino
leise quieto
Leiter escalera
Lektion lección *(f)*
Leopard leopardo
lernen aprender
lesen leer
letzte (der/die) último
leuchten brillar
Leute gente *(f)*
liberal liberal *(m + f)*
Licht luz *(f)*
lieb (geliebt) querido
Liebe amor *(m)*
lieben querer, amar
liebenswürdig amable *(m + f)*

lieblich lindo, precioso
Liebling querido/querida
Lied canción *(f)*, tonada
Lieferwagen camioneta
Limonade limonada
Limone limón *(m)*
links (Richtung) izquierdo
  nach links a la izquierda
Lippe labio
Liste lista
Lizenz permiso
Loch hueco
Löffel cuchara
Löwe león *(m)*
logisch lógico
lose flojo
Lüge mentira
Lügner mentiroso
Luft aire *(m)*
Luftpost correo aéro
Lunge pulmón *(m)*
lustig chistoso
Luxus lujo

M

machen hacer
Macht poder
Mädchen muchacha, chica
Männer hombres
männlich macho, masculino
März marzo
Magazin (Zeitschrift) revista
Magen estomago
Magie magia
magisch mágico
Mahlzeit comida
Mai mayo
Mais maíz *(m)*
malen pintar
manchmal algunas veces
Maniküre manicura
Mann hombre
Mannschaft equipo
Mantel abrigo
Marine marina
Marke marca de fábrica
Markt mercado
Marmor mármol *(m)*
Maschine máquina
Maus ratón *(m)*
Mechaniker mecánico
Medizin medicina
Meer mar *(m)*
Meeresfrüchte mariscos
Mehl harina
mehr más
  mehr oder weniger más o menos
mehrere varios
Meile milla
mein mi, mío
Meinung opinión *(f)*
Menge (Anzahl) cantidad *(f)*

Menge (Menschen) muchedumbre *(f)*
menschlich humano
Menü menú *(m)*, lista de platos
merkwürdig raro
Messe (religiös) misa
messen medir
Messer cuchillo
Metall metal *(m)*
Meter metro
Metzger carnicero
Metzgerei carnicería
mieten alquilar
Mieter inquilino
Milch leche
Milchgeschäft lechería
mild suave *(m + f)*
Million millón *(m)*
Mineralwasser agua mineral *(m)*
Minister ministro
minus menos
Minute minuto
mischen mezclar
Mischung mezcla
mißachten descuidar
mißtrauen desconfiar
Mißverständnis malentendido
mit con
Mitglied miembro
mitnehmen llevarse
Mittag mediodía *(m)*
Mittagessen almuerzo
Mitte centro, medio
Mitternacht medianoche *(f)*
Mittwoch miércoles
Mode moda
Modell modelo *(m + f)*
Möbel muebles *(m)*
mögen gustar (a)
möglich posible *(m + f)*
Möhre zanahoria
Mole muelle *(m)*
Moment momento
Monat mes *(m)*
Mond luna
Montag lunes
Monument monumento
Morgen mañana
morgen mañana
Motor motor *(m)*
Motorrad motocicleta
Mücke mosquito
müde cansado
Müll basura
Münze moneda
Mütze gorra
Mund boca
Museum museo
Musik música
Musiker músico
muß, müssen hay que, deber
Muße ocio
mutig valiente
Mutter madre

N

nach (zeitlich) después
nach (Richtung) a
Nachbarschaft vecindario
Nachmittag tarde *(f)*
Nachname apellido
Nachricht (Botschaft) masaje *(m)*
Nachricht aviso
Nachrichten noticias
Nachspeise postre *(m)*
Nacht noche *(f)*
Nachtclub club nocturno
Nachthemd camisa de dormir
Nacken cuello
nackt desnudo
Nadel alfiler *(m)*
nächste, der próximo
Nagel (Metall) clavo
nah cerca
Nahrung comida
Nahrungsmittel comestibles *(m)*
Name nombre *(m)*
Name: Vorname nombre *(m)*
Nachname apellido
Nase nariz *(f)*
naß mojado, húmedo
national nacional *(m + f)*
Nationalität nacionalidad *(f)*
natürlich (selbstverständlich) ¡cómo no! desde luego
natürlich natural (Adj.), naturalmente (Adv.)
Nebel neblina
neben al lado
Neffe sobrino
nehmen tomar
nein no
nervös nervioso
nett amable *(m + f)*
neu nuevo
Neujahr Año Nuevo
neulich recientemente
neun nueve
neunte, der noveno
neunzehn diecinueve
neunzig noventa
neutral neutral *(m + f)*
nicht no
noch nicht todavía no
nichts nada
nie nunca
niemand nadie
nirgendwo en ninguna parte
noch aun, todavía
noch einmal otra vez, de nuevo
Norden norte *(m)*
normal normal *(m + f)*
normalerweise usualmente
Note nota
Notfall emergencia
notwendig necesario
November noviembre
nützlich útil *(m + f)*
null cero
nun ahora

Nun, ... pues, ...
nur solamente
Nuß nuez *(f)*, nueces (pl.)

O

oben arriba
Objekt objeto
Obst fruta
Ochse buey
oder o
öffentlich público
Öffentlichkeit publicidad *(f)*
öffnen abrir
Öl aceite *(m)*
Öl (industriell) petróleo
Österreich Austria
österreichisch austriaco
offen abierto
offensichtlich obvio
oft a menudo, frecuentemente
ohne sin
Ohr oreja
Ohrringe pendientes *(m)*
Oktober octubre
Olive aceituna
Olivenöl aceite de oliva *(m)*
Omlett tortilla de huevos
Onkel tío
Oper ópera
Operation operación
Orange naranja
Orchester orquesta
Orchidee orquídea
(In) **Ordnung** está bien
Organisation organisación *(f)*
original original *(m + f)*
Ort lugar
Osten este *(m)*
Ozean océano

P

Paar doble *(m + f)*, pareja
packen empacar
Paket paquete *(m)*
Palast palacio
Panzer tanque *(m)*
Papier papel *(m)*
Papst papa *(m)*
Parade desfile *(m)*
Parfüm perfume *(m)*
Park parque *(m)*
parken estacionar
Partei (polit.) partido
Partizip participio
Partner (Geschäft) socio
Party fiesta
Paß (Ausweis) pasaporte *(m)*
Passagier pasajero
passieren pasar
Pate padrino

Patensohn ahijado
Patentochter ahijada
Patin madrina
Pelz piel *(f)*
Pension casa de huéspedes
perfekt perfecto
Person persona
Perücke peluca
Pfanne cacerola
Pfeffer pimienta
Pfeife pipa
Pferd caballo
Pfirsich melocotón
Pflanze planta
Pflaume ciruela
Pfund libra
Pille píldora
Pilot piloto
Pilz hongo
Pistole pistola
Plätzchen galletas
Plan plan *(m)*
Planet planeta *(m)*
Plastik plástico
Platin platino
Plattenspieler tocadiscos
plötzlich de repente
Plural plural *(m)*
polieren pulir
Polizei policía *(f)*
Polizist policía *(m)*
Portemonnaie bolsa
Portrait retrato
Porzellan China
Position (Beruf) puesto
Post correo
Postamt correo
Postbote cartero
Postkarte tarjeta postal
präsentieren presentar
Präsident presidente
praktisch práctico
Preis (Kauf) precio
(Gewinn) premio
Priester sacerdote
Prinz príncipe *(m)*
Prinzessin princesa
privat privado
Problem problema *(m)*
Produktion producción *(f)*
produzieren producir
Professor profesor *(m)*
Programm programa *(m)*
Pronomen pronombre *(m)*
Protestant protestante *(m + f)*
protestieren protestar
Prozent por ciento
Prozeß (Gericht) juicio
prüfen examinar
Psychiater psiquiatra
pünktlich a tiempo
Puppe muñeca
pur puro
putzen limpiar

Q

Qualität calidad *(f)*
Quantität cantidad *(f)*
Quelle fuente *(f)*

R

Rabatt descuento
Rabbi rabino
Rad rueda
Radio radio *(f)*
Rahmen (Bilderrahmen) marco
Rasierer navaja de afeitar
Rasse raza
Ratschlag consejo
Ratte rata
rauben robar
Rauch humo
rauchen fumar
rauh áspero
Raum (Zimmer) cuarto
Raum (Platz) espacio
Rechnung factura, cuenta
rechts derecho
Rechtsanwalt abogado
reden hablar
regelmäßig regular *(m + f)*
Regen lluvia
Regenmantel impermeable *(m)*
Regenschirm paraguas *(m)*
Regierung gobierno
reich rico
Reifen llanta
rein puro
reinigen limpiar
Reinigung tintorería
Reis arroz *(m)*
Reise viaje *(m)*
reisen viajar
Reisender viajero
Reißverschluß cierre
Reklame anuncio
Religion religión *(f)*
Rennen carrera
rennen correr
Reparaturen preparaciones
reparieren reparar
Reporter reportero
Repräsentant representante *(m)*
repräsentieren representar
Rest resto
Restaurant restaurante
Resultat resultado
Rettungsboot bote salvavidas *(m)*
Revolution revolución *(f)*
Rezept (Koch-) recibo
Rezept (Arznei) receta
Rezeption recepción *(f)*
richten juzgar
Richter juez *(m)*
richtig correcto
Richtung dirección
riechen oler

riesig enorme *(m + f)*
Rindfleisch carne de res *(f)*
Ring anillo
Risiko riesgo
Rock falda
Röntgenstrahlen rayos X
roh crudo
Rohr tubo
Roman novela
rosa rosado
Rose rosa
rot rojo
Route ruta
Rubin rubí *(m)*
Rücken espalda
Ruf llamada
Ruf (Leumund) reputación *(f)*
rufen llamar
ruhen descansar
ruhig tranquilo
Ruine ruina
Rum ron *(m)*
rund redondo
Rundfahrt ida y vuelta
russisch ruso
Rußland Rusia

S

Sack saco
Säge sierra
Sänger cantante *(m + f)*
säubern limpiar
sagen decir
Saite cuerda
Salat ensalada
Salz sal *(f)*
Same semilla
sammeln recoger, coleccionar
Samstag sábado
sanft suave *(m + f)*
Sauce salsa
sauer agrio
Sauerstoff oxígeno
schätzen, mögen apreciar, estimar
Schaf oveja, carnero
Schal pañuelo, bufanda
Schallplatte disco
scharf agudo
Schatz tesoro
schauen mirar
Schaufel pala
Schauspieler actor *(m)*
Schauspielerin actriz *(f)*
Scheck cheque *(m)*
scheinen (den Anschein haben) parecer
scheinen (leuchten) brillar
Schere tijeras
schicken mandar

Schicksal destino
Schiff nave *(f)*
Schildkröte tortuga
Schinken jamón *(m)*
schlafen dormir
schlafend dormido
Schlafzimmer alcoba
schlagen pegar
Schlamm barro
Schlange culebra
schlau hábil *(m + f)*, listo
schlecht malo
schlechter peor *(m + f)*
schleppen remolcar
schließen cerrar
schließlich finalmente
Schlüssel llave *(f)*
schmal angosto
Schmalz lanteca
Schmerz dolor *(m)*
schmerzhaft doloroso
Schmerzmittel anestético
Schmuck joyas
schmutzig sucio
Schnecke caracol
Schnee nieve *(f)*
schneiden cortar
Schneider sastre *(m)*
schnell rápido (Adj.), rápidamente (Adv.)
Schnurrbart bigote
schön bello
Schönheit belleza
Schönheitssalon salón de belleza *(m)*
Schokolade chocolate *(m)*
schon ya
Schrank armario
schrecklich horrible *(m + f)*, terrible *(m + f)*
schreiben escribir
Schreiber escritor *(m)*
Schreibmaschine máquina de escribir
Schreibtisch escritorio
schreien gritar
Schriftsteller autor *(m)*
Schüssel tazón *(m)*
schützen proteger
Schuh zapato
Schuld culpa
Schulden deuda
schulden deber
schuldig culpable *(m + f)*
Schule escuela
Schulter hombro
schwach débil *(m + f)*
Schwägerin cuñada
Schwager cuñado
schwanger embarazada
Schwanz cola
schwarz negro
Schwein puerco, cerdo
Schweinefleisch cerdo
Schweiz Suiza
schweizerisch suizo

schwer pesado
Schwester hermana
Schwiegermutter suegra
Schwiegersohn yerno
Schwiegertochter nuera
Schwiegervater suegro
schwierig difícil *(m + f)*
Schwimmbecken piscina
schwimmen nadar
schwindelig mareado
sechs seis
sechzehn dieciséis
sechzig sesenta
See lago
Seekrankheit mareo
Seele alma (el)
Seemann marinero
Segel vela
segeln bavegar
sehen ver
sehr muy
  sehr gut muy bien
Seide seda
Seife jabón *(m)*
sein – andauernder Zustand: ser
  – vorübergehender Zustand: estar
seit desde, hace
Seite lado
Seite (Buch) página
Sekretärin secretaria
Sekunde segundo
selbe, der mismo
selten (Adv.) rara vez
seltsam raro
senden mandar
Senf mostaza
September septiembre
Service servicio
setzen poner
setzen, sich sentarse
Shampoo champú *(m)*
Shrimps gambas *(m)*
sicher seguro
Sicherheit seguridad *(f)*
Sicherheitsnadel imperdible *(m)*
sicherlich ciertamente, cómo no
Sicherung fusible *(m)*
Sicht vista
sie ella
Sie usted (Sing.), ustedes (Pl.)
sieben siete
siebzehn diecisiete
siebzig setenta
Sieg victoria
Silber plata
singen cantar
Situation situación *(f)*
Sitz asiento
Sitzbank banco
Sklave esclavo
Smaragd esmeralda
so así
Socke calcetín *(m)*
Sofa sofá *(m)*
sofort en seguida,inmediamente

Sohn hijo
Soldat soldado
Sommer verano
Sonderangebot ganga
Sonne sol *(m)*
Sonntag domingo
sorgen, sich preocuparse
sorgen für cuidar
sorglos descuidado
Sortiment surtido
Souvenir recuerdo
spät tarde
  Wie spät ist es? ¿Qué hora es?
später más tarde
Spanien España
Spanier(in) español *(m)*, española *(f)*
Spargel espárrago
sparsam económico
spazieren caminar, dar un paseo
Spaziergang paseo
Speck tocino
spezial especial *(m + f)*
speziell especialmente
Spiegel espejo
Spiel juego
spielen (Spiele) jugar
  (Klavier etc.) tocar
Spielzeug juguete *(m)*
Sprache idioma *(m)*, lengua
sprechen hablar
springen saltar
Sport deporte *(m)*
Stadt ciudad *(f)*, pueblo
Stadtmitte centro de ciudad
Steak biftec *(m)*
Stahl acero
stark fuerte *(m + f)*
Station estación
Statue estatua
Staub polvo
stehen pararse
stehlen robar
steigern aumentar
Stein piedra
stellen poner
sterben morir
Stern estrella
Steuer impuesto
Stickerei bordado
Stiefel bota
Stier toro
Stierkämpfer torero, matador
Stierkampf corrida de toros
Stierkampfarena plaza de toros
Stil estilo
still quieto
Stille silencio
Stimme voz *(f)*
stören molestar
Stoff (Gewebe) tejido, tela
stolz orgulloso
stoßen empujar
Strafe castigo
strafen castigar
Strand playa

Straße calle *(f)*, camino
Straßenkreuzung encrucijada
Streichholz fósforo
Streik huelga
Strumpf media
Stück pedazo, trozo
Stück (Theater) pieza
Student estudiante *(m + f)*
studieren estudiar
Studio estudio
Stuhl silla
Stunde hora
Sturm tormenta
Sturz caída
suchen buscar
Südamerika América del Sur
Süden sur
süß dulce *(m + f)*
sympathisch simpático
Symptom síntoma
System sistema *(m)*
Szene escena

T

Tabak tabaco
täglich cotidiano
Tänzerin bailarina
Tag día *(m)*
Taille cintura
Tal valle *(m)*
Talent talento
Tankstelle puesto de gasolina
Tante aunt
tanzen bailar
Tasche bolso
Tasse taza
Tatsache hecho, realidad *(f)*
Taube paloma
Tauchen buceo
tausend mil
Taxi taxi *(m)*
Tee té *(m)*
Teil parte *(f)*
Telefon teléfono
Telegramm telegrama *(m)*
Teller plato
Tempel templo
Temperatur temperatura
Tennis tenis *(m)*
Teppich alfombra
Terrasse terraza
testen probar
teuer caro
Theater teatro
tief bajo, hondo
Tier animal
Tiger tigre *(m)*
Tinte tinta
Tisch mesa
Tischdecke mantel *(m)*
Toast (Brot) tostada
Tochter hija
Töpferei alfarería

töten matar
Toilette excusado, retrete
Tomate tomate *(m)*
Topf olla
Tor portón *(m)*
tot muerto
total total
Tour jira
Tourist turista *(m + f)*
Träne lagrima
tragen llevar
Tragödie tragedia
Traube uva
Trauer tristeza
Traum sueño
traurig triste *(m + f)*
treffen encontrar
Treppe escalera
trinken beber
Trinkgeld propina
trocken seco
Truthahn pavo
Tür puerta
Türkei Turquía
türkisch turco
Tumult tumulto
tun hacer
Tunnel túnel *(m)*
Turm torre *(f)*
Typ tipo
typisch típico

U

U-Bahn metro
üben practicar
über encima (de), sobre
überall en cualquier parte, en todas partes
Überflutung inundación *(f)*
Übergewicht sobrepeso
überqueren cruzar
Überraschung sorpresa
übersetzen traducir
Übersetzer intérprete *(m + f)*
Übersetzung traducción *(f)*
übrigens a propósito
Übung ejercicio
Uhr reloj *(m)*
Umarmung abrazo
umgeben rodear
Umgebung alrededores *(m)*
umkehren volverse, dar vuelta
Umweg desvío
um (herum) alrededor
um (ungefähr) alrededor de
um (Zeit) a
um zu (Zweck) para
umarmen abrazar
unabhängig independiente *(m + f)*
Unabhängigkeit independencia
unbequem incómodo
und y
undicht sein gotear
unehrenhaft improbo

Unfall accidente *(m)*
ungeduldig impaciente *(m + f)*
ungehorsam sein desobedecer
unglaublich increíble *(m + f)*
Unglück desgracia
unglücklicherweise desgraciadamente
Uniform uniforme *(m)*
Universität universidad *(f)*
unmöglich imposible *(m + f)*
unnütz inútil *(m + f)*
unregelmäßig *(m + f)*
unrichtig incorrecto
unschuldig inocente *(m + f)*
unser nuestro
Unsinn tonteria
unten abajo
unter debajo
unterhalb debajo
unterhalb von debajo de
unterhalten hospedar, divertir
unterhalten, sich conversar
unterhaltsam divertido
Unterhaltung conversación *(f)*
Unterhemd camiseta
unternehmen emprender
Unterschied diferencia
unterschiedlich diferente
unterschreiben firmar
Unterschrift firma
Unterwäsche ropa interior
Urlaub vacación

V

Vater padre
Verabredung cita
verärgern molestar
verärgert enojado
Verb verbo
verbessern mejorar
Verbesserung mejoría
verbieten prohibir
verboten prohibido
Verbrechen crimen *(m)*
Verbrecher criminal *(m + f)*
Verdauungsstörung indigestión *(f)*
verdienen ganar
vereinigen unir
Vereinigte Staaten Estados Unidos
Vereinte Nationen Naciones Unidas
vergangen pasado
Vergaser carburador *(m)*
vergessen olvidar
vergleichen comparar
Vergnügen diversión, placer *(m)*
verhaften arrestar, detener
verheiratet casado
verhindern prevenir
Verkauf venta
verkaufen vender
Verkehr tránsito
verlassen salir
verlegen (beschämt) apenado

Verleger editor *(m)*
verletzen hacer daño
verliebt enamorado
verlieren perder
Verlobter novio
verloren perdido
Verluste pérdidas
Vermehrung aumento
vermeiden evitar
Vernunft razón *(f)*
verpassen perder
verpflichten obligar
verrückt loco
Versagen fracaso
verschieden diferente
verschiedene varios
verschwenden malgastar
verschwinden desaparecer
Verspätung demora
versprechen prometer
versprochen prometido
verstecken esconder
verstehen comprender
versuchen probar, tratar
verteidigen defender
Verwandte parientes *(m)*
verwenden usar
Verwendung uso
verzeihen perdonar
Vetter primo
Vieh ganado
viel mucho
viele muchos
vielfältig diverso
Vielfalt variedad *(f)*
vielleicht quizás
vier cuatro
vierte, der cuarto
viertel cuarto
vierzehn catorce
vierzig cuarenta
violett violeta
Vogel pájaro
vollständig completo
voll lleno
von de, desde
vor (zeitlich) antes
voraus adelante
vorbeigehen pasar
vorbereiten preparar
vorher previamente
Vorname nombre *(m)*
Vorsicht! ¡Cuidado!
vorstellen (jemanden) presentar
vorstellen (sich einbilden) imaginar
vorübergehend temporario
Vulkan volcán *(m)*

W

wachsen crecer
während durante, mientras
Waffe arma
Wahl elección

wahr verdadero
Wahrheit verdad *(f)*
wahrscheinlich probablemente
Wald bosque *(m)*, selva
Wand pared *(f)*
wann? ¿cuándo?
warm caliente *(m + f)*
warten esperar
warum? ¿por qué?
was que
waschbar lavable *(m + f)*
waschen lavar
Wasser agua *(m)*
Wasserfarbe acuarela
wasserfest impermeable *(m + f)*
Wechselgeld cambio
wechseln cambiar
Weg camino
weg (fort) fuera
weiblich femenino
weich blando
weigern, sich rehusar
Weihnachten Pascuas (de Navidad)
weil porque
Weile, eine un rato
Wein vino
Weinbrand coñac
weinen llorar
weise sabio
weiß blanco
weit (entfernt) lejos
weit ancho
weitermachen continuar
Weizen trigo
welcher cual
Welt mundo
wem? ¿a quién?
wenden voltear
wenig, ein un poco
wenige pocos
weniger menos
wenn cuando
wenn (falls) si
wer quien
wer? ¿quién?
Werbung (TV) anuncio
werden ponerse
werfen tirar
Werkzeug herramienta
Wert valor
wertvoll precioso, valioso
Weste chaleco
Westen oeste
Wettbewerb competencia, concurso
Wette apuesta
Wetter tiempo
wichtig importante *(m + f)*
Wichtigkeit importancia
widerstehen resistir
wie como
wie? ¿cómo?
wie auch immer sin embargo
wie lange? ¿Cuánto tiempo?
wie viel? ¿Cuánto?
wie weit? ¿A qué distancia?

wieder otra vez, de nuevo
wiederholen repetir
wiegen pesar
wild salvaje *(m + f)*
Wildleder gamuza
Willkommen! ¡Bienvenido!
Wind viento
wir nosotros
wirklich verdaderamente
wirklich? ¿de veras?
wissen saber
Wissenschaft ciencia
Wissenschaftler científico
Witwe viuda
Witwer viudo
Witz chiste *(m)*
wo donde
wo? ¿dónde?
Woche semana
Wochenende fin de semana
Wörterbuch diccionario
wohin? ¿a dónde?
Wohnzimmer sala
Wolf lobo
Wolke nube *(f)*
Wolle lana
wollen querer
Wort palabra
wünschen desear
Wüste desierto
wundervoll maravilloso
Wurzel raíz

Y–Z

Yacht yate *(m)*
zählen contar
zärtlich cariñoso
Zahl número
zahlreich numeroso
zahm manso
Zahn diente *(m)*
Zahnarzt dentista *(m + f)*
Zahnbürste cepillo de dientes
Zahncreme pasta de dientes
Zaun cerca
Zeh dedo del pie
zehn diez
zehnte, der décimo
zeigen indicar, mostrar, señalar
Zeit tiempo
Zeitschrift revista
Zeitung periódico
zeitweilig temporario
Zement cemento
zentral central
Zentrum (Stadt) centro de ciudad
zerbrechlich frágil *(m + f)*
zerrissen roto
zerstören destruir, romper
Zeuge testigo *(m + f)*
Zeugnis reporte *(m)*
Ziege cabra
Ziegel ladrillo
ziehen halar, tirar
ziemlich bastante

Zigarette cigarrillo
Zigarre cigarro
Zigeuner gitano
Zimmer cuarto
Zimmerservice servicio de comedor
Zinn estaño
zögern vacilar
Zoll aduana
Zollformular formulario de aduana
Zone zona
Zoo zoológico
zu (sehr) demasiado
Zucker azúcar *(f)*
zuende terminado
Zufall coincidencia
zufrieden contento, satisfecho
Zug tren *(m)*
zuhören escuchar
Zunge lengua
zurückgeben devolver
zurückkehren volver, regresar
zusammen juntos
Zustand estado
zustimmen aprobar, concordar
zuvor previamente
zwanzig veinte
zwei dos
Zweifel duda
zweimal dos veces
Zwiebel cebolla
Zwilling gemelo
zwischen entre
zwölf doce